Alice Calaprice
艾莉絲‧卡拉普利斯 —— 著

姚若潔 —— 譯

愛因斯坦
終極語錄

普林斯頓大學授權
繁體中文版首次問世

THE ULTIMATE
QUOTABLE
EINSTEIN

台灣版推薦序

窺探愛因斯坦的內心世界

林秀豪　清華大學特聘教授

人都有偷窺的渴望，誰不想多了解一點愛因斯坦呢？打破世紀天才的平面神話，這本終極語錄一點一滴地，刻劃出更為生動立體的愛因斯坦：從青春到年暮的思緒變化，從個人情愛、婚姻到政治與社會的侃侃而談，看愛因斯坦在不同的場景，寫著笑著說著科學、宗教與和平，強烈的既視感將讀者拉回歷史的現場。「快樂的人因為滿足現狀，難以規劃未來。」十七歲的愛因斯坦寫下如此嚴肅的文字，或許跟廣為周知的形象不同，但是這樣的嚴肅與孤寂，卻也貫穿愛因斯坦的一生。而在不同的場合中，愛因斯坦重複提過：「想像比知識更重要。知識是有限的。想像包含全世界。」放回完整的語錄中咀嚼回味，才知道這也是他對自己卓越能力的評價。

愛因斯坦一輩子與許多女性有過曖昧，若是鑽進細節來看，還真的是有點渣。在兒女情長的情慾中，天才跟一般人並無二致。剛遇到第一任妻子米列娃的熱戀：「我極端渴望我親愛的女巫的來信。我們竟然得要分開更久，實

在難以置信，直到現在我才了解自己是多麼愛你！好好照顧自己，好讓你變成閃亮的小甜心，和頑童一樣意氣風發！」到了熱情退散後的犀利點評：「是個不友善、沒有幽默感的生物，無法從生命中獲得任何東西，而且單是她的出現，就能澆熄他人生活的喜悅。」看來迷惑困擾我們的愛情魔力，對於世紀天才一樣有效！

親身經歷諸多紛擾的愛因斯坦，讓他在政治上不可能是天真的。以他自己慣有的幽默口吻來說：「如果我的相對論得到證實，德國會宣稱我是德國人，法國會聲明我是世界公民。如果我的理論被證明為失敗，法國會說我是德國人，德國會聲明我是猶太人。」但是同樣的愛因斯坦，對於巴勒斯坦問題，卻又是樂觀過頭：「藉由現代的重建方法，巴勒斯坦有充分的空間同時給予猶太人和阿拉伯人，雙方可以在同一片土地上和平而和諧地共存。」與目前複雜紛亂的地緣政治比對，這樣的殷切企盼只是夢想，就跟他常掛在嘴邊的「世界政府」一樣，都是脫離現實的彩雲飛。看來能夠解開宇宙奧祕的大腦，卻不見得能夠緩解現代智人間的爭戰與衝突。

語錄真實呈現愛因斯坦在研究上的諸多掙扎，身為科學家的我，讀來感同身受。有些粗淺的科普文章喜歡把愛因斯坦形塑成固執老爹，全力排斥量子力學的進展。但可別忘了，愛因斯坦可是早期量子論的主要推手：「我對量子問題的思考，已經是對廣義相對論的一百倍了。」他只

是無法接受量子力學的機率詮釋：「要偷看上帝手中的牌很難。但要說他會和世界玩骰子……是我絕對不會相信的。」而對於取巧的科學歪風，愛因斯坦也有極為生動的描述：「有些科學家拿來一塊木板，尋找最薄的部分，然後在容易鑽洞的地方鑽一大堆洞，我對這樣的科學家沒有耐性。」針對後續廣義相對論的數學發展，也用幽默的方式自嘲：「自從數學家入侵後，我就不懂相對論了。」這些鮮明幽默的語句，深刻而迷人，活靈活現地勾勒出這位科學巨人的側寫。

最後，在閱讀整本書時，有句話在腦海盤旋不去：「讀得太多但用腦太少的人，落入懶於思考的習慣，就像花太多時間看戲的人容易滿足於想像的生活，而不是過自己的日子。」不知愛因斯坦若是活在當下，看著眾人沉迷在多采多姿的網路世界中，會不會冒出什麼有趣的話語？或許，你可以拿起這本書仔細讀讀，就能望見愛因斯坦對你狡點一笑。

譯者序

姚若潔

　　愛因斯坦堪稱世界上最有名的科學家，即使在相對論發表後超過百年的今天，我們仍時常在各種媒體、節目、廣告甚至日常對話中聽到他的名字。但或許正因為名聲太大，有時在與他本人不甚相關，或甚至根本無關的事務中，也會聽到愛因斯坦的名號遭到借用。在此情形之下，卡拉普萊斯女士彙編的《愛因斯坦語錄》可說是為愛因斯坦還原了一個更為貼近真實的樣貌。對於廣大讀者來說，不管是不是物理學家，這部語錄絕對有助於我們更全面而直接地認識這位科學巨擘，也能從中拾取許多智慧，甚至欣賞愛因斯坦的幽默與創造力；而對研究者來說，也會是方便而可信賴的初步參考資料。本書英文版從 1996 年初次問世以來，經歷了幾次修改增補，最後由卡拉普萊斯本人宣告「不再改了」而成為「終極版」。而今能夠參與由貓頭鷹出版社推出的最終版中文化，深感榮幸。

　　在翻譯過程中，除了屬於譯者日常的解讀文本、查證資料、思考中文表達對策以外，還有兩個較為特殊之處，是與大部分的文章和書籍翻譯不同的，以下稍加說明，或

許能給讀者一點參考：一是雙重翻譯的問題，二是斷章之後如何取義的問題。

之所以發生雙重翻譯，源於愛因斯坦一生寫作與言談絕大多數使用德文，這表示卡拉普萊斯在彙編英文版的愛因斯坦語錄時，材料幾乎都來自翻譯。關於英譯版本的選擇，她本人在前面做過說明，有時在各別語錄下方的評注中也會補充解釋，在此不加贅述。但由英譯版本再進行中譯時，即刻面臨的挑戰，是譯者眾多、時代跨越的事實。

譯者眾多，每段文字出自不同人之手，也就會產生不同的口吻與用字習慣。而譯文產出的時代跨越二十世紀前半，則會使譯文帶著不同時代的語言氣氛。德文的精準性是有名的，而過去的英譯不乏盡可能忠實保存字義甚至句型結構者，以今天的習慣來說，這樣的譯文偏向硬譯，現代的英文讀者恐怕偶爾也要停下來稍想一想，以揣摩愛因斯坦的意思。

很遺憾我不諳德文，否則可以越過英譯，直接追溯每段文字的源頭；然本書的翻譯實質上仍是英文作品的中譯，除了語錄中間穿插著卡拉普萊斯自己的聲音以外，這些英譯都已通過她的裁判與選擇，因此查證資料時，即使針對同一段文字找到不同英譯版本──有時其他的英文版本對今天的我們來說甚至更容易閱讀──我自然仍是以書中的英譯版本為依歸，有時可能略顯詰屈，有時則偏向口語，並不試圖將所有譯文「均質化」。實際上，考慮這些

語錄採集自各種不同來源與時期，發表於不同媒體，為不同場合和目的所作，愛因斯坦本人使用的表達方式也不可能總是相同，因此每段語錄呈現出不盡相同的風格，也屬合理的結果。

另一方面，語錄的形式，先天上就是一種「斷章」：一段語言文字抽出原本的脈絡，卻又要人一眼便能捕捉相當完整的意義甚至弦外之音，這是屬於翻譯語錄時的特殊挑戰。

用一個比喻來說，當你有一條很長的橡皮筋時，可以承受的拉伸和扭轉程度也大，然而當橡皮筋很短時，能拉伸的程度就小了，施力太大還會斷掉。翻譯語錄便有這樣的特點：每一條像皮筋都是短的，能夠變通的空間小，必須在缺乏前後文支持的情況下傳達出意思，又不能過度引申而把短短的橡皮筋扯斷。

翻譯在多數時候都不是直接了當的字句翻譯。背景脈絡提供的資訊，是遠超過字句本身的。具體地說，當我們閱讀一篇完整的文章，甚至一本書時，即使遇到不熟悉的字彙（不管是知識上的不熟悉，或是不熟悉作者寄託在這個字彙中的意圖），都可以透過持續閱讀下去，而在不知不覺間獲得那個字彙的意義。這個過程對於讀者和譯者都很有幫助，畢竟譯者在動手翻譯之前也都是讀者：當脈絡充足時，譯者也有較大的空間，決定哪些字詞可以代換、哪些句子可以換句話說、哪裡可以多一個或少一個標點符

號，而讓整段文字維持在同樣的意義之中。

語錄則不提供這種脈絡。當然，譯者可以尋求語錄的前後文，以建立起對脈絡的了解，這在判斷一段文字的意義上是很有幫助的。但在做出翻譯的決策時，仍然只能在那麼多的字句裡傳達意義。此時每一個字彙的選擇，都有可能拉扯著短橡皮筋有限的張力。

有興趣的讀者如果參考《愛因斯坦自選集：對於這個世界，我這樣想》（麥田出版，2016），會發現與這裡的譯文經常略有不同，有時甚至連文句順序都不同。這除了因為卡拉普萊斯採用的英譯版不見得是《愛因斯坦自選集》的版本外，還有很多時候是為了讓一段簡短的語錄在沒有前後文支持的條件下，仍能獨立地傳達出足夠的意義。同樣一段話，如果再放回完整的文章中進行翻譯，相信多數譯者也會做出相應的調整。（附帶一提，本書中的語錄，凡是同時收錄於《愛因斯坦自選集》者，其出處的篇章名稱都會採用與麥田版同樣的篇章名稱，方便有需要或想看全文的讀者對照。）

我個人對於本書的中譯版懷有一個理想，是讀者隨意翻開一頁，讀到任一條語錄，都可以即刻領略其意義或欣賞其妙處。也因此我在修飾譯稿時，也時常會隨機地瀏覽先前已經修過的譯文，自我測試。但坦白說，「這樣通順嗎？」「一看就能懂嗎？」「原文真的是這個意思嗎？」等內心懷疑仍不時浮出，而總忍不住要再次修改。

　　借用愛因斯坦說過的：「一個科學人永遠也不會了解，為何某些見解只因為寫在某本書中就要相信。〔再者〕，他也永遠不會相信自己努力的成果就是最終結論。」（取自「關於科學」章節，1945 年 9 月。）這段話也可以套用在翻譯上——一個譯者永遠不會相信自己努力的成果就是最終結論。經過一千六百多條語錄的鍛鍊，對我而言收穫豐富，但在成果上絕對不敢說沒有疏漏之處，而能夠改進之處更多。只希望本書的中譯，多少能為相對論發表百年之後的中文讀者帶來一座與愛因斯坦溝通的橋樑。

　　最後要感謝貓頭鷹出版社給予我參與本書中譯的機會，更感謝翻譯過程裡王正緯編輯的督促與包容，以及為讀者把關的審稿過程，讓中譯版終於完成，與讀者見面。希望讀者也喜歡《愛因斯坦語錄終極版》的最後呈現。

目次

台灣版推薦序　窺探愛因斯坦的內心世界　003

譯者序　007

前言　019

關於這個最終版本的（有點長的）說明　025

愛因斯坦簡要年表　031

第一章　關於自己

關於自己　036

關於他的家人與家人的信件　046

關於變老　062

關於小孩與給小孩的信件　067

關於朋友、一些科學家與其他人以及

給他們的信件　083

　科學家　083

　政治人物　105

　哲學家與作家　110

　藝術家　116

　其他名人　118

第二章　關於國家與民族

關於美國與美國人　　　　　　　　　　　128

關於德國與德國人　　　　　　　　　　　139

關於猶太人、以色列、猶太教與錫安主義　149

關於中國與中國人　　　　　　　　　　　180

關於英國、英國人與英語　　　　　　　　181

關於義大利與義大利人　　　　　　　　　183

關於日本與日本人　　　　　　　　　　　184

第三章　關於世界

關於人類　　　　　　　　　　　　　　　188

關於和平主義、去武裝化與世界政府　　　205

關於和平、戰爭、原子彈與軍事　　　　　219

關於政治、愛國主義與政府　　　　　　　241

關於種族與偏見　　　　　　　　　　　　259

關於移民　　　　　　　　　　　　　　　267

第四章　關於感性與愛

關於動物與寵物　　　　　　　　　　　　270

關於愛情　　　　　　　　　　　　　　　272

關於婚姻　　　　　　　　　　　　　　　273

關於死亡　　　　　　　　　　　　　　　275

關於教育、學生與學術自由　　　　281

關於生命　　　　294

關於音樂　　　　299

關於宗教、神與哲學　　　　306

關於科學與科學家、數學與科技　　　　332

第五章　**關於愛因斯坦**

愛因斯坦早年詩集　　　　390

愛因斯坦沒說過的　　　　398

他人眼中的愛因斯坦　　　　410

關於其他主題　　　　469

索引　　　　505

獻給我日益增長茁壯的家族——

Abeghians、Braunsfurths、Calaprices

Hazarabedians、Whittys 和 Wongs

尤其是我可愛的孫子，

艾蜜莉雅（Emilia）和安雅（Anya）·卡拉普萊斯，還有

克里斯多福（Christopher）和雷恩（Ryan）·惠提

前言

　　我之所以撰寫這篇前言，是因為過去三十年來以普林斯頓大學出版社的朋友兼顧問身分，幫忙推動龐大而艱鉅的「愛因斯坦文獻計畫」的出版，而愛麗絲·卡拉普萊斯正是這個計畫的核心人物。經過長時間的延宕與劇烈的爭議後，出版計畫終於全力加速，穩定出版一冊又一冊滿載科學和歷史珍寶的文集。

　　我只有透過愛因斯坦的祕書兼檔案管理人海倫·杜卡斯間接認識愛因斯坦。不管是對大人或小孩，海倫都是個溫暖而慷慨的朋友。有許多年，我家孩子最喜歡她的陪伴。她喜歡說愛因斯坦的故事，總是強調他的幽默，還有對常人狂熱的事物保有冷靜自持。我家孩子印象中的海倫，是個講話帶著德國腔、溫柔而充滿幽默感的老奶奶。然而，她也是個強硬的人。愛因斯坦仍在世時，她有如猛虎般驅趕任何侵犯愛因斯坦隱私的人；而在他過世之後，她也如此保衛著愛因斯坦較為私密的個人文件。她和奧托·內森是愛因斯坦的遺囑執行人，對任何未經他們同意就試圖公開出版愛因斯坦文件的人，兩人隨時準備好以法律行動伺候。在海倫沉靜的表面下，我們偶然間可以感受到一種隱藏的緊張感。她有時會以陰沉的神情，不具名地

述說一些擾亂她職志的人。

愛因斯坦的遺囑指定，包含他文獻在內的檔案，交由奧托・內森和海倫管理，直到他們決定何時進行移交，移交後將永久屬於耶路撒冷的希伯來大學。一九五五年愛因斯坦死後，接下來的二十六年，檔案座落於普林斯頓高等研究院一排長長的檔案櫃中。海倫每天都為檔案辛勤工作，持續進行龐雜的聯繫工作，並找出數以千計的新文件，加入檔案裡。

一九八一年十二月初，奧托・內森和海倫的健康狀況看起來都還很好。然後，有一天晚上，當研究院大部分人仍在放寒假時事情忽然有了變化。那是個漆黑的雨夜。一輛大貨車停駐在研究院前，四周圍著一群全副武裝的保全人員。我正巧經過，於是等在那裡看會發生什麼事。當時看不到其他旁觀者，但我十分相信海倫也在，或許從她位於研究院頂樓的窗口指揮著這次行動。一些大木箱從頂樓用電梯迅速地一一送下，從開著的前門送出研究院大樓，裝到卡車上。保全人員跳上車，卡車駛入暗夜中。不久，檔案就抵達耶路撒冷，它最終的棲身之地。海倫持續到研究院上班，與人保持聯繫，並整理檔案清空後的空間。大約兩個月後，毫無預警地，海倫死了。她是否對自己的死亡有預感我們不得而知，但無論如何，她確保了鍾愛的檔案在自己離世之前就託付給值得信賴的對象。

在希伯來大學承擔了保管檔案的責任，而奧托・內森

也在一九八七年一月過世之後，曾經糾纏海倫的幽魂很快便大方現身。在幾年前開始參與愛因斯坦文獻計畫的科學史學家羅伯特・舒爾曼，收到一個來自瑞士的指引，表示愛因斯坦和他第一任妻子米列娃・馬利奇在世紀交接時所寫情書的祕密收藏，或許還存在。他開始懷疑這份祕藏或許屬於米列娃文書遺產的一部分，在米列娃於一九四八年在瑞士過世後，由她和愛因斯坦的長子漢斯・阿爾伯特的第一任妻子芙里達帶到加州。雖然舒爾曼得到的訊息一再保證，米列娃和愛因斯坦之間，只保存了在一九一四年分手後的書信，但他相信不僅於此。一九八六年，他和愛因斯坦的孫女艾芙琳在柏克萊見面，兩人共同找到關鍵線索。在芙里達整理的關於米列娃一份未發表手稿之中，夾了一份內容並不相關的筆記，其中明白提到五十四封情書。結論很明顯：這些信件應屬於「愛因斯坦家族書信信託」所持有四百多封書信的一部分。這個信託是在加州的米列娃繼承人的法律代表，由於早先奧托・內森和海倫・杜卡斯曾擋下芙里達傳記的出版，因此家族信託不讓他們閱覽這些書信，內森等人也就無從得知這些信件的內容。芙里達筆記的發現，加上文書遺產轉移到希伯來大學，爲這些信件的出版帶來新的契機。

　　一九八六年春天，當時負責愛因斯坦文獻出版計畫的編輯約翰・斯塔切爾和希伯來大學的魯文・亞隆打破僵局，和家族信託交涉議和。他們的目標是讓出版計畫和希

伯來大學都可以得到書信的複印本。這場關鍵會談地點在加州，也就是愛因斯坦的長曾孫湯瑪斯・愛因斯坦和家族信託一位受託人居住的地方。當一名穿著網球短褲的年輕人來到現場時，交涉者放下心防，和解也很快達成。也因此，這些私密信件得以公開。給米列娃的信件展現了愛因斯坦真實的一面，不能免於一般人都有的慾望和弱點。這些信件是犀利的傑作，訴說了一場失敗婚姻的悲傷老調，始於溫柔歡樂的愛情，終於苛刻冷酷的絕情。

在海倫管理檔案的那些年，她身邊有一個被她自己稱為「便條盒」（Zettelkästchen），也就是用來收藏片段語錄的木頭小盒。每當她在工作中遇到愛因斯坦令人喜愛或印象深刻的隻字片語時，便自己打字，收到盒子裡。當我到她的辦公室拜訪時，她總會把盒子裡的最新收藏展示給我看。盒子中的收藏成為《愛因斯坦的人性面》的核心內容，這本愛因斯坦語錄選集出版於一九七九年，由海倫和班納許・霍夫曼共同編輯。《愛因斯坦的人性面》描繪出海倫希望世界看到的愛因斯坦：他是個傳奇、學童和貧困學生的朋友、溫和又調皮的哲學家，同時也是沒有爆烈情緒和悲劇錯誤的愛因斯坦。海倫的《愛因斯坦的人性面》和愛麗絲・卡拉普萊斯在本書中呈現的愛因斯坦，是很有趣的對比。愛麗絲公平地從舊文件和新文件中選取語錄。她並不強調愛因斯坦人格中的陰暗面，但也不加隱藏。舉例來說，在簡短的〈家庭〉一節中，清楚呈現出他較陰暗

的一面。

　　寫作本書前言時，我被迫面對一個問題：我的行為究竟算不算是背叛。很明顯的是，海倫必然會強烈反對愛因斯坦與米列娃以及第二任妻子艾爾莎私密信件的出版。她如果看到我的名字和一本書連在一起，而書中有許多語錄來自她憎惡的信件，很可能會覺得遭受背叛。我是她所信任的好友，要違背她清楚表達的願望，對我而言並非易事。如果我背叛她，絕不是輕鬆的決定。最終，我以這樣的想法安撫自己的良心：海倫雖然有許多美德，但企圖把真實的愛因斯坦隱藏於世人眼前，卻是重大錯誤。她還在世時，我不曾假裝贊同她在這方面的觀點。因為無法改變她自認對愛因斯坦負有的責任，所以我並沒有試圖轉變她的想法，但我也曾對她明白表示，自己並不喜歡透過法律途徑來阻止愛因斯坦文件的出版。對於海倫個人，我充滿敬愛，但我從未允諾自己會支持她的出版審查方針。我希望，也幾乎相信，如果海倫仍然在世，能親眼看到私密書信的出版並未減損世人對愛因斯坦普遍的尊敬和景仰，她對我也會有所諒解。

　　現在，對我來說很清楚的是，愛因斯坦私密書信的出版，即使是對海倫‧杜卡斯的背叛，也不是對愛因斯坦的背叛。從各種不同來源的語錄之中，愛因斯坦做為一個完整而立體的人浮現出來，比起海倫書中描繪的溫和哲學家更了不起也更為驚人。了解愛因斯坦生命中較為陰暗的一

面，使得他在科學和公眾事務上的成就更顯神奇。本書呈現愛因斯坦本來的面目——不是超越人類的天才，而是身為人類的天才，正因為身而為人，更顯現他的偉大。

幾年前，我有幸和宇宙學家史蒂芬·霍金同時在東京演講。和輪椅上的霍金一起在東京街頭散步，是精采的經驗。我覺得自己簡直像是和耶穌基督一起走過加利利。我們所到之處，日本人在我們後面安靜地形成河流般的人潮，伸手觸摸霍金的輪椅。霍金以一種超然的幽默感享受著這種奇觀。我想起以前讀過愛因斯坦自己對一九二二年日本之行的描述。人潮在他身後形成，一如七十年後在霍金背後一樣。日本人對愛因斯坦的崇拜，正如今天對霍金的崇拜。他們對於心目中英雄的選擇，顯示出精緻的品味。跨越文化和語言的藩籬，他們在這兩位遠道而來的訪客身上都感受到神一般的素質。他們不知怎麼地了解到愛因斯坦和霍金不僅是偉大的科學家，也是卓越的人類。本書則為這情況下了完美的註解，幫助解釋了原因。

弗里曼·戴森

高等研究院

紐澤西普林斯頓，

一九九六、二〇〇〇、二〇〇五、二〇一〇年

關於這個最終版本的
（有點長的）說明

　　從我為了一九九六年初版的《愛因斯坦語錄》刻意開始蒐集資訊以來，已經超過十五年了。不過更早之前，當我一九七八年開始在普林斯頓高等研究院整理愛因斯坦的文件時，便已經非正式地做著這件事。這些歲月大為充實了我的生活，因為它讓我明白出版世界的另一邊是什麼樣子──也就是說，身為作者而非編輯、在書店為朋友簽書、被報導評論、還有接受訪談是怎麼一回事。二〇〇五年更是令人興奮，那年是愛因斯坦狹義相對論誕生一百週年，也是他逝世五十週年紀念，我和愛因斯坦的許多共事者參與了國際性、全國性、地區性和媒體上的活動，包括把一尊讓人等待已久的愛因斯坦塑像獻給普林斯頓大學。

　　但現在，是時候把事情做一個收尾了。這個計畫從一開始就一直是「進行中」，有點像是我那永遠在翻新但同時愈改愈好的庭院。這次的第四版將是我最後一次彙編的版本。我很感激最後有此機會進行增補、做若干修改與釐清。或許再過幾年，會有位進取的新編輯有精力繼續這份計畫，因為在愛因斯坦龐大的檔案庫中，有如無底洞般，一直都能挖掘出寶石般的語錄。

　　在本版中，我加入三個新章節，但為了避免讓全書過於厚重，刪除了較早版本中大部分的前後補充資料。對這些「額外」內容有興趣的讀者，可參閱過去的版本，了解以下資訊：愛因斯坦一生較詳盡的年表、族譜、有關愛因斯坦本人常見問題之答案、美國聯邦調查局愛因斯坦檔案的節錄內容、愛因斯坦寫給美國總統羅斯福的一封著名信件，警告他德國正在建造原子彈的可能性、約漢娜‧凡托瓦關於她自己與愛因斯坦對話的記錄、海倫‧杜卡斯所記敘愛因斯坦生命最後的日子、取自《為什麼要戰爭？》中愛因斯坦寫給佛洛伊德的信，還有舊版的前言，稍微說明我自己參與這項計畫的背景。現在，我則希望讀者能夠享受〈關於兒童和寫給兒童〉，對象包括愛因斯坦自己的兩個兒子；〈關於種族和偏見〉值得占有一節的篇幅，因為弗烈德‧傑榮和羅傑‧泰勒的《愛因斯坦論種族和種族主義》把新的材料帶到世人眼前；還有一些詩句、滑稽詩和詩作，來自檔案中五百首左右以德文書寫的詩。而由於大衛‧羅伊和羅伯特‧舒爾曼寶貴而詳盡的《愛因斯坦論政治：關於民族主義、錫安主義、戰爭、和平與原子彈的公開與未公開想法》，記錄了愛因斯坦在政治、社會與人道上的書寫，讓我得以大為擴充和重新整理有關政治和猶太主題的段落。同樣很有幫助的還有于爾根‧奈佛的傳記《愛因斯坦》，本書由雪莉‧弗瑞許非常細膩地翻譯為英文；弗烈德‧傑榮的《愛因斯坦論以色列和錫安主義》，

以及華特・艾薩克森的《愛因斯坦——他的人生 他的宇宙》。還有《愛因斯坦全集》第十卷和十二卷的出版，也提供了更多原始資料。因此，我才能夠新增約四百條語錄，使全書總數達到約一千六百條。

在我持續閱讀有關愛因斯坦的資料時，發現其文字作品的翻譯版本一直增加。例如：轉載於《愛因斯坦自選集：對於這個世界，我這樣想》、內森與諾登《愛因斯坦論和平》裡的文章，並不總是忠於最初發表在《世紀論壇》和《紐約時報雜誌》等刊物的版本，而是為了編纂其他書籍時重新翻譯的，似乎是從許多不同來源剪出片段，再加以解釋，以及許多後來的傳記也是如此。由於《愛因斯坦自選集》通常被當作可靠來源使用，無怪我們人部分人常搞不清愛因斯坦到底真正說過什麼。也許愛因斯坦本人在生命後期曾經要求修改自己某些較早期發表的陳述，因為認為這些陳述不再合適。然而，至少對學者來說，應該要回溯原始資料，盡可能回到原文，並且要援引日期和出版資訊，以及替代資料的來源或版本。

兩百多年前成為牛津大學莫德林學院院長的若瑟・路夫，在被問到有什麼守則可以讓年輕學子一生尊奉時，他勸告：「先生，一定要確認你的參考資料，你會發現這是非常好的習慣！」在本書較早版本中，我承認自己沒有完全聽從這個智慧建言，對於浩瀚的愛因斯坦文獻還不夠熟悉，便相信我找到的來源對大眾來說是足以信任的。同時

我也警告讀者，原來的版本其實不是最嚴格意義下的學術書籍。不過，這些語錄的精神本身是正確的，只有幾條例外——對於一千六百條左右的語錄而言，已經還算不錯了。我刪除了一些無法肯定、值得懷疑的語錄，或放到「被認為是愛因斯坦所說」的段落。因此，**無論在語錄內容和資料來源上，這個版本都可以取代之前的版本。**

另外，讀者還應該留意的是，對於訪談文章一定要有所保留，因為這些文章經過訪問者的詮釋，而愛因斯坦本人不一定有機會在發表前加以確認。同樣的情況也包括回憶、對話、回憶錄或軼事的彙編，例如：阿妮塔・埃勒斯輕鬆詼諧的《親愛的赫茲！》。對於一些出現在本書較早版本的翻譯，如果後來找到個人認為更精確的翻譯，我會稍做改變，而我也在某些注解中增加更多解釋。

如果一條語錄可以在已出版的《愛因斯坦全集》中找到，我會在來源中加入卷數和文件編號。根據這個資訊，讀者可以從《愛因斯坦全集》中找到更多背景。其他可靠來源還有羅伊和舒爾曼於《愛因斯坦論和平》中轉載的文件，以及轉載於弗烈德・傑榮書中的篇章。對於尚未出版的文件，尤其是通信，如果有檔案號碼時我會包括進來，以幫助能夠閱覽「愛因斯坦檔案」或「愛因斯坦文獻計畫」的研究者。

讀過較早版本的讀者或許會發現，過去列在「被認為是愛因斯坦所說」段落的許多語錄已經從那裡移除，而可

以在書中主要部分找到。另有一些廣為流傳的語錄至今仍未找到來源，我認為其中有很多是對於愛因斯坦想法的再詮釋或通則化。然而，還有許多純粹是假造的，只是想要藉愛因斯坦之名達到自己特定目的的人的不實言論。

關於愛因斯坦的幽默感，也要稍加說明，因為幽默在不同語言之間不見得能夠完善翻譯。他有些比較辛辣的發言（但不是全部）有可能是在開玩笑、故意賣乖，或一邊使眼色一邊說的。和我們多數人一樣，他也可能在說過某些話之後感到後悔。一旦你更認識愛因斯坦後，也會更了解他的幽默。再者，讀者也會注意到，隨著歲月過去，愛因斯坦對某些議題的看法有所改變，就像我們許多人隨著年紀增長也會改變一樣。所以當你讀到某一則語錄時，記得那是他在說話當時的感想，不見得此後永遠不變。這種矛盾顯示愛因斯坦並非永遠一成不變或心胸狹隘，而是當時間來到時，對新的意見和想法有開放的心胸，但仍盡可能忠實於他基本的人道價值，不過他對自己的科學見解的確較為堅定。

愛因斯坦一直吸引著全世界的科學家和各式各樣的人，這種吸引力無疑也會一直持續下去。透過他那有如叔伯般和藹而又謙遜的形象，他散發著一種魅力，讓社會學家馬克斯·韋伯形容他具有「某種個人特質，因此和普通人區分開來，被認為賦有超自然、超人，或至少擁有特別非凡的能力或特質。」然而，在本書中，讀者也會再次了

解到愛因斯坦仍是個凡人，也正因如此，直到今天，他仍對我們具有意義。

　　我要感謝我在普林斯頓大學出版社的編輯英格莉・格內利希；我的策劃編輯莎拉・勒納，她很有效率地引領書稿製作完成；還有具有銳利鷹眼的審稿凱倫・維德，感謝他們對本書的興趣、照顧與幫助準備出版。感謝我在普林斯頓大學出版社的前同事製作本書，也感謝許多人以及他們友善而好心的信件，提供我過去未曾看過的新語錄和愛因斯坦通信的副本。耶路撒冷愛因斯坦檔案的芭芭拉・伍爾夫提供修正、更多資料來源，以及我不熟悉的新細節，更是格外的貢獻；她幫忙讓這本書變得更好，我對她非常感謝。奧西克・莫賽斯是加州理工學院「愛因斯坦文獻計畫」的編輯，一直以來幫了很多忙，她的回覆總是快速又有效率，還有黛安娜・布赫瓦德很善心地准予我參閱檔案內容。一如以往，羅伯特・舒爾曼提供重要問題的答案。有許多朋友，特別是派翠克・勒溫，對這個計畫給予鼓勵，也一直有著熱切的興趣。我也要再次感謝弗里曼・戴森美妙的前言，並允許我們對少數地方做最小程度的修改。我希望這個最終版本對讀者能夠有所助益。

愛因斯坦簡要年表

1879　3 月 14 日阿爾伯特・愛因斯坦出生於德國烏爾母。

1880　全家搬到慕尼黑。

1881　11 月 18 日妹妹馬雅出生。

1885　秋季開始上學，並開始學小提琴。

1894　家人搬到義大利，阿爾伯特為了完成學業留在慕尼
　　　黑。但他在同年底輟學，到義大利與家人會合。

1895　進入瑞士亞牢的亞牢州立學校就讀。

1896　放棄德國國籍，從學校畢業，10 月底搬到蘇黎世，
　　　就讀瑞士聯邦理工學院（也稱為理工學院，後來成
　　　為蘇黎世聯邦理工學院）。

1900　從瑞士聯邦理工學院畢業。宣布他打算娶同學米列
　　　娃・馬利奇為妻。

1901　成為瑞士公民。一邊兼課一邊找工作。開始進行蘇
　　　黎世大學的博士論文。

1902　可能於 1 月，與米列娃共同生活的女兒列瑟誕生。
　　　6 月開始成為位於伯恩的專利局的技術專員。

1903　1 月 6 日在伯恩與米列娃成婚，他們也在此定居。
　　　列瑟可能交人領養或死去，這年 9 月之後便沒有任
　　　何紀錄提到她。

1904　5 月 14 日兒子漢斯・阿爾伯特出生於伯恩。

1905 從科學文獻發表的角度而言，這是愛因斯坦「奇蹟的一年」。

1906 1 月 15 日獲得蘇黎世大學的博士學位。

1908 2 月成為伯恩大學的講師。

1909 在蘇黎世大學任物理學傑出教授。

1910 7 月 28 日次子愛德華出生。

1911 赴布拉格教書一年。

1912 和已離婚的表姊艾爾莎·洛文塔爾重新往來並發生戀情，同時他自己的婚姻開始瓦解。接受蘇黎世的瑞士聯邦理工學院（後來的蘇黎世聯邦理工學院）聘用，擔任理論物理學教授。

1913 9 月，兒子漢斯和愛德華受洗成為東正教教徒，地點在母親故鄉匈牙利的新沙德附近（後來屬於南斯拉夫，今塞爾維亞）。他接受柏林的教授職位，柏林也是表姊艾爾莎居住的城市。

1914 4 月抵達柏林，開始擔任新職。米列娃和孩子們加入他，但 7 月又返回蘇黎世，因為愛因斯坦想要結束婚姻。

1916 〈廣義相對論起源〉發表於《物理年鑑》。

1917 10 月 1 日開始擔任柏林威廉大帝物理學研究所所長。

1919 2 月 14 日終於與米列娃離婚。5 月 29 日，在一次日食期間，亞瑟·愛丁頓爵士實驗測量光的彎曲，確認了愛因斯坦的預測；愛因斯坦成為公眾人物的

聲望由此開始。6月2日與艾爾莎成婚，當時她有
兩個未出嫁的女兒：伊爾莎（二十二歲）和瑪歌
（二十歲）。

1920　反猶太人和反相對論的聲勢在德國人之間變得明
顯，但愛因斯坦仍對德國保持忠誠。對非科學方面
的興趣逐漸提高，包括反戰主義和他自己的錫安主
義。

1921　4月和5月首次訪美。陪同哈伊姆・魏茲曼，代表
耶路撒冷希伯來大學進行美國募款之旅。在普林斯
頓大學做了四場相對論的演講。

1922　10月到12月走訪遠東。11月在上海時，得知他贏
得1921年諾貝爾物理獎。

1923　拜訪巴勒斯坦和西班牙。

1925　旅行南美。與甘地共同簽署反義務兵役宣言。成為
熱忱的和平主義者。

1928　4月，海倫・杜卡斯受雇為祕書，自此成為他終身
的祕書兼管家。

1930　12月拜訪紐約和古巴，然後待在帕沙第納的加州
理工學院，直到1931年3月。

1931　5月拜訪英國牛津，在羅茲講座授課。12月再次前
往帕沙第納。

1932　1月到3月待在加州理工學院。回到柏林。12月再
次拜訪美國。

1933　1月，納粹取得德國政權。放棄德國國籍（保留瑞

士國籍），不再回到德國，和艾爾莎一起從美國前往比利時，在勒考克暫居。前往牛津，6 月時在牛津進行史賓塞講座，然後前往瑞典，最後一次見到他在精神病院中的兒子愛德華。10 月初離開歐洲前往美國紐澤西的普林斯頓，開始在高等研究院擔任教授。

1936 12 月 20 日，長期與心臟和腎臟病搏鬥的艾爾莎逝世。

1939 8 月 2 日，簽署了一封致羅斯福總統的著名信件，談論原子能在軍事上的運用可能導致的緊急狀況，這導致了美國的曼哈頓計劃。

1940 成為美國公民。

1945 從高等研究院正式退休。

1948 8 月 4 日米列娃在蘇黎世逝世。

1950 3 月 18 日簽署遺囑。他所有的文件財產（愛因斯坦檔案）將根據託管人決定的時間，移交給耶路撒冷希伯來大學。

1952 以色列給他總統職位，他拒絕了。

1955 4 月 11 日寫下最後一封親筆簽名信給伯特蘭·羅素，同意簽署一份共同宣言，呼籲所有國家放棄核子武器。4 月 13 日，動脈瘤破裂。4 月 15 日，進入普林斯頓醫院。4 月 18 日，阿爾伯特·愛因斯坦於凌晨 1:15 逝世，死於腹大動脈的動脈硬化瘤破裂。

第一章

關於自己

關於自己

快樂的人因為滿足現狀,難以規劃未來。

> 寫於十七歲(1896 年 9 月 18 日)學校的法文作文作業,題目是〈我未來的計劃〉。*CPAE*, Vol. 1, Doc. 22

如果我再次成為年輕人,必須決定如何謀生時,我不會試圖成為科學家、學者或老師。我寧可成為配管工或小販,期望在目前時局下還能擁有少許獨立性。

> 給《新聞記者》的讀者投書,11, no. 9(1954 年 11 月 18 日)。見羅伊和舒爾曼的《愛因斯坦論政治》,485-486。這段話是在回應麥卡錫時代對知識份子的獵巫行徑。他覺得科學最好做為嗜好,要謀生的話應該選擇其他工作(見史特勞斯的〈追憶〉,收錄於霍頓和艾卡納的《愛因斯坦:歷史與文化的觀點》第 421 頁。一位配管工史坦利‧馬瑞在 11 月 11 日回應愛因斯坦:「既然我的野心一直是成為學者,而你的似乎是配管工,我認為我們組成的團隊會無比成功。我們能夠同時擁有知識和獨立性(羅森克蘭茲,《愛因斯坦剪貼簿》,82-83)。在別的場合,據說愛因斯坦也聲稱他會選擇成為音樂家,並在 1933 年倫敦皇家亞伯特廳的演講中,建議年輕科學家可以做燈塔看守人(內森和諾登,《愛因斯坦論和平》,238)。

我一生都在處理客觀事物。因此,我對於妥當處理人事和

執行官職既無天資也無經驗。

> 給以色列駐美大使阿巴・埃班的聲明，1952 年 11 月 18 日，
> 在哈伊姆・魏茲曼過世後，婉拒以色列總統一職。愛因斯坦檔
> 案，28-943

我太過於專注思考如果我死後會發生的事，因此發現自己
還活著時十分驚訝。

> 給米列娃，1918 年 4 月 23 日，當時他剛處理完萬一自己過
> 世時，在財務上如何支持她和孩子的法律文件。*CPAE*, Vol. 8,
> Doc. 515

多年來，你是第一個告訴我對我真正想法的人。

> 對一個 18 個月大的嬰兒，在被介紹給愛因斯坦時尖聲大叫。
> 引述於理查茲《我所認識的愛因斯坦》中的〈追憶〉（未編頁
> 碼）

我討厭我的照片。看看這張臉。如果不是有這個〔鬍
髭〕，我看起來就像個女人！

> 在他生命最後十年間某次告訴攝影師艾倫・理查茲。引述於理
> 查茲《我所認識的愛因斯坦》中的〈追憶〉（未編頁碼）

年輕時，我想要的、期望從生命中得到的，是安靜坐在某
個角落做我自己的事，不受任何人注意。現在看我變成什
麼樣子了。

引述於霍夫曼的《阿爾伯特‧愛因斯坦：創造者及反叛者》，4

上帝賜給我騾子般的固執和相當濃烈的臭味。

恩斯特‧史特勞斯的回憶。引述於吉里胥的《光明之時，黑暗之時》，72

我的任務在此結束了。

臨終時所言。愛因斯坦檔案，39-095。來自傳記作者卡爾‧吉里胥的記述；他可能是從愛因斯坦的祕書海倫‧杜卡斯或繼女瑪歌‧愛因斯坦聽來的。

我從來不讀任何人所寫有關我的事情 —— 那多半是來自報紙的重複謊言……唯一例外的是那個瑞士人〔卡爾‧〕吉里胥；他人很好而且寫得不錯。我也沒有讀過他的書，不過，杜卡斯念過其中的某些部分給我聽。

凡托瓦引述於〈與愛因斯坦的對話〉，1954 年 9 月 13 日

如此廣為人知，卻又如此寂寞，實在是件奇怪的事。但這種受歡迎的程度……迫使它的受害者採取防禦姿態而導致與人疏離，這是事實。

給 E. 馬蘭哥尼，1952 年 10 月 1 日。愛因斯坦檔案，60-406

我只是在各方面都單純喜歡給予更勝於接受，不拿我自己和多數人所作所為過於認真，不恥於我的弱點和缺點，當

事情發生時，自然而然地以沉著和幽默面對。很多人都是這樣，我真的不懂為什麼自己被視為某種偶像。

> 同上，回覆馬克斯・玻恩詢問愛因斯坦對簡單生活的態度

我〔在高等研究院〕沒有影響力，因為大體上我被視為化石般的東西，歲月已使我變得既瞎又聾。我覺得這個角色並不會太令人不愉快，因為這和我本身的性情還蠻相符的。

> 給馬克斯和赫蒂・玻恩夫婦，1949 年 4 月 12 日。收錄於玻恩的《玻恩－愛因斯坦書信集》，178-179。（類似於英費爾德引述的「我的名聲是從普林斯頓外面開始的。我說的話在范恩講堂沒什麼分量。」收錄於《追尋》，302。）愛因斯坦檔案，8-223

我的人生十分簡單，無法引起任何人的興趣。已知的事實是：我出生了，然後這就是全部。

> 給普林斯頓高中的學生記者亨利・魯索，引用於學生報《高塔》，1935 年 4 月 13 日

在所有可能的團體中，沒有一個讓我想要投入，唯一例外的是真正追尋者的團體，不管在任何時代，活著的成員都十分稀少。

> 給馬克斯和赫蒂・玻恩夫婦，1924 年 4 月 29 日。收錄於玻恩的《玻恩－愛因斯坦書信集》，79。愛因斯坦檔案，8-176

〔我〕必須在群星中尋找〔自己〕在地球上得不到的東西。

> 給他的祕書貝蒂・紐曼，1924 年。在與艾爾莎的婚姻中，他
> 愛上對方，正要結束這段關係。貝蒂是友人漢斯・穆薩姆的姪
> 女。見派斯的《上帝難以捉摸》，320；及弗爾森的《愛因斯
> 坦傳》，548

就好像童話故事裡，那個碰到每樣東西都會變成金子的
人，我也一樣，每樣東西都變成報紙上的喧囂。

> 給馬克斯・玻恩和赫蒂・玻恩，1920 年 9 月 9 日，對一篇針
> 對他文章的評論輕描淡寫。收錄於玻恩的《玻恩－愛因斯坦書
> 信集》，34。*CPAE*, Vol. 7, Doc. 45。十年後，於 1930 年 3 月
> 21 日寫給友人保羅・艾倫費斯特：「而我，每個瞥眼都變成
> 小喇叭獨奏。」（愛因斯坦檔案，10-212）。

洪水般的詢問、邀請和要求把我淹沒，以至於我晚上夢到
自己在地獄裡被火焚燒，那裡的惡魔是郵差，不斷對我咆
哮，因為我還沒回覆先前的信件，又把一綑新信件丟在我
頭上。

> 給路德維希・霍普，1920 年 2 月 2 日。*CPAE*, Vol. 9, Doc. 295

我完全缺乏那種情操；我只有對全人類的責任感，以及對
我熟識的人產生的情感。

> 給海因里希・桑格，1919 年 6 月 1 日，談及他對任何特定的
> 地方都沒有留戀，舉例而言，他沒有物理學家馬克斯・普朗克
> 對德國的情感。*CPAE*, Vol. 9, Doc. 52

我本來應該要成為工程師的，但想到得把自己的創造力消耗在把務實的日常生活變得更加完善，還要把令人作嘔的賺大錢當作目標，就令我無法忍受。

給海因里希·桑格，約於 1918 年 8 月。*CPAE*, Vol. 8, Doc. 597

不用為我感到惋惜。儘管表面上看起來很糟，但我的生活和諧平順；我完全獻身於思索。我像是個遠視眼的人，深受遼闊地平線的吸引，只有當某個不透明物體擋住視線時，才感受到近景的干擾。

給海蓮娜·薩維奇，1916 年 9 月 8 日，與家人分開之後。收錄於波波維奇編輯的《在阿爾伯特的陰影中》，110。*CPAE*, Vol. 8, Doc. 258

我本身很了解這種動物，我有親身經驗，因為我自己就是他們的一員。對他們不必有太多期待……今天鬱鬱寡歡，明天興高采烈，後天冷漠，然後再次悶悶不樂、了無生趣 —— 更不用說三心二意、忘恩負義又自私自利。

寫給友人茱莉亞·尼格利，約在 1899 年 8 月 6 日，回覆她詢問與一名較年長男性交往的意見。*CPAE*, Vol. 1, Doc. 51

我是藝術家的模特兒。

這是赫伯特·賽謬爾的回憶與記述中，問到愛因斯坦的職業時得到的答案，反映出愛因斯坦覺得自己總是在為雕塑和肖像擺姿勢，1930 年 10 月 31 日。愛因斯坦檔案，21-006。攝影師

菲利普‧霍爾斯曼的版本則稍有不同：公車上一位老婆婆告訴
愛因斯坦，她一定在某處曾看過他的照片，因為他看起來很眼
熟，而愛因斯坦的回應是：「我是攝影師的模特兒。」見霍爾
斯曼給《紐約書評》雜誌的讀者來函，1966 年 5 月 26 日

我從未把安逸享樂視為人生目的 —— 基植於此的倫理觀，
我稱之為豬圈的理想……而總是在我眼前閃耀、讓我充滿
生之喜悅的理想，是善、美和真。把安逸或快樂做為目
標，對我從來就沒有吸引力。

引自〈我的信仰〉，《世紀論壇》84（1930），193-194。亦
見羅伊和舒爾曼的《愛因斯坦論政治》，226，附有背景資料
和完整文章。這段文字和本文的其他段落，有許多不同的翻譯
版本，在本書中，我一律使用《世紀論壇》的版本。

財產、外在的成功、名聲、奢侈 —— 這些對我一直都是可
鄙的。我相信簡單謙遜的生活……對身體和心靈都是最好
的。

引自〈我的信仰〉，《世紀論壇》84（1930）

我對社會正義和社會責任一直懷有熱情，而這與缺乏和人
直接聯繫的慾望形成奇特的對比。我是適合獨自工作的
馬，並不適合兩匹或更多匹馬的共同作業方式。我從來不
曾全心歸屬某個國家、交友圈、甚至自己的家庭。這些紐
帶於我總是伴隨著一份超然疏離，而我對於孤獨的冀求，

隨著年歲更為增加。

　　引自〈我的信仰〉，《世紀論壇》84（1930）

每一天我總是多次了解到，自己的外在和內在生活皆是仰賴他人的努力，這包括生者與前人；我得盡一切努力，才能對自己所得加以回報。

　　引自〈我的信仰〉，《世紀論壇》84（1930）

為什麼沒有人了解我，但每個人都喜歡我？

　　引自一次訪談，《紐約時報》，1944 年 3 月 12 日

除非我知道正確的事實，否則我不想發表意見。

　　與理查·J·路易斯的訪談，《紐約時報》，1945 年 8 月 12 日，
　　29:3，有關拒絕對德國在原子彈的進展上發表意見

在清醒的片刻，我眼中的自己就像隻把頭埋在沙裡，藉此避免看見危險的鴕鳥。一個人為自己創造了一個小世界，且……自覺奇蹟般地偉大又重要，就像一隻待在自己挖掘的洞穴中的鼴鼠。

　　寫給愛因斯坦女友瑪麗的母親寶琳·溫特勒，1897 年 5 月。
　　CPAE, Vol. 1, Doc. 34

今天伯克斯先生給我看他做的我的胸像，我非常欣賞這尊

塑像的表現力，不管是從藝術品的角度或對一個瘋子的呈現而言。

> 來自一份以英文書寫的署名文件，1954 年 4 月 15 日。羅伯特·伯克斯是製作華盛頓特區美國國家科學院前愛因斯坦塑像的雕塑家。文中的胸像是雕塑的模型。雕塑家捐出了這個胸像，於 2005 年 4 月安置於紐澤西普林斯頓的自治市鎮廳之前。（文件正本為伯克斯先生所有，他給了我一份副本。）

我的雙親曾經很擔心，那是真的，因為我很晚才開始講話，他們甚至為此找過醫生。我不確定那時我多大 —— 但的確沒有早於三歲。

> 給希比爾·布林諾夫，1954 年 5 月 21 日。愛因斯坦檔案，59-261。在愛因斯坦的妹妹馬雅所寫的愛因斯坦傳記中，她認為是兩歲半；見 *CPAE*, Vol. 1, lvii

我不是你以為的那種虛榮或愛出風頭的人，再說，我也沒有什麼重要的東西好說的，不像你以為的那樣。

> 回信，1954 年 5 月 27 日，原信要求愛因斯坦寄一封信給智利一間新成立的博物館，以便在那裡展示給大眾欣賞。愛因斯坦檔案，60-624

愛因斯坦教授懇求您，在處理此書時，就當作他已經死了。

> 祕書海倫·杜卡斯為愛因斯坦代筆，寫於 1931 年 3 月，當時他被處理不完的文稿包圍。愛因斯坦檔案，46-487

我在我的老師手上遭受過類似待遇；他們不喜歡我的獨立性，當想要助手時，會忽略掉我——不過我必須承認，比起你，我更不像好學生。

給一名年輕女孩艾琳‧弗洛德，1932 年 11 月 20 日。轉載時的標題定為〈教育和教育者〉，收錄於《愛因斯坦自選集：對於這個世界，我這樣想》，56。愛因斯坦檔案，28-221

關於我的無恥謊言和虛假故事已經發表了滿坑滿谷，如果讓自己對它們投以任何注意，我老早就已經進墳墓了。

給作家馬克斯‧布洛德，1949 年 2 月 22 日。愛因斯坦檔案，34-066.1

我父親的骨灰葬在米蘭。就在幾天前，我把母親葬在這裡〔柏林〕。我自己不停旅行往返，不管在何處都是陌生人。我的孩子在瑞士……像我這樣的人，最好是只要和親愛的人在一起時，不管哪裡都可以為家。

給馬克斯‧玻恩，1920 年 3 月 3 日。收錄於玻恩的《玻恩－愛因斯坦書信集》，25。*CPAE*, Vol. 9, Doc. 337

關於他的家人與家人的信件

以目前的情況而言，我唯一會選擇的職業，會是賺取溫飽時與追尋知識毫不相干的工作。

> 給馬克斯·玻恩，1955 年 1 月 17 日。見玻恩的《玻恩－愛因斯坦書信集》，227。愛因斯坦檔案，8-246

以你對這個主題的膚淺知識，對自己的判斷竟如此自信，實在很奇怪甚至反常。很遺憾我沒有時間和半吊子窮耗。

> 給牙醫 G. 勒鮑，他聲稱自己的相對論更好。1954 年 7 月 10 日。這名牙醫退回愛因斯坦的信，底下附了一條注記：「我三十歲；學習謙遜需要時間。」愛因斯坦檔案，60-226

待在你家的時光將是我永久珍愛的回憶，這包括由於你的款待與作品，我才熟悉起來如珍珠般的波斯智慧。由於自身帶著東方血統，它們對我特別有意義。

> 給弗里德里希·羅森，德國駐哈牙大使，1920 年 5 月。羅森顯然曾被派駐於波斯（現伊朗），並編纂了一部波斯故事集。愛因斯坦檔案，9-492

關於第一任妻子
米列娃·馬利奇及寫給她的信

愛因斯坦雖然和生於塞爾維亞的米列娃維持婚姻關係十七年，卻自認從來不曾真正了解她。他憶及與她結婚主要是「出於責任感」，這或許是因為她產下他們的私生子。「我帶著內在的抵抗，步入超越自己能耐的關係。」他們在瑞士聯邦理工學院相遇，兩人都是物理系學生；他十八歲，她二十二歲。約五年後他們結婚時，他不知道米列娃母系的精神病是遺傳性的。米列娃本身經常陷入憂鬱，她的妹妹佐兒卡則患有思覺失調症。但她仍是個溫暖而關懷他人的女性，非常聰明，生命中一路面對許多難題。由於米列娃無法接受自己即將離婚、愛因斯坦對待她的無情，以及不把非生女兒列瑟接來一起生活的決定，她變得尖刻，在分手過程中，有時會造成愛因斯坦和兩個兒子的相處發生困難。他寫了許多信給兩個兒子，特別是漢斯·阿爾伯特，從這些信中看得出他希望在兒子童年時仍保持親近，也對他們懷著溫暖、愛護與關切之心。他最終也承認米列娃是個好母親。（這些信件見於 *CPAE*, Vol. 8，也可參考寫給米列娃的信件，顯示兩人在分手後試圖處理財務和孩子教養上的困難。亦見波波維奇編輯的《在阿爾伯特的陰影中》。）

不過，愛因斯坦本人認為，兩人分手的悲劇在他身上留下長遠影響、直到年老，或許導致他更偏向從事本質上

無關於人的事物。見他寫給傳記作者卡爾‧吉里胥的信件，1952 年 3 月 26 日和 5 月 5 日；愛因斯坦檔案，39-016 及 39-020。

媽媽倒到床上，把頭埋在枕頭中，像小孩子般哭泣。冷靜下來後，她很快轉為拚命責備：「你會毀了你的將來和機會。」「沒有一個正經的家庭會接納她。」「如果她懷孕了，你就徹底毀了。」由於這次爆發——後續還有許多次——我終於失去耐性。

> 寫給米列娃，1900 年 7 月 29 日，在他告訴母親他和米列娃計畫結婚之後；他們直到 1903 年 1 月 6 日才結婚。《情書》，19；*CPAE*, Vol. 8, Doc. 68

我極端渴望我親愛的女巫的來信。我們竟然得要分開更久，實在難以置信，直到現在，我才了解自己是多麼愛你！好好照顧自己，好讓你變成閃亮的小甜心，和頑童一樣意氣風發！

> 給米列娃，1900 年 8 月 1 日。《情書》，21；*CPAE*, Vol. 1, Doc. 69

你不在我身邊時，我覺得自己彷彿不完整。當我坐著時，便想要出走；當我出去時，我寧可回家；當我和人說話時，我寧可讀書；當我讀書時，我無法安靜坐著專心閱

讀；而當我上床睡覺時，我對一天是怎麼過去的感到不滿。

　　給米列娃，1900 年 8 月 6 日。《情書》，23-24；*CPAE*, Vol. 1, Doc. 70

我可愛的一切，我以前是如何能夠獨自生存的？沒有你，我沒有自信，沒有工作的熱情，沒有生命的歡愉 —— 簡言之，沒有你，我的生命便是虛空。

　　給米列娃，約 1900 年 8 月 14 日。《情書》，26；*CPAE*, Vol. 1, Doc. 72

我的父母對於我對你的愛十分憂心……他們為我哭泣，幾乎像是我已經死了一樣。一次又一次，他們埋怨我因為奉獻於你，而為自己帶來不幸。

　　給米列娃，1900 年 8-9 月。《情書》，29；*CPAE*, Vol. 1, Doc. 74

如果不是因為能夠想你，我一點都不想生活於可悲的人群之中。但擁有你讓我自豪，想到你便讓我快樂。當我能夠再次把你緊緊擁在懷中，看著只為我而閃耀、充滿愛的雙眸，還有當我能親吻那只為我而顫抖的甜美雙唇時，我將會加倍地快樂。

　　給米列娃，1900 年 8-9 月。《情書》，29；*CPAE*, Vol. 1, Doc. 74

我也期盼著進行我們的新研究。你一定要繼續你的研究

—— 擁有一個可愛的博士做為我的甜心，而我繼續做個完全平凡的人，這會讓我多麼自豪！

給米列娃，1900 年 9 月 13 日。《情書》，32；*CPAE*, Vol. 1, Doc. 75

我該〔在蘇黎世〕為你尋找可能的工作嗎？我想我會試著找教職，之後可以轉交給你。或者你有其他想法嗎？……無論發生什麼事，我們都會擁有想像中最棒的生活。

給米列娃，1900 年 9 月 19 日。《情書》，33；*CPAE*, Vol. 1, Doc. 76

我是多麼幸運能遇到你 —— 和我旗鼓相當的生命，與我一樣強壯而獨立。

給米列娃，1900 年 10 月 3 日。《情書》，36；*CPAE*, Vol. 1, Doc. 79

當我們兩人一起把相對運動的研究推到勝利的終點時，我將會如何地快樂和自豪！

給米列娃，1901 年 3 月 27 日。《情書》，29；*CPAE*, Vol. 1, Doc. 94。這句話導致一些人相信米列娃對於相對論有對等的貢獻

你將親眼見到，我會變得如何愉快和興高采烈，我所有的不快都會成為過去。而我再一次如此愛著你！只是因為緊

張，我才會對你那麼刻薄……而我是如此渴望再次見到你。

　　給米列娃，1901 年 4 月 30 日。《情書》，46；*CPAE*, Vol. 1, Doc. 102

但願我能夠把自己的快樂分給你一些，好讓你永遠不再悲傷憂鬱。

　　給米列娃，1901 年 5 月 9 日。《情書》，51；*CPAE*, Vol. 1, Doc. 106

我妻子帶著複雜的感覺來到柏林，因為她很害怕我的親戚，或許絕大部分是怕你……但你我可以快樂地在一起而不用讓她受傷。你無法從她那兒取走她根本沒有的東西〔意指他的愛〕。

　　給新戀人，即表姊艾爾莎・洛文塔爾，1913 年 8 月。*CPAE*, Vol. 5, Doc. 465

我家中比過去更像鬼屋：冰冷的沉默。

　　給艾爾莎，1913 年 10 月 16 日。*CPAE*, Vol. 5, Doc. 478

當缺乏另一方犯錯的證據時，你以為有那麼容易達成離婚嗎？……我對待妻子就像無法辭退的員工。我有自己的臥室，且避免與她共處一室……我不知道你為何要對這一切

如此不悅。我絕對是自己的主人……也是我妻子的主人。

給艾爾莎，在 1913 年 12 月 2 日之前。*CPAE*, Vol. 5, Doc. 488

〔我的妻子米列娃〕是個不友善、沒有幽默感的生物，無法從生命中獲得任何東西，而且單是她的出現，就能澆熄他人生活的喜悅。

給艾爾莎，1913 年 12 月 2 日。*CPAE*, Vol. 5, Doc. 489

我妻子不停對我哀訴柏林和她對親戚的恐懼……我母親有著好性情，但做為婆婆十分無情；當她待在我們家時，空氣裡充滿火藥味……但雙方都該為她們悲慘的關係負責……難怪我的科學生涯在這些情況下茁壯：它以與人無關的方式把我從哭哭啼啼的谷底提升到較為平靜的氛圍裡。

給艾爾莎，1913 年 12 月 21 日之後。*CPAE*, Vol. 5, Doc. 497

他與我妻子有某種往來，沒有人可以反對他們的關係。

給海因里希·桑格，1914 年 6 月 27 日。愛因斯坦臆測米列娃和弗拉基米爾·瓦利卡之間有戀情；瓦利卡是札格雷布大學的數學教授，在相對論上有兩個重要發現，被沃夫岡·包立引用於他評論相對論的文章中。*CPAE*, Vol. 8, Doc. 34a，嵌入於 Vol. 10 中

(A) 我可以向你確保 (1) 我的衣服和待洗衣物會分門別類；(2) 我會在自己的房間裡規律食用三餐；(3) 我的臥室和書

房都會維持整潔，特別是我的書桌，因為那裡只有我能使用。(B) 只要是社交上並非絕對必要，你要放棄目前為止與我所有的個人關係。其中特別要停止要求我 (1) 與你一起留在家裡；(2) 與你一起外出旅行。(C) 在與我的關係上，你將遵守下列幾點：(1) 你不能期待我的任何溫柔，也不能對我提出任何要求；(2) 你對我說話時，如果我要求，你就要停止繼續；(3) 如果我要求，你就必須離開我的臥室或書房，且不能抗議。(D) 不管是透過言語或行為，你都不能在我們的孩子面前貶低我。

> 給米列娃的備忘錄，約於 1914 年 7 月 18 日，列出他同意與她繼續同住柏林的條件。一開始她接受這些條件，但後來在 7 月底帶孩子離開柏林。*CPAE*, Vol. 8, Doc. 22

我不想失去孩子，我也不想讓他們失去我……在經過這麼多事情後，與你維持友好關係已經不可能。我們的關係應該是考慮大局和公事公辦的。所有私人事務應該維持最低限度……我不預期對你提出離婚，但只希望你和孩子留在瑞士……每兩週給我一次親愛的孩子的消息……相對的，我保證我對你會保持得體的舉止，如同我對所有無關女性一樣。

> 給米列娃，約 1914 年 7 月 18 日，提出他搬到柏林後繼續維持婚姻關係的提議，但最後她沒有同意。*CPAE*, Vol. 8, Doc. 23

我終於了解到，如果妻子從中阻撓，和孩子一起生活並不
是一件幸福的事。

　　給艾爾莎，1914 年 7 月 26 日。*CPAE*, Vol. 8, Doc. 26

我將只能在其他地方見到我的小孩，而不在我們〔未來〕
的家。這是應該的，因為讓孩子看到他們的父親與另一個
不是母親的女人在一起，是不對的。

　　給艾爾莎，1914 年 7 月 26 日之後。*CPAE*, Vol. 8, Doc. 27

我多麼期盼我們可以單獨聊天的寧靜夜晚，還有更多等待
著我們共享的平靜！現在，在這麼多深思和努力之後，
我的家中終能有位珍貴的可愛妻子，以歡樂和滿足迎接
我……並不是〔米列娃〕的醜陋，而是她的固執、不知變
通、頑固和無情，阻撓了我們之間的和諧。

　　給艾爾莎，1914 年 7 月 30 日。*CPAE*, Vol. 8, Doc. 30

我無法再忍受與這個女人共處是有理由的，儘管我對孩子
有著溫柔的愛。

　　給海因里希・桑格，1915 年 11 月 26 日。*CPAE*, Vol. 8, Doc. 152

你不知道這個女人天生的心計之深。如果不是我終於找到
力氣與她保持距離，將她排除在我的視聽之外，我早已經
身心俱毀。

給米歇爾‧貝索，1916 年 7 月 14 日。*CPAE*, Vol. 8, Doc. 233

她不用煩惱生活，和她親愛的兩個兒子一起住在極好的街區，愛做什麼就做什麼，還無辜地表現出完全沒錯的姿態。

給米歇爾‧貝索，1916 年 7 月 21 日。*CPAE*, Vol. 8, Doc. 238

她唯一缺的是比她更強勢的人……有哪個男人可以一輩子忍受鼻孔裡塞著如此惡臭的東西，還要把「裝出一張親切的臉」當作第二項義務？

給米歇爾‧貝索，1916 年 7 月 21 日。*CPAE*, Vol. 8, Doc. 238

從現在起，我不會再拿離婚來打擾她。和我親戚的連帶戰爭已經發生了。我已學會把眼淚往肚子裡吞。

> 給米歇爾‧貝索，1916 年 9 月 6 日。愛因斯坦的親戚並不贊同他不決斷自己的婚姻，因為認為會傷害伊爾莎（艾爾莎的長女）結婚的可能。最後離婚終於在 1919 年 2 月於瑞士成立。愛因斯坦身為有錯的一方，被規定未來兩年內不得結婚。儘管有這份禁令，他在三個半月後就與艾爾莎結婚，因為這禁令對德國法律不適用。*CPAE*, Vol. 8, Doc. 254；弗爾森，《愛因斯坦傳》，425, 427

和米列娃分開對我攸關生死……因此我自絕於我的兒子，儘管我仍深愛他們。

給海蓮娜‧薩維奇，1916 年 9 月 8 日。*CPAE*, Vol. 8, Doc. 258

我相信米特莎〔米列娃〕有時因過於矜持而受苦。她的雙親和妹妹……甚至不知道她的住址。從這方面來說，親愛的海蓮娜，你對她可以有很大的幫助，幫助她克服這令人氣餒的時刻。我非常感激你為米特莎、還有特別是對孩子們做的每件事情。

給海蓮娜‧薩維奇，1916 年 9 月 8 日。*CPAE*, Vol. 8, Doc. 258

我們在一起時，米列娃絕對令人難以忍受。我們不在一起時，我可以相當喜歡她；她看起來還不錯，做為我兒子的母親也是。

給米歇爾‧貝索，1918 年 7 月 29 日。*CPAE*, Vol. 8, Doc. 591

對我而言，在這裡很難判斷讓米列娃和孩子〔愛德華〕搬到她故鄉南斯拉夫是不是更好……在那裡她和孩子的生活可以比昂貴的瑞士更輕鬆……我沒辦法給他們更多援助，因為我所有的親戚和朋友圈都因政治狀況而陷入困難，在此我已達極限了。

給海因里希‧桑格，1938 年 9 月 18 日。愛因斯坦檔案，40-116

她不曾從我們的分手和離婚中釋懷，並發展出使人想起希臘經典中美蒂亞的性情。這讓我和兩個心愛的兒子間的關

係籠罩陰影。我生命中這悲劇性的面向,直到年老都不曾減退。

> 給卡爾·吉里胥,1952 年 5 月 5 日,關於米列娃。愛因斯坦檔案,39-020

關於他的第二任妻子艾爾莎·洛文塔爾

愛因斯坦在 1912 年與他住在柏林的表姊艾爾莎開始了遠距離戀愛,當時他住在蘇黎世,仍與米列娃維持婚姻關係。愛因斯坦一家於 1914 年搬到柏林時,這場婚外情仍然持續。米列娃很快就搬回蘇黎世,而他直到 1919 年 2 月才與米列娃離婚。同年 6 月他與艾爾莎結婚,雖然多年來他一直告訴朋友自己沒有與她結婚的打算,甚至考慮取她女兒伊爾莎。曾有段時間他也考慮過艾爾莎的妹妹寶拉。見 *CPAE*, Vol. 8 的諸多信件,以及斯特恩的《愛因斯坦的德國圈》,105n

因為是你的希望,我將會每次都把你的信件毀去。我已經毀掉第一封了。

> 給艾爾莎,1912 年 4 月 30 日,回應她關於婚外情的疑慮。
> *CPAE*, Vol. 5, Doc. 389

我必須愛著一個人，不然我是一種悲慘的存在。而那個人正是你。

> 給艾爾莎，1912 年 4 月 30 日，回應她關於婚外情的疑慮。
> *CPAE*, Vol. 5, Doc. 389

我受的苦甚至比你還多，因為你只為你沒有的受苦。

> 給艾爾莎，1912 年 5 月 7 日，暗指他難以應付的妻子米列娃。
> *CPAE*, Vol. 5, Doc. 391

我這麼久才寫信，是因為我對我們的關係有所憂心。我有種感覺，如果我們變得更親近，這對我們並不好，對別人也是。

> 給艾爾莎，1912 年 5 月 21 日。*CPAE*, Vol. 5, Doc. 399

現在我有了可以毫無拘束想念的人，而且能夠為她而活……渴望了如此之久，我們終將能擁有彼此，也能夠贈與彼此安定感和樂觀的遠景。

> 給艾爾莎，1913 年 10 月 10 日。*CPAE*, Vol. 5, Doc. 476

如果你為我念誦最美的詩……那種愉悅還比不上享用你為我準備的蘑菇與鵝肉派時的快樂；……你想必不會看輕我在此坦承自己居家的一面。

> 給艾爾莎，1913 年 11 月 7 日。*CPAE*, Vol. 5, Doc. 482

我與這裡的親戚相處十分愉快，特別是與我年紀相仿的表姊，我們以前就認識。這是讓我對這個大城市〔柏林〕適應得非常好的主要原因，否則這裡是個令我討厭的地方。

給保羅・艾倫費斯特，大約 1914 年 4 月 10 日，談論他對柏林生活的調適。*CPAE*, Vol. 8, Doc. 2

她〔艾爾莎〕是我來柏林的主要理由。

給海因里希・桑格，1915 年 6 月 27 日。*CPAE*, Vol. 8, Doc. 16a，嵌入於 Vol. 10

最終我還是決定與我表姊〔艾爾莎〕採取結婚這種形式，因為不如此的話，她兩個成年女兒會受到嚴重傷害。這絲毫不會傷害我或我兒子，然而是我的義務⋯⋯我的生活不會因此有所改變。為何要讓原罪在夏娃可憐的女兒們身上更加嚴酷呢？

給海因里希・桑格，1916 年 3 月 1 日。愛因斯坦家族認為如果母親繼續與他人維持婚外情，瑪歌和伊爾莎會難以找到結婚對象。然而在 12 月 5 日給米歇爾・貝索的一封信中，他再次聲明「我再也不會考慮再婚。」而這場婚姻實際上發生於三年後。*CPAE*, Vol. 8, Doc. 196a 和 283a，兩者都嵌於 Vol. 10

艾爾莎和伊爾莎兩人中，我只會帶其中一人與我同行。後者比較適合，因為她較健康也較務實。

給弗里茲・哈柏，1920 年 10 月 6 日，談論去挪威演講時的旅

伴。愛因斯坦檔案，12-325。他沒有提到自己在與艾爾莎結婚前，也受到艾爾莎的女兒伊爾莎吸引（見伊爾莎給喬治·尼可萊的信件，1918 年 5 月 22 日，*CPAE*, Vol. 8, Doc. 545）。

關於妹妹馬雅及母親寶琳

沒錯，但她的輪子在哪裡？

在妹妹於 1881 年出生之後，兩歲半的愛因斯坦被告知現在有個新的東西可以玩。收錄於〈傳記速寫〉，作者為馬雅·溫特勒－愛因斯坦，*CPAE*, Vol. 1, lvii

儘管對她們感到同情，但在我看來，我母親和妹妹仍顯得有些小氣而庸俗。生命逐漸改變我們靈魂每個細處的方式實在有趣，即使是最親密的家人牽繫，也會逐漸縮減為習慣性的友誼。內心深處我們不再互相了解，也無法與對方產生共鳴，不知道對方會因什麼樣的情緒感動。

給米列娃·馬利奇，1899 年 8 月初，時年二十歲。《情書》，9；*CPAE*, Vol. 1, Doc. 50

我可憐的母親在星期天抵達這裡……現在她躺在我的書房，痛苦難耐，身心皆然……看來她還要受很久的折磨；她看起來還是不錯，但心理上因為嗎啡而受很多苦。

給海因里希·桑格，1920 年 1 月 3 日。*CPAE*, Vol. 9, Doc. 242

我的母親於上週的今天在可怕的痛苦中過世。我們全都筋疲力竭。血緣牽繫的重量深可刻骨。

> 給海因里希・桑格，1920 年 2 月 27 日。*CPAE*, Vol. 9, Doc.
> 332；愛因斯坦檔案，39-732

我明白一個人看著自己的母親臨終受苦卻無法幫助的感受。這是無法安慰的。我們所有人都必須承受這份沉重的負擔，因為那是與生命無法分割的連結。

> 給海德薇・玻恩，1920 年 6 月 18 日，寫於她母親過世之後。
> 收錄於玻恩的《玻恩－愛因斯坦書信集》，28。*CPAE*, Vol. 10,
> Doc. 59

關於變老

我仍是個單純的人，世界毫無所求；不同的只有青春已逝
—— 那永遠歡快的迷人青春已經不再。

給安娜‧麥爾－施密德，1909 年 5 月 12 日。*CPAE*, Vol. 5,
Doc. 154

我生活於孤獨中，那種孤獨在年輕時是痛苦的，但在成熟
後饒富滋味。

取自一份為喬治‧許萊伯的《肖像畫與自畫像》（Boston:
Houghton Mifflin, 1936）所寫的陳述。轉載於《愛因斯坦晚年
文集》，13。愛因斯坦檔案，28-332

最終，還是有什麼永恆的東西，存在命運之手和人類所有
幻覺不可及之處。而相對在恐懼與希望之間擺盪的年輕
人，老人更接近這種永恆。

給比利時伊莉莎白王后，1936 年 3 月 20 日。愛因斯坦檔案，
32-387

在我們這種年紀，惡魔不會給你太多放假的時間！

給海因里希‧桑格，1938 年 2 月 27 日。引述於吉里胥的《光
明之時，黑暗之時》，45，翻譯見奈佛的《愛因斯坦》，

199。愛因斯坦檔案，40-105

你我當然和所有人一樣，是終有一死的凡人，但像我們這種人不管活多久都不會變老。我的意思是，置身於偉大奧祕之前，我們永遠都像好奇的小孩。

　　給歐托‧尤利烏斯伯格，1942 年 9 月 29 日。愛因斯坦檔案，38-238

我沒有太在意你的「我覺得自己太老了」，因為我知道這種感覺。有時候……它會突然湧上來，然後再退散。最終，如果大自然沒有選擇更快速的方法的話，我們可以默默讓她將我們逐漸化為塵土。

　　給馬克斯‧玻恩，1944 年 9 月 7 日。收錄於玻恩的《玻恩－愛因斯坦書信集》，145。愛因斯坦檔案，8-207

雖然現在我已成了個老頑固，我仍然辛勤工作，也依舊不相信上帝會玩骰子。

　　給過去在柏林的學生伊爾莎‧羅森塔爾－施奈德，1945 年 5 月 11 日。愛因斯坦檔案，20-274

我對自己的晚年感到滿足。我保持幽默，也沒拿自己或別人太認真。

　　給 P. 穆斯，1950 年 3 月 30 日。愛因斯坦檔案，60-587

一個人所有漸老的同年朋友都活在脆弱的平衡中，而他也
會覺得自己的意識不像過去那樣清晰分明。然而，色彩柔
和的黃昏也自有其迷人之處。

　　給格特魯德·華紹爾，1952 年 4 月 4 日。愛因斯坦檔案，39-
　　515

我一向鍾愛獨處，這種特質容易隨著年紀而提高。

　　給 E. 馬蘭哥尼，1952 年 10 月 1 日。愛因斯坦檔案，60-406

如果年輕人沒有要照顧我，我一定會嘗試養老院，如此便
不用對身心能力的衰退過於擔心，畢竟這是無法避免的自
然過程。

　　給 W. 萊巴赫，1953 年 5 月 12 日。愛因斯坦檔案，60-221

我覺得像顆蛋，只有殼還留著 —— 人在七十五歲時，無法
太過奢求。一個人該為自己的死亡做準備。

　　凡托瓦引述於〈與愛因斯坦的對話〉，1954 年 1 月 1 日

年輕時，每個人和每件事看起來都是獨特的。年長後，一
個人會更常察覺到類似的事情重複發生。在生命晚期，一
個人較不常開懷或驚訝，但也較少失望。

　　給比利時伊莉莎白王后，1954 年 1 月 3 日。愛因斯坦檔案，
　　32-408

我相信幾乎沒有東西可以失去的老人，應該要站出來為限制較多的年輕人發聲。

給比利時伊莉莎白王后，1954 年 3 月 28 日。愛因斯坦檔案，32-411

我很明顯感受到自己的年紀。我已不再那麼急於工作，在飯後總必須躺一下。我享受活著，但如果生命突然結束，我也不會介意。

凡托瓦引述於〈與愛因斯坦的對話〉，1954 年 4 月 27 日

我的疼痛不再像之前那樣強烈，但覺得非常衰弱，像個老頭子一樣。

凡托瓦引述於〈與愛因斯坦的對話〉，1954 年 5 月 29 日

今天我〔因為生病〕待在床上接待訪客，就像十八世紀的老婦人一樣。這在當時的巴黎是很流行的。但我不是女人，而且現在不是十八世紀！

凡托瓦引述於〈與愛因斯坦的對話〉，1954 年 6 月 11 日

我就像一部破敗的老車 —— 每個部位都有問題。不過只要我還能工作，生命就依然值得。

凡托瓦引述於〈與愛因斯坦的對話〉，1955 年 1 月 9 日

即使是老年，也有非常美的時刻。

給瑪歌・愛因斯坦。引述於薩恩的《愛因斯坦在美國的日子》，298

如果不是為了研究，我不會想要繼續活下去……無論如何，我已經老了，不用為自己的長久未來打算，這是件好事。

給好友米歇爾・貝索，1938 年 10 月 10 日，關於希特勒掌權的想法。愛因斯坦檔案，7-376

關於小孩與給小孩的信件

關於自己的孩子與給孩子的信件

　　愛因斯坦和米列娃之間有漢斯・阿爾伯特和愛德華兩個兒子，以及一個被稱為「列瑟」的女兒；因為和艾爾莎結婚，而有了兩名繼女伊爾莎和瑪歌。列瑟出生於 1902年 1 月，在愛因斯坦和米列娃結婚之前；她有可能給人收養，或由朋友撫養，也可能在幼兒時期死於猩紅熱；在1903 年 9 月之後就沒有任何關於她的訊息，且愛因斯坦顯然從未見過她。見 *CPAE*, Vol. 5 和《情書》。對於列瑟實際的命運，至今仍有些猜測，她或許沒有死於猩紅熱，並不知道自己的出身，或遭遇其他無人知曉的命運。只有漢斯・阿爾伯特留下子嗣。愛德華在二十歲時患了思覺失調症，不過在那之前他基本上是學習醫學的健康年輕人。愛德華終生留在瑞士；愛因斯坦告訴他的傳記作者卡爾・吉里胥，自己在離開歐洲後，很少寫信給愛德華，他自己也無法分析理由。愛因斯坦檔案，39-060。亦見「關於兒童與寫給兒童」段落中寫給年幼兒子的信。

列瑟的遭遇令我非常遺憾。猩紅熱太容易造成長久的遺憾。但願這終有一天能夠過去。註冊的孩子情況如何?我們要小心,避免未來因她產生問題。

> 這(對讀者來說)多少像是用暗語寫成的信,是在 1903 年 9 月 19 左右寄給米列娃的。「註冊的孩子」可能顯示了父母要把孩子給別人領養的意圖。他們或許是考慮到列瑟是非婚生的孩子,對於愛因斯坦可能取得瑞士專利局的聯邦聘約會有負面影響。見 *CPAE*, Vol. 5, Doc. 13, n. 4

那時我們〔他和米列娃〕分居兩地,每天早上醒來想到與孩子分離時,就像有把匕首刺入胸膛般,但儘管如此,我從來沒後悔這麼做。

> 給海因里希·桑格,1915 年 11 月 26 日。*CPAE*, Vol. 8, Doc. 152

現在阿爾伯特漸漸進入父親的意義可能很重要的年齡……我將把影響限制在知識和美學上。我主要想教他如何思考、判斷與客觀地欣賞事物。為此我一年需要幾週時間——只有幾天的話,會變成沒有更深價值的短暫刺激而已。

> 給米列娃;她擔心如果漢斯·阿爾伯特與父親有太多接觸,自己和兒子的關係會受到傷害。1915 年 12 月 1 日。*CPAE*, Vol. 8, Doc. 159

我要讚美我們兒子的良好狀況。他們的體能和情緒都非常良好,超過我的期待。我知道這絕大部分是因為你給予的

適當教養……他們來見我時很自然也很友善。

給米列娃，1916 年 4 月 8 日，他拜訪蘇黎世期間。*CPAE*, Vol. 8, Doc. 211

我和兒子的關係再度完全凍結。在美妙的復活節之旅後，接著在蘇黎世的日子是完全冰冷，到了令我難以理解的程度。或許我與他們保持距離比較好；知道他們順利成長，我就該滿足了。相較於無數在戰爭中失去孩子的人，我真是好過不知多少！

給海因里希・桑格，1916 年 7 月 11 日。桑格是愛因斯坦的好友，會幫忙照應他兒子。當米列娃生病時，漢斯・阿爾伯特偶爾會住在他那裡。*CPAE*, Vol. 8, Doc. 232，嵌於 Vol. 10

〔漢斯〕阿爾伯特到你那兒了沒？我經常想念他。他已經有自己的想法，可以與他對談，而且是如此誠實正直。他很少寫信，但我了解寫信不是他的性格……他沒有在大都市的膚淺中成長，是件好事。

給海因里希・桑格，1919 年 12 月 24 日。*CPAE*, Vol. 9, Doc. 233

或許我可以籌到足夠的外幣，讓他們〔米列娃和孩子們〕待在蘇黎世。這樣或許對孩子們更長遠的未來有好處，也讓處理這些困難變得值得。

給米歇爾・貝索，1920 年 1 月 6 日。由於瑞士和德國的昂貴匯率，愛因斯坦曾考慮請他們搬到德國南部，在那裡他的錢可

值得較多。*CPAE*, Vol. 9, Doc. 245

我仍不知何時可以去瑞士……我很高興阿爾伯特和你在一起。我要再去為我的家人換取一些歐洲貨幣；這裡的錢無法值更多了……阿爾伯特不應覺得他的爸爸不關心他的生活條件。

給海因里希・桑格，1920 年 2 月 27 日，暗指德國馬克的貶值。*CPAE*, Vol. 9, Doc. 332

我一向開朗的兒子只有些痛苦地嫉妒你們兩人……他們覺得我好像拿他們交換成你們。

給瑪歌・愛因斯坦，指的是她和伊爾莎，1921 年 8 月 26 日。*CPAE*, Vol. 12, Doc. 214

對於能夠和我們親愛的兒子相處的幾個美好日子，我覺得需要對你表示感謝。我感謝你為他們養成了對我友善、視我為模範的態度。我對於他們開朗又謙遜的表現特別滿足，其次，當然也滿足於他們活躍的思考能力。

給米列娃，1921 年 8 月 28 日。*CPAE*, Vol. 12, Doc. 218

〔愛德華〕的聰明才智或許更勝〔漢斯・阿爾伯特〕，但似乎缺乏平衡和責任感 —— 過於自我。與他人的互動太少，會導致疏離感的產生以及其他方面的限制。他是個有

趣的年輕人，但人生不會過得太輕鬆。

> 給米列娃，1925 年 8 月 14 日。愛因斯坦檔案，75-963

我本來也可以做爺爺了，要不是我的〔漢斯〕阿爾伯特娶
了個笨蛋（*Schlemilde*）的話。

> 給他剛成為祖父的舅舅凱薩·科赫，1929 年 10 月 26 日。愛
> 因斯坦檔案，47-271。愛因斯坦竭力反對漢斯·阿爾伯特娶比
> 他年長九歲的芙里達·克內希特；但兩人的伴侶關係維持到芙
> 里達過世。1930 年，他們的兒子伯恩哈德出生，讓愛因斯坦
> 當上了爺爺。見蘇富比的拍賣目錄，1998 年 6 月 26 日，424

我頑強的態度，讓我沒注意到自己因為和你們所有人爭執
而吃了多少苦。

> 給米列娃，1933 年 6 月 15 日。翻譯見奈佛的《愛因斯坦》，
> 199。愛因斯坦檔案，75-962

你們正承受著天下父母所能經歷最深切的傷痛。我在你們
兒子身上看到的每件事，都顯示他本應成為均衡發展而有
自信的人，有著健康的前景。雖然我與他相處的時間不
長，但他對我而言十分親近，就像在我身邊成長一樣。

> 給漢斯·阿爾伯特和其妻芙里達，1939 年 1 月 7 日，寫於他
> 們六歲的兒子克勞斯夭折後，死因可能是白喉。見羅伯茲·愛
> 因斯坦的《漢斯·阿爾伯特·愛因斯坦》，34

這孩子無望度過一般的人生，實是無限惋惜。既然已經知道胰島素注射無效，我不再對醫療抱有希望……我認為順應大自然的安排是比較好的。

　　給米歇爾・貝索，1940 年 11 月 11 日，關於兒子愛德華。愛因斯坦檔案，7-378

那背後有某種我無法解釋清楚的障礙。但我想有一個因素是，如果我以任何形式出現在他身邊，會引起他內心各種痛苦。

　　給卡爾・吉里胥，1954 年 1 月 4 日，陳述自己為何沒有與愛德華聯繫。愛因斯坦在遺囑中留給愛德華的錢比給漢斯・阿爾伯特多。愛因斯坦檔案，39-059

有個繼承了我人格中主要特質的兒子，對我而言是份喜悅：能夠超越於存活之上，為了一種非關個人的目標而長年自我犧牲。這是讓我們能夠超越個人命運、不依賴他人的最好方法，確實也是唯一的方法。

　　給漢斯・阿爾伯特，1954 年 5 月 11 日。愛因斯坦檔案，75-918

誠實迫使我承認，是芙里達提醒我你的五十歲生日到了。

　　給漢斯・阿爾伯特，1954 年 5 月 11 日。愛因斯坦檔案，75-918

當瑪歌說話時，你可以看見花朵盛開。

描述他的繼女瑪歌對大自然的熱愛。由友人芙里達‧巴克引述於〈你必須請求寬恕〉，《猶太季刊》15, no. 4（1967-68 冬季號），33

給他自己的孩子，年紀還小的時候
（亦見「家庭」下之「關於他的孩子及給他的孩子」）

對男孩子來說，沒有其他地方比蘇黎世更好了……在那裡男孩子的功課不會被要求太多，也不用過份講究服裝和禮貌。

給兒子漢斯‧阿爾伯特，在兩個兒子隨母親回到蘇黎世之後，1915 年 1 月 25 日。*CPAE*, Vol. 8, Doc. 48

今天我會寄出一些玩具給你和提特。別荒廢了你的鋼琴，我的阿登；你不知道當你可以好好演奏出音樂時，會帶給你自己和別人多大的愉悅……還有一件事，每天都要刷牙，一旦某顆牙有點不對勁，就要立刻去看牙醫。我也是這麼做的，現在很慶幸自己有健康的牙齒。這很重要，你以後也會了解。

給漢斯‧阿爾伯特。阿登（And）在檔案中早期被誤植為 Adu；提特（Tete）指的是愛德華。約 1915 年 4 月。*CPAE*, Vol. 8, Doc. 70。在同年較後來的一封信中，他敦促兩個兒子在每餐後服用氯化鈣，以幫助牙齒強健和骨骼發育。

我會試著每年花一個月的時間和你們在一起，讓你們有個親近且愛你們的父親。你們也可以從我身上學到許多好東西，那是別人沒那麼容易給你們的。我努力研究得來的東西，應該不只對陌生人有用，而應該對我自己的兩個兒子特別有價值。在過去幾天，我完成了人生中頂尖的文章。等你們大一點我會告訴你們。

> 給十一歲的漢斯・阿爾伯特，1915 年 11 月 4 日，指的是他廣義相對論的文章。*CPAE*, Vol. 8, Doc. 134

練鋼琴時，主要彈你喜歡的曲子，即使不是老師指定的功課。因為喜歡而忘記時間流逝的事物中，你可以學到最多。我常常因為全神貫注於工作而忘了吃午飯。

> 同上

我很高興你那麼喜歡鋼琴。我在自己的小公寓裡也有一架鋼琴，而且每天彈。我也常拉小提琴。也許你可以練一些為小提琴伴奏的曲子，然後復活節我們見面時可以一起演奏。

> 給漢斯・阿爾伯特，1916 年 3 月 11 日。由於戰時難以跨越國境，愛因斯坦無法在耶誕節和兒子會面，所以他計畫在復活節時前往。*CPAE*, Vol. 8, Doc. 199

你的錯字依然太多。一定要注意：拼字錯誤時會造成不好的印象。

給漢斯・阿爾伯特，1916 年 3 月 16 日。*CPAE*, Vol. 8, Doc. 202

這已經是還未收到你回信的情況下，我第三次寫信給你。
你已經忘了你的父親嗎？我們永遠不會再見面了嗎？

給漢斯・阿爾伯特，1916 年 9 月 26 日。愛因斯坦得知兩個
兒子對他生氣。他們後來和好並偶爾互相通信，在戰爭期間
愛因斯坦約一年去見他們一次。*CPAE*, Vol. 8, Doc. 261; 亦見
Doc. 258

不用擔心成績。只要確保你能跟上進度，不用重讀一年。
沒有必要每個項目都要拿到好成績。

給漢斯・阿爾伯特，1916 年 10 月 13 日。*CPAE*, Vol. 8, Doc. 263

雖然我在遙遠的這裡，你還是有個愛你勝過一切的父親，
一直想著你且在乎你。

同上，關於他們的分隔兩地

對於和你們兩個在一起的時間那麼少，也讓我難過，但我
很忙碌而不能離開這裡太久。即使我是你的父親，但我們
相處的時間那麼少，讓我幾乎不了解你。我相信你對我也
只有一點模糊的印象。

給愛德華・愛因斯坦，1920 年 8 月 1 日。*CPAE*, Vol. 10, Doc. 96

沒有一個父親應該受到像阿爾伯特在信中給我的那種待遇。他的信裡充滿不信任、缺乏尊重，對我還有種憎惡的態度。我不應受此對待，也不會忍受。

> 給愛德華‧愛因斯坦，1923 年 7 月 15 日，與漢斯‧阿爾伯特持續的爭執之後。在父母分居和離婚期間，漢斯‧阿爾伯特很忠誠地站在母親那邊。愛因斯坦檔案，75-627

我非常不喜歡自己的孩子得學習和科學思考相反的東西。

> 菲利浦‧法蘭克的回溯，收錄於《愛因斯坦傳》，280，關於愛因斯坦之子的宗教教育

關於兒童和寫給兒童

讓我告訴你我的樣子：白白的臉，長長的頭髮，有點開始變大的肚子。還有，笨拙的走路方式，嘴上叼根菸……還有支筆在口袋裡或手上。不過我沒有奇形怪狀的腿和疣，所以還算英俊 —— 還有，不像很多醜不拉機的男人，我手上沒有毛。所以你沒能來看我真的很可惜。

> 給他八歲大的親戚伊莉莎白‧納伊的明信片，她因為自己沒有和父母一起受邀見到愛因斯坦而覺得被忽略。1920 年 9 月 30 日。卡拉普萊斯的《親愛的愛因斯坦教授》，113。*CPAE*, Vol. 10, Doc. 157

親愛的年輕人：在你的文章中，很正確地陳述運動對我們

來說只能以相對運動來經驗和呈現⋯⋯但是直到相對論出現之前，對於運動定律的形成，絕對運動的概念被認為是必須的⋯⋯但如果你先學點東西，再開始教導他人，會更好。

> 給十二歲的亞瑟‧柯恩，他寄了一篇論文給愛因斯坦。1928年12月26日。愛因斯坦檔案，42-547。柯恩的嫂嫂貝蒂在讀到這則語錄後與我聯繫。年輕的亞瑟後來進入史丹佛，然後在哈佛取得植物學博士，並成為華盛頓州立大學的教授。

親愛的小朋友：雖然你不是最精明的小客人，但至少是個好奇的年輕人，這很好。所以：湯之所以沒有那麼快冷掉，是因為頂上的一層油讓蒸發較難，因此讓冷卻變慢。

> 給一名愛發問的兒童，姓名不詳，1930年1月13日。見卡拉普萊斯的《親愛的愛因斯坦教授》，121。愛因斯坦檔案，42-592

給日本的學童：⋯⋯我曾經拜訪過你們美麗的國家、城市、房舍、還有山與森林，日本年輕人從中產生對自己家園的熱愛。在我桌上有一本厚厚的書，裡面全是日本兒童所畫的色彩繽紛的圖畫。⋯⋯請記住，不同國家的人有可能以友善和互相了解的方式來相處，我們的時代是歷史上第一次⋯⋯但願那手足般互相了解的精神⋯⋯持續成長。⋯⋯我，一個老人，⋯⋯希望你們的世代很快就讓我的世代相形見絀。

寫於 1930 年秋天。收錄於卡拉普萊斯的《親愛的愛因斯坦教授》，122-123。愛因斯坦檔案，42-594

親愛的年輕人：請記住，你們現在在學校習得的美妙事物，是許多世代累積的產物……透過地球上各個國家的人熱情奮鬥和大量努力，才得以達成。現在這些都在你的手中，成為你繼承的遺產，最終你或許會接受、重視、並加以提升，有朝一日或許會忠實地傳承給你的後人……如果你持續記得這件事，你將會找到生命和努力的意義，並獲得對他人和其他時代的正確態度。

取自在帕沙第納學院的演講，1931 年 2 月 26 日。發行於 1931 年 2 月 26 日的《帕沙第納星報》以及 1931 年 2 月 27 日的《帕沙第納紀事報》。在《我的世界觀》，25 有不同的翻譯。關於這場演講更多資訊，可參見本書「關於教育、學生、學術自由」的段落。

某種生命形式或許不是我們地球獨有，儘管這是一種很自然的假定，但這個說法超過我們目前的知識領域。

給迪克・艾蒙斯，1935 年 11 月 11 日。艾蒙斯是一名十六歲的業餘天文學家，後來成為「人造衛星觀察計畫」的長期成員，這是一個由史密森尼學會贊助的組織，於 1956 年開始協助追蹤人造衛星。史密森尼學會資料庫，理查・艾蒙斯收藏，Record Unit 08-112，Box 1。亦見於派翠克・麥克雷的《繼續觀測！》（Princeton, N. J.,: Princeton University Press，2008），35。愛因斯坦檔案，92-381

親愛的孩子：我可以愉快地描繪出你們在假期裡全都聚在一起的景象，在耶誕節溫暖夜光的和諧精神中，親密地相處。但當你歡慶這個人的生日時，也請記得他給我們的教導……學會從朋友的幸運和歡喜中得到快樂，而不是無意義的爭吵……你的負擔會減輕或變得較容易承受，透過耐心，你會找到自己的路，把歡喜散播到各處。

> 應某個學校邀請所寫的有意義的耶誕節訊息，1935 年 12 月 20 日。收錄於卡拉普萊斯的《親愛的愛因斯坦教授》，134-135。愛因斯坦檔案，42-598

親愛的菲莉絲：……科學家相信每件事情的發生，包括發生在人類身上的事情，都是依循自然的法則。因此，一個科學家不會傾向相信禱告可以影響事情的發生……但同時，每個認真在科學中追尋的人，會變得相信有某種遠超過人類的精神，化現在宇宙的定律中。對科學的追尋便以這種方式帶來一種特殊的宗教情懷。

> 給菲莉絲・萊特，1936 年 1 月 24 日。收錄於卡拉普萊斯的《親愛的愛因斯坦教授》，128-129。愛因斯坦檔案，42-602

親愛的芭芭拉：很高興收到你親切的來信。目前為止，我從來不曾夢想過成為英雄般的人物。但由於你給了我這樣的提名，現在我覺得自己算是了……你不用擔心自己覺得數學很難；我向你保證，數學對我來說更難。

給中學生芭芭拉・威爾森，1943 年 1 月 7 日。收錄於卡拉普萊斯的《親愛的愛因斯坦教授》，140。愛因斯坦檔案，42-606

親愛的休：無法抵抗的力量和無法推動的物體是不存在的。但看來有個非常固執的男孩，為了要以勝利之姿強行穿越困境，而自己創造出這種奇特的困難。

給休・艾弗雷特三世，1943 年 6 月 11 日。檔案中沒有休的信件，因此沒有更多背景資訊。愛因斯坦檔案，89-878

親愛的米芬妮：……很抱歉我還沒作古。然而，有一天這件事會得到修正。不用擔心「彎曲的空間」，你以後會了解的……在正確的使用方式中，「彎曲」的意思和日常語言不一樣……我希望〔你〕今後的天文學研究不會再被學校管理人的耳目發現。

給南非的米芬妮・威廉斯（Myfanwy Williams），她傾訴自己以為愛因斯坦已死，且在寄宿學校夜裡熄燈後，和朋友偷偷使用望遠鏡；1946 年 8 月 25 日。她的名字過去被誤植為「Tyfanny」，感謝 Einstein Archives 的芭芭拉・伍爾夫更正。收錄於卡拉普萊斯的《親愛的愛因斯坦教授》，153。愛因斯坦檔案，42-612

我不介意你是個女孩。但重要的是你自己不介意。沒有什麼需要介意的理由。

來自另一封給米芬尼的信，1946 年 9~10 月。愛因斯坦先前把

她的名字誤以為是男孩的名字，她回信解釋自己是女孩，而她過去「一直對此事感到遺憾」，後來則「對此投降」。收錄於卡拉普萊斯的《親愛的愛因斯坦教授》，156。愛因斯坦檔案，42-614

親愛的莫妮卡：在比十億年前更早一些時，就有地球了。至於它的結局這個問題，我這樣建議：等著瞧！……我附上一些郵票，貢獻給你的收藏。

給紐約的莫妮卡·艾布斯坦，1951 年 6 月 19 日。收錄於卡拉普萊斯的《親愛的愛因斯坦教授》，174-175。愛因斯坦檔案，42-647

親愛的孩子：……沒有陽光，就會：沒有麥子、沒有麵包、沒有草、沒有牛、沒有肉、沒有牛奶，而且所有東西都會冰凍，沒有生命。

給美國路易斯安那的「六個小科學家」。1951 年 12 月 12 日。收錄於卡拉普萊斯的《親愛的愛因斯坦教授》，187。愛因斯坦檔案，42-652

身為一個老校長，我帶著非常愉快而自豪的心情，接受貴學會的會長提名。儘管我是個老吉普賽人，年紀大的人還是自然變得比較值得敬重 —— 我也一樣……對於這項提名在我的同意之外自行發生……我有一點 —— 但不太嚴重地 —— 不知所措。

給第六學級學會，英國泰恩河畔新堡，1952 年 3 月 17 日。愛因斯坦檔案，42-660

有機會在多樣化的文化背景下交換觀點和想法……年輕的你們應覺得幸運。要獲得解決國際問題和衝突所需的洞見並維持一生，沒有更好的機會了。

節錄自給「奧地利兒童與青年友誼會」的訊息，1952 年 11 月 22 日。卡拉普萊斯的《親愛的愛因斯坦教授》，203。愛因斯坦檔案，42-667.1

親愛的孩子：我們把具有某些特徵的東西稱為動物：牠吸收營養、來自相似的父母、牠會成長、會自己移動、時候到了會死……用上述方式想想〔人類〕，然後你可以自己判斷，認為我們是動物是不是很自然。

給威斯特尤學校的學童，1953 年 1 月 17 日。卡拉普萊斯的《親愛的愛因斯坦教授》，206。愛因斯坦檔案，42-673

你們的禮物是讓我未來更優雅一點的適時提醒……因為領帶和袖口對我來說只存在於遙遠的記憶中。

給紐約法明代爾小學的學童，1955 年 3 月 26 日，在他過世前不到一個月。卡拉普萊斯的《親愛的愛因斯坦教授》，219-220。愛因斯坦檔案，42-711

關於朋友、一些科學家與其他人
以及給他們的信件

科學家

論尼爾斯・波耳（1885-1962）

我人生中少有人像你一樣，一出現便給我帶來如此喜悅……我現在在研讀你了不起的文章了，而當我有某處想不通時，就可以享受你孩子般可親的臉出現在我眼前，微笑並為我解說。

給波耳，丹麥物理學家及未來的諾貝爾獎得主（1922），1920年5月2日。*CPAE*, Vol. 10, Doc. 4

波耳來過，我和你一樣迷戀他。他就像個極端敏感的孩子，在這個世界裡出神似的遊走。

給保羅・艾倫費斯特，1920年5月4日。*CPAE*, Vol. 10, Doc. 6

做為一個科學思想家，波耳如此非凡引人之處，是大膽和謹慎之間少見的結合；很少有人對隱藏的事物擁有那樣的直覺掌握，還結合了如此強大的批判能力……他無疑是我們時代科學領域中頂尖的發現者。

取自〈尼爾斯・波耳〉，1922 年 2 月，發表於愛因斯坦的《我的世界觀》（1934）。愛因斯坦檔案，8-062

他真的是個天才……我對他的思考方式充滿信心。

給保羅・艾倫費斯特，1922 年 3 月 23 日。愛因斯坦檔案，10-035

〔波耳可以〕發現光譜線和原子的電子殼層的重要定律，並加上這些定律在化學上的重要性，在我看來就像奇蹟……這是思想世界音樂性的最高形式。

為〈自傳筆記〉寫於 1946 年，47

論馬克斯・玻恩（1882-1970）

玻恩在愛丁堡退休，然而他的退休金很少，沒辦法負擔在英國的生活，因此必須搬到德國。

談論愛因斯坦敬重的德國物理學家。玻恩在 1954 年獲得諾貝爾獎，或許對他的財務狀況有幫助。凡托瓦引述於〈與愛因斯坦的對話〉，1953 年 11 月 2 日

論瑪麗・居禮（1867-1934）

我不相信瑪麗・居禮貪戀權力或任何東西。她是個謙遜正

直的人，承擔太多責任和負擔。她有著閃亮的聰明才智，儘管天性熱情，卻沒有迷人到會為任何人帶來危險的程度。

> 給海因里希·桑格，1911 年 11 月 7 日，論及這位波蘭裔法籍物理學家暨諾貝爾獎得主（1903 年的物理學獎和 1911 年的化學獎）與已婚法國物理學家保羅·朗之萬有戀情的傳言。*CPAE*, Vol. 5, Doc. 303

我必須告訴您我有多麼尊敬您的才智、您的生命力和您的正直，能在布魯塞爾認識您，是我的榮幸。

> 給瑪麗·居禮，1911 年 11 月 23 日。*CPAE*, Vol. 5, Doc. 312a，附於 Vol. 8

我深深感謝你與你的友人如此親切地准予我參與你們的日常生活。親眼見證你們如此美妙的情誼，是我能設想到最令人振奮的事。每件事看起來都那樣自然而單純，就像是美好的藝術品……萬一我粗魯的言行有時讓你感到不舒服，我懇求你的原諒。

> 給瑪麗·居禮，1913 年 4 月 3 日。*CPAE*, Vol. 5, Doc. 435

居禮夫人非常聰明，但情感稍嫌不足〔*Häringseele*〕，意思是她缺少對歡樂和痛苦的感受。她幾乎只有一種表達自己感受的方式，是抱怨她不喜歡的事情。而她的女兒更糟——像個擲彈兵。這個女兒也非常有天賦。

給艾爾莎‧洛文塔爾，約 1913 年 8 月 11 日。*CPAE*, Vol. 5, Doc. 565

若我不是斗膽視你如姊姊，也不敢以這種方式向你囉唆；這位姊姊的靈魂某處一直了解此種感覺，她也是我一向感到特別親近的人。

給瑪麗‧居禮，1923 年 12 月 25 日，信間向她抱怨國際聯盟，並解釋他辭掉智慧產權合作委員會的原因。他在六個月後重新加入。亦見於羅伊和舒爾曼的《愛因斯坦論政治》，196。愛因斯坦檔案，8-431

她的堅忍，她的純粹意志，她對待自己的嚴格，她的客觀，她剛正不阿的判斷 —— 任何一項都是少見的……一旦她辨認出某條道路是正確的，就會毫不妥協地以強大的韌性加以追求。

在居禮的紀念會上，紐約羅利其博物館，1934 年 11 月 23 日。愛因斯坦檔案，5-142

論保羅‧艾倫費斯特（1880-1933）

儘管毫無憑據，但他覺得自己不夠好，而這不斷折磨著他，往往剝奪了平穩研究需要的安定感……他的悲劇正來自於幾近病態地缺乏自信……他與妻子和同事的連結是

生命中最強大的關係……他們是在聰明才智上平等的對
象……他對她報以的尊敬與愛，我一生中很少見過。

> 取自〈記憶中的保羅‧艾倫費斯特〉，寫於這位物理學家好友
> 自殺之後，1934 年。艾倫費斯特的兒子患有唐氏症，他在治
> 療機構的候診室槍殺了十六歲的兒子瓦希克，隨後飲彈自盡。
> 轉載於《愛因斯坦晚年文集》，214-217。愛因斯坦檔案，5-136

他不但是我僅知的我們領域中最好的老師，他也熱情地關
心他人，特別是學生的發展軌跡。了解他人、得到他們的
友誼和信任、幫助任何遭受內在或外在困境的人、鼓勵年
輕的天賦 —— 這些都是他所擅長的，幾乎多過他在科學問
題的浸淫。

> 同上

論麥可‧法拉第（1791-1867）

此人愛著神祕的大自然，就像一個人愛著他遙遠的情
人……〔在法拉第的時代〕那種透過牛角眼鏡和傲慢摧毀
詩意的無聊專業化還沒有誕生。

> 論英國化學暨物理學家。寫給格特魯德‧華紹爾，1952 年 12
> 月 27 日。愛因斯坦檔案，39-517

論亞伯拉罕・弗萊克斯納（1866-1959）

研究所的前所長弗萊克斯納是我在這裡的少數敵人之一。
幾年前，我策劃了一場對抗他的叛變，他從此逃走了。

> 凡托瓦引用於〈與愛因斯坦的對話〉，1954 年 1 月 23 日。愛
> 因斯坦受僱於高等研究院時，弗萊克斯納是院長。他亟欲保住
> 且占有愛因斯坦，因此當羅斯福總統透過研究院邀請愛因斯坦
> 拜訪白宮時，他故意不告訴愛因斯坦。最後愛因斯坦還是聽到
> 風聲，向羅斯福道歉，並獲得另一次邀請，這次他接受了。

論伽利略（1564-1642）

他的目標是透過沒有偏見的奮發追求，把呆滯貧瘠的思考
系統替換為對物理和天文學更深刻的事實、更為一貫的了
解。

> 摘自《伽利略：關於托勒密和哥白尼兩大世界體系的對話》一
> 書的引言，約 1953 年。亦見於羅伊和舒爾曼的《愛因斯坦論
> 政治》，133。愛因斯坦檔案，1-174

很可嘆的是，那是虛榮。你在許多科學家身上都看得到。
你知道，只要想到伽利略並不認同克卜勒的成就，總是令
我感到受傷。

> 取自 I. 伯納德・科恩的〈愛因斯坦最後的訪談〉，1955 年 4
> 月，在愛因斯坦過世後不久發表。出版於《科學人》193，no.
> 1（1955 年 7 月），69；轉載於羅賓遜的《愛因斯坦：百年相
> 對論》，215

伽利略對於科學推理的發現和使用，是人類思想史上最重要的成就之一，並標示了物理學真正的起點。

> 愛因斯坦和英費爾德的《物理學的演化》，7

論弗里茲·哈柏（1868-1934）

不幸的是，哈柏的照片隨處可見。每次想到這件事，就讓我難過。這位在各方面都如此卓越的人，卻不敵最令人反胃的虛榮心，但我必須自己排解這種想法。這種浮誇的虛榮即是典型柏林人的特徵。他們與法國人和英國人是多麼不同！

> 給艾爾莎·愛因斯坦，1913 年 12 月 2 日。*CPAE*, Vol. 5, Doc. 489。哈柏從猶太教改信基督教的同時，又熱烈擁護德國愛國主義，對愛因斯坦來說令人反胃。化學家哈柏後來在 1918 年獲得諾貝爾獎，他研究運用在戰爭中的毒氣，並親自監督氯氣在 1915 年 4 月壕溝戰的運用。他的妻子也是一名化學家，反對此事並在三週後自殺。

論米歇爾·貝索（1873-1955）

現在他比我稍早一步與這個奇怪的世界訣別。這不代表什麼。對於我們這些相信物理學的人來說，過去、現在和未來的區分，只是一種頑固的幻覺。

關於他一生的友人米歇爾‧貝索，寫於給貝索家族的致哀信中，1955 年 3 月 21 日，此時距他自己過世不到一個月。愛因斯坦檔案，7-245

他做為一個人最讓我敬佩的地方，是多年來不僅生活平靜，且能夠與一位女士有著長久和諧的生活 —— 這是我慘敗兩次的任務。

同上

論保羅‧朗之萬（1872-1946）

如果他愛居禮夫人而她也愛他，他們不用躲到其他地方去，因為他們在巴黎有很多機會見面。但我不覺得他們兩人之間有任何特殊情事；我反而覺得他們三人之間有著愉快而單純的關係。

給海因里希‧桑格，1911 年 11 月 7 日，談論已婚法國物理學家與瑪麗居禮之間有染的傳聞。愛因斯坦在此指的第三人是另一位同儕讓‧佩蘭。*CPAE*, Vol. 5, Doc. 303

同時擁有對事物本質的清晰洞見、對真正人性的困苦有強烈的同情，以及擁有奮戰能力的人，不管在任何世代都非常少見。當這樣的人離世時，他所留下的空缺，對於被留下的人來說顯得難以忍受……他想要提升全體人類幸福的

慾望，或許勝過他對自己純粹智性提升的渴求。任何受到他的社會良知吸引而來的人，都不會空手而返。

> 取自為朗之萬所寫的訃告，《思想》，n.s., no. 12（1947 年 5-6 月），13-14。愛因斯坦檔案，5-150

我已得知朗之萬過世的消息。他是我最親愛的朋友，真正的聖人，更是才華洋溢。確實，他的好被政客利用，因為他無法看穿那些本性與他迥異的人背後的動機。

> 給莫里斯・索羅文，1947 年 4 月 9 日。出版於《愛因斯坦給索羅文的書信集》，99。愛因斯坦檔案，21-250

論馬克斯・范勞厄（1879-1960）

看著〔范勞厄〕在強烈的正義感影響下，把自己與群體的傳統一步一步切割開來，十分有意思。

> 論他的朋友，德國的諾貝爾物理學獎得主。寫給馬克斯・玻恩，1944 年 9 月 7 日，收錄於《玻恩－愛因斯坦書信集》，145。愛因斯坦檔案，8-207

論菲臘・萊納（1862-1947）

萊納做為一位實驗物理學大師，我尊敬他；然而在理論物理學上，他還沒有完成任何重要的工作，而他對於廣義相

對論的反對意見是如此膚淺，因此我在此前並不認為有必要詳細回覆。

論這位忠實納粹、反猶太的諾貝爾物理學獎得主（1905 年）。《柏林日報》，1920 年 8 月 27，1-2。*CPAE*, Vol. 7, Doc. 45

論克卜勒（1571-1630）

〔克卜勒〕屬於那種不得不公開承認自己對每樣事物的信念的少數人……只有在成功從他出身的靈性傳統中相當程度地釋放出來後，〔他〕畢生的成就才成為可能……他並沒有談論及此，但他的書信反映出這份內在掙扎。

論這位斯瓦比亞（今德國西南部）天文學家暨數學家。取自卡羅拉·鮑姆加特的《約翰尼斯·克卜勒：生平與書信》（New York: Philosophical Library，1951）一書的引言，12-13

無論是貧窮、或是不被當時掌管他生活與工作的人理解，他都不因此受挫或失去信心。

同上

在此我們看到一位十分敏銳之人，熱情奉獻於追尋自然現象本質的更深洞見，不管內在與外在的艱難處境，仍抵達他設立的崇高目標。

同上，9

論亨德里克・安頓・勞侖茲（1853-1928）

勞侖茲絕頂聰明、極端機敏，是件活生生的藝術品！在我看來，他是〔在布魯塞爾索爾維會議〕發表演說的理論家中最有才智的一位。

> 給海因里希・桑格，1911 年 11 月，論這位荷蘭物理學家和諾貝爾獎得主（1902 年）。*CPAE*, Vol. 5, Doc. 305

我在智識上所感到的劣勢，並未妨礙〔我們〕愉快的對話，特別是因為您對所有人表現出父親般的慈愛，不會讓您升起失望之感。

> 給勞侖茲，1912 年 2 月 18 日。*CPAE*, Vol. 5, Doc. 360

當我周遭的人事看起來絕望地令人悲傷時，我是多麼常在您高貴而卓越的人格中找到深刻的安慰。您只需要存在並提供示範，就能帶給人安慰和喜悅。

> 給勞侖茲，1923 年 7 月 15 日。愛因斯坦檔案，16-552

他塑造自己生命的方式，就像極盡細緻的藝術珍品。他一貫的仁慈、慷慨和正義感，加上對人和事明確而直覺的了解，使他不管踏入任何領域，都會成為領導者。

> 取自勞侖茲墓碑上的悼文，1928 年。出版於《愛因斯坦自選集：對於這個世界，我這樣想》，73。愛因斯坦檔案，16-126

對我個人來説，他是我此生遇到的所有人中，有著最深刻
意義的人。

取自在來登一場紀念會的發言，1953 年 2 月 27 日。增訂版的
《我的世界觀》，31。愛因斯坦檔案，16-631

論恩斯特・馬赫（1838-1916）

在他來説，透過看見與了解立即帶來的愉悦 —— 即斯賓諾
莎的「對神的智性之愛」（*amor dei intellectualis*） —— 是
如此強烈，因而他直到老年仍以兒童的好奇目光看待這個
世界，也因此他能夠在了解每件事如何連結之中，得到快
樂與滿足。

對這位哲學家的悼文。馬赫對牛頓的批評在愛因斯坦發展相對
論上扮演了一角，儘管馬赫本人對相對論也有批評。《物理學
期刊》，1916 年 4 月 1 日。*CPAE*, Vol. 6, Doc. 29

馬赫做為力學學者和做為可悲哲學家的程度相當。

引用於《法國哲學學會會刊》22（1922），91；轉載於《自
然》期刊 112（1923），253；亦見於 *CPAE*, Vol. 6, Doc. 29, n.
6 及 Vol. 13,〈討論備注〉

論莉澤・邁特納（1878-1968）

她對放射性物質家族的熟悉程度，比我對自己家族的熟悉
程度還要高。

> 引用於羅森塔爾－施奈德的《現實與科學真理》，113

論阿爾伯特・邁克生（1852-1931）

我一向認為邁克生是科學領域中的藝術家。他最大的喜悅
似乎來自實驗本身之美以及實驗方法的優雅。

> 摘自〈邁克生百歲冥誕紀念〉，1952年12月19日，談論這
> 位物理學家及諾貝爾獎得主（1907）。邁克生和愛德華・莫雷
> 在1881年已經以實驗確認愛因斯坦的假定，即光速與測量時
> 的參考系統無關。愛因斯坦檔案，1-168。愛因斯坦說，他在
> 寫1905年狹義相對論的論文時，並不知道這個實驗；相關討
> 論可見於弗爾森的《愛因斯坦傳》，217-219

我對邁克生實驗的尊敬，在於他用了十分聰明的方法，來
比較干涉圖樣的位置和光源影像的位置。以這種方法，他
克服了我們無法改變地球自轉方向的困境。

> 給羅伯特・襄客蘭德，1953年9月17日。愛因斯坦檔案，
> 17-203

論艾薩克・牛頓（1643-1727）

在自然哲學領域，做為我們整體現代概念結構的基礎，他清晰而包容廣泛的想法將永遠占有獨特的重要性。

> 取自〈什麼是相對論？〉《泰晤士報》（倫敦），1919 年 11 月 28 日。*CPAE*, Vol. 7, Doc. 25

牛頓在邏輯上的良知非常高貴，導致他決定創造絕對的空間……他大可以把這絕對空間稱作「剛性以太」。他需要這種現實，才能為加速度賦予客觀意義。後來在力學上要避開這種絕對空間的嘗試，都只是捉迷藏的遊戲 —— 除了馬赫以外。

> 給摩里茲・石里克，1920 年 6 月 30 日。*CPAE*, Vol. 10, Doc. 67

在我看來，伽利略和牛頓是最偉大的創造性天才，在某種意義上我把他們視為一體。而在這一體中，牛頓〔是那位〕達成了科學領域中最大壯舉〔的人〕。

> 1920 年。莫什科夫斯基引述於《與愛因斯坦對話》，40

牛頓的重要性比他本身的成就更高，因為命運把他安放在世界知識發展的轉戾點上。如果我們回想牛頓之前，並沒有任何物理因果關係的全方位系統，可以賦予具體經驗的世界更深刻的特性，牛頓的這種地位就變得更加鮮明。

取自〈艾薩克·牛頓〉，《曼徹斯特衛報週刊》，1927 年 3 月 19 日，為牛頓逝世兩百年紀念所作。轉載於《1927 年史密森尼年度報告》

在他一人身上，結合了實驗者、理論家、技師，甚至解說的藝術家，而且還不僅止於此。

取自牛頓《光學原理》（紐約：麥克羅希爾，1931）的前言。愛因斯坦檔案，4-046

牛頓是第一位成功找到一個清晰模型基礎的人，從那個基礎，他可以藉著數學思考，對範圍廣大的現象進行邏輯性且量化的推論，而且與經驗不相衝突。

在牛頓三百歲生日前所作，刊登於《曼徹斯特衛報》，1942 年耶誕節。亦見於《愛因斯坦晚年文集》，201

思索這個人，就是思索他的研究。因為要了解這樣一個人，唯有把他想像成一幕場景，上演著對永恆真理的不懈追求。

同上

牛頓……你找到那條唯一的道路，在你的年代，只有擁有最卓越思想和創造力之人，才可能勉強找到。你創造的概念，即使在今天仍引導著我們在物理學上的想法，雖然我

們現在知道⋯⋯如果我們想對「關係」有更深刻的了解，有一天你的概念勢必要被取代。

> 為〈自傳筆記〉寫於 1946 年，31-33

論諾貝爾（1833-1896）

阿弗雷德・諾貝爾發明了前所未有的強大炸藥，一種極為優越的毀滅工具。為了對此贖罪，為了撫平他的良心不安，他設立了促進和平、成就和平的獎項。

> 取自〈贏了戰爭，卻輸掉和平〉，一場位於紐約的第五屆諾貝爾年度餐宴的演講，1945 年 12 月 10 日。見羅伊和舒爾曼的《愛因斯坦論政治》，381-382

論埃米・諾特（1882-1935）

收到諾特女士的新研究，我再次感到她不能正式教學實在不公。我會十分贊同採取積極的行動〔以扭轉這條規矩〕。

> 寫給費利克斯・克萊因，1918 年 12 月 27 日，論及這位卓越的德國數學家埃米・諾特，哥廷根大學因為她的性別而不允許她擔任教職。*CPAE*, Vol. 8, Doc. 677

如果哥廷根的老護衛曾經從她那兒學過一兩件事，並不會

有任何損失。她當然很清楚自己在做什麼。

給大衛·希爾伯特，1918 年 5 月 24 日。*CPAE*, Vol. 8, Doc. 548

至於對最有能力的在世數學家的評價，諾特女士是自女性高等教育開始以來，最重要而富有創意的數學天才。

取自埃米·諾特的訃文，《紐約時報》，1935 年 5 月 4 日。
愛因斯坦檔案，5-138

論羅伯特·歐本海默（1904-1967）

我必須說，歐本海默是個傑出的人。很少有人如此具有天賦且又如此正直。他或許沒有為科學做出不凡貢獻，意指他並沒有把科學往前推進，但從技術上來說，他非常有天賦。在我與他的接觸中，他總是舉措合宜。

論這位美國物理學家，曼哈頓計畫洛色拉莫士實驗室的主持人（1942-1945 年），也是高等研究院的院長（1947-1966 年）。凡托瓦引述於〈與愛因斯坦的對話〉，1954 年 4 月 24 日

論包立（1900-1958）

這個包立有顆運作順暢的腦袋。

論奧地利物理學家暨諾貝獎得主（1945 年）。寫給他的妹妹馬雅，1933 年 8 月。愛因斯坦檔案，29-416。包立寫了一篇彙

整相對論的百科全書文章，受到好評，之後愛因斯坦在 1921 年 12 月 30 日寫給馬克斯和赫蒂・玻恩的信中，稱包立「是個傑出的二十一歲年輕人」。見玻恩的《玻恩－愛因斯坦書信集》，62。*CPAE*, Vol. 12, Doc. 345

論馬克斯・普朗克（1858-1947）

在相當大程度上，他決斷而誠摯的支持，是使得我們領域的同儕如此快速注意到這個理論的原因。

> 談及愛因斯坦尊敬的德國物理學家與諾貝爾獎得主（1918），其中指的理論是狹義相對論，出自〈科學家普朗克〉（1913）。對於使相對論在 1905 年後穩定立足，普朗克是最有貢獻的一人。*CPAE*, Vol. 4, Doc. 23

引誘普朗克離開這裡，真是完全難以想像。他體內的每一部分都深植在自己的家鄉，沒有別人比得上。

> 給海因里希・桑格，1919 年 6 月 1 日。*CPAE*, Vol. 9, Doc. 52

普朗克的不幸使我深感悲傷。我從羅斯托克回來後去拜訪他時，無法遏止自己的眼淚。他很勇敢也很沉穩，但隱藏不住侵蝕他的痛楚。

> 寫給馬克斯・玻恩，1919 年 12 月 8 日。*CPAE*, Vol. 9, Doc. 198。1090 年，普朗克的妻子過世，時年四十八歲，而他的雙胞胎女兒死於 1917 年和 1919 年（皆死於生產）。他的一個兒

子厄文在 1914 年成為法國人的戰俘，後來被釋放，而另一個兒子在 1917 年戰死。1945 年厄文參與一場暗殺希特勒的行動，沒有成功，被納粹吊死。

如果有更多像他一樣的人，人類會多麼不同而又好得多。但這看似不可能。不管什麼時代、什麼地方，正直的人一直被孤立，無法影響外在的事件。

給第二任普朗克夫人，1947 年 11 月 10 日，關於她的丈夫。愛因斯坦檔案，19-406

他是我所知最好的人……但他真的不了解物理學，〔因為〕在 1919 年的日蝕，他徹夜不眠，為了想確認光線是否會因重力場而彎曲。如果他真的了解廣義相對論，就會像我一樣上床睡覺。

恩斯特‧史特勞斯引述於法蘭奇的《愛因斯坦──世紀文集》，31

關於瓦爾特‧拉特瑙（1867-1922）

一個人住在雲端時，要做一名理想主義者很容易。但他是住在地上的理想主義者，並了解鮮為人知的理想主義的芬芳。

論德國外交部長，他在 1922 年 7 月遭到法西斯祕密恐怖團體「執政官組織」暗殺。取自為拉特瑙寫的哀悼文，刊登於

《新評論》雜誌 33, no. 8（1922），815-816。愛因斯坦檔案，
32-819

我和拉特瑙曾有幾次機會，長談許多不同議題。這些談話
通常偏向一邊：他説，我聽。一方面，要得到發言權不是
那麼容易，另一方面，聽他説話是如此愉快，你不會想要
努力發言。

給約翰農・特爾斯基，1943 年 2 月 2 日。內森和諾登引述於
《愛因斯坦論和平》，52。愛因斯坦檔案，32-836

論富蘭克林・D・羅斯福（1882-1945）

他肩負的擔子沉重，但他的幽默感給予他一種內在的自
由，在那些總是必須做最重要決定的人身上很少見。他對
達成最終目標的堅定決心令人難以置信，然而，對於有遠
見的政治家在民主國家必然會面對的強烈抵抗，他則以驚
人的彈性加以克服。

為羅斯福撰寫的紀念文，《建構》雜誌 11，no. 17（1945 年 4
月 27 日），7

這個人無論何時從我們身邊離去，我們都會感到無可取代
的損失……願他對我們的思想和信念都留下長遠的影響。

同上。根據 1946 年 8 月 19 日的《紐約時報》，愛因斯坦確信

羅斯福如果還活著，會禁止對廣島投擲原子彈。愛因斯坦曾在
1945 年 3 月寫信警告羅斯福，原子彈會有災難性的影響；但
總統還沒有機會讀到他的信便去世了。

真可惜羅斯福是總統 —— 不然的話我會更常拜訪他。

給友人芙里達・巴克。引述於《猶太季刊》15，no. 4（1967-
68 年冬季），34

論伊爾莎・羅森塔爾－施奈德（1891-1990）

她對這些主題的知識擁有紮實基礎，也有相當獨立和原創
的觀點與見解。我相信她能夠以引人入勝又具啟發性的方
式，來闡述科學的哲學與歷史。

為過去在柏林時的學生所寫的推薦信，擔任雪梨大學科學哲學
的終身教職，1944 年。見羅森塔爾－施奈德的《現實與科學
真理》，22

關於尼古拉・特斯拉（1856-1943）

在您這位高頻電流領域的卓越先鋒歡慶七十五歲生日之
時，我很高興能夠見證這個領域帶來的精采科技發展。恭
喜您畢生研究的重大成就。

寫給特斯拉，1931 年 6 月。愛因斯坦檔案，48-566

論約翰・惠勒（1911-2008）

惠勒告訴我的話讓我留下深刻印象，但我不認為我會活到得知誰是正確的……這是我第一次聽到某種合理的東西……他和我的想法結合，會是一種可能。

> 凡托瓦引述於〈與愛因斯坦的對話〉，1953 年 11 月 11 日，關於這位在 1967 年創造「黑洞」一詞的普林斯頓大學理論物理學家。

論赫爾曼・外爾（1885-1955）

他擁有十分卓越的心智，但有點脫離現實。在他的新版著作中，我覺得他把相對論搞得一團糟 —— 上帝請原諒他。因為他敏銳的感知，或許他終究會察覺自己的射擊離靶心甚遠。

> 給海因里希・桑格，1920 年 2 月 27 日，論這位德國 - 瑞士 - 美國物理學家，他後來與愛因斯坦同一年加入高等研究院。
> *CPAE*, Vol. 9, Doc. 332

論維爾納・海森堡（1901-1976）

德國人海森堡教授來過這裡。他是個重要的納粹（*ein großer Nazi*）。他是個了不起的物理學家，但不是個令人愉快的人。

論這位 1932 年諾貝爾獎得主，也是量子力學的創造者。凡托瓦引用於〈與愛因斯坦的對話〉，1954 年 10 月 30 日

政治人物

論艾森豪（1890-1969）

艾森豪在廣播上說：「武力無法贏得和平。」說得真好。艾森豪很好——他是在忠告美國人不要介入中國政治。

論第三十四屆美國總統（任期 1953-1961）。凡托瓦引述於〈與愛因斯坦的對話〉，1953 年 11 月 13 日

論列寧（1870-1924）和恩格斯（1820-1895）

我尊重列寧做為一個奉獻他所有精力、完全犧牲個人生活的人，把自己奉獻於社會正義的實現。我不認為他的方法是妥當的，但有一件事是確定的：像他這樣的人，是人類良知的護衛者和更新者。

列寧逝世時，在人權聯盟發表的陳述，1929 年 1 月 6 日。愛因斯坦檔案，34-439

在俄羅斯之外，列寧和恩格斯當然不被視為科學思想家，也沒有人有興趣依此駁斥他們。或許俄羅斯也適用同樣情況，除了在那裡沒有人敢這麼說。

給 K. R. 萊斯特納，1932 年 9 月 8 日。愛因斯坦檔案，50-877

論希特勒（1889-1945）

我在這裡很愉快地享受美國的夏日，以及關於希特勒在絕望下而有瘋狂舉措的消息。在他摧毀了自己強大的工具和光環後，他和心腹將無法撐太久。然後，某個將軍會接手，猶太人將會有一點喘息空間。

> 取自寫給猶太拉比史蒂芬·懷斯的一封樂觀的信，1934 年 7 月 3 日。「希特勒在絕望下的瘋狂舉措」指的是六月底的「長刀之夜」，期間希特勒在缺乏證據的狀況下，逮捕他懷疑對自己不忠的衝鋒隊主要領導人。衝鋒隊參謀長恩斯特·羅姆遭射殺，其他人則遭棍棒打死。羅姆做為希特勒的「工具」，在 1920 年代晚期對抗共產主義者。文中所指的將軍可能是庫爾特·馮·施萊謝爾，希特勒的前任總理；只是此時愛因斯坦恐怕不知道他也已遭到處決。愛因斯坦檔案，35-152

希特勒看起來是個才智有限、不適於從事任何有用工作的人，對所有比自己更受到情勢或上天寵愛的人充滿嫉恨……他撿拾這些落在街上和旅店中的人渣，在自己身邊組織起來。這是他政治生涯的開始。

> 取自未發表的手稿，1935 年；後來經彙編發表於內森和諾登的《愛因斯坦論和平》，263-264；杜卡斯和霍夫曼的《愛因斯坦的人性面》，110；羅伊和舒爾曼的《愛因斯坦論政治》，295。愛因斯坦檔案，28-322

當希特勒竊取我所有存款、甚至包括那些要給我孩子的財

產時，瑞士當局並沒有以任何形式站在我這邊，我並沒有忘記。

> 給海因里希・桑格，1938 年 9 月 18 日。愛因斯坦檔案，40-116

是的，我的女友們和帆船都留在柏林。然而，希特勒只想要後者，這對前者是種侮辱。

> 他的助理恩斯特・史特勞斯的回憶，見吉里胥的《光明之時，黑暗之時》，68

論霍爾丹爵士（1856-1928）

這是我第一次聽說，這位重要人物每天至少會和他母親說一點話。和霍爾丹爵士在科學上的交流，對我而言令人振奮，能與他相識是很有意義的經驗。

> 在一次英國之旅後寫給霍爾丹的母親瑪麗，1921 年 6 月 15 日。霍爾丹是卓越的英國工黨政治家、律師和哲學家。*CPAE*, Vol. 12, Doc. 149

論喬治・肯楠（1904-2005）

普林斯頓大學出版社給我肯楠的新書〔《美國外交政策的實相》，*Realities of American Foreign Policy*〕，我立刻就讀了。我非常很喜歡。肯楠把自己的工作做得很好。

凡托瓦引述於〈與愛因斯坦的對話〉，1954 年 8 月 22 日。肯楠住在普林斯頓，曾任駐蘇聯大使，也是美國外交上圍堵政策的發展者。

關於哈伊姆·魏茨曼（1874-1952）

被神選上的人民中被選上的人。

給哈伊姆·魏茨曼，1923 年 10 月 27 日。他在 1949 年成為以色列第一任總理。愛因斯坦檔案，33-366

我對魏茨曼的感覺是矛盾的，就像佛洛伊德會用的說法。

對亞伯拉罕·派斯所說，1947 年。見派斯的《雙洲記》，228

論伍德羅·威爾遜（1856-1924）

乍看之下，他最重要的貢獻——國際聯盟似乎失敗。不過，僅管國際聯盟被他同時代的人癱瘓、被他自己的國家拒絕，我並不懷疑有一天威爾遜的功績會以更有效的形式出現。

論美國第 28 任總統（任期 1913-1921），也是普林斯頓大學前校長（1902-1910），後來成為紐澤西州州長。取自〈我是美國人〉，1940 年 6 月 22 日。見羅伊和舒爾曼，《愛因斯坦論政治》，471。愛因斯坦檔案，29-092

在最重要的美國政治家之中，威爾遜或許最能代表知識類型。他似乎也對處理人事沒有太大天份。

　　同上

論海克・卡莫林・歐尼斯（1853-1926）

這段消逝的生命，在未來仍會是世世代代的典範……我知道的人之中，沒有其他人像他如此將責任和快樂視為同一件事。這是他生命如此和諧的理由。

　　給這位荷蘭物理學家和諾貝爾獎得主（1913 年）的遺孀，
　　1926 年 2 月 25 日。愛因斯坦檔案，14-389

論阿德萊・史蒂文森（1900-1965）

史蒂文森是個很有天份的人，但沒有善加運用。

　　論民主黨前伊利諾州州長，他在 1952 及 1956 年與艾森豪爾同
　　時競選總統皆敗選。凡托瓦引述於〈與愛因斯坦的對話〉，
　　1953 年 12 月 12 日

論賈瓦哈拉爾・尼赫魯（1889-1964）

能否容我告訴您，最近當我讀到印度制憲大會廢除了賤民階級時，我有著深刻的感動？我明白您在印度爭取獨立的

各個階段中扮演了多大的角色，以及愛好自由的人對您與
您了不起的老師甘地有多大的感謝。

　　　給這位印度總理（1947-1964）的信件，1947 年 6 月 13 日。
　　　愛因斯坦檔案，32-725

哲學家與作家
論歌德（1749-1832）

我覺得他對讀者有某種居高臨下的態度，缺乏謙遜，這種
謙遜如果來自一位偉人，會特別給人安慰。

　　　論這位德國詩人。給里奧波德‧卡斯珀，1932 年 4 月 9 日。
　　　愛因斯坦檔案，49-380

我尊敬歌德身為超群的詩人，躋身史上最聰明也最有智慧
之人。甚至他飽學的想法也值得尊敬，而他的缺點是任何
偉人也都會有的。

　　　同上

論伊曼努爾‧康德（1724-1804）

康德備受推崇的是對時間的看法，讓我想起安徒生童話中
的國王的新衣，只是相對於國王的新衣，我們擁有的是一
種直覺形式。

給他的學生伊爾莎・羅森塔爾－施奈德，1919 年 9 月 15 日，
論這位十九世紀的普魯士哲學家。愛因斯坦檔案，20-261

康德是某種大道，上面有許許多多的里程碑。然後，許多
小狗來此，在每個里程碑上灑上一點自己的貢獻。

口頭告訴伊爾莎・羅森塔爾－施奈德，大約與前一條語錄同
時。見羅森塔爾－施奈德的《現實與科學真理》，90

在我看來，康德的哲學中最重要的事情，是為科學的建構
說出了先驗概念。

在法蘭西哲學學會中的討論，1922 年 7 月。引用於《法蘭
西哲學學會會刊》22（1922），91；轉載於《自然》112
（1923），253

如果康德得知我們今天了解的自然秩序，我很確定他會從
根本修改他的哲學結論。康德的結構建立在克卜勒和牛頓
看到的世界基礎上。現在這個基礎受到動搖，其結構也不
再成立。

取自一次與哈伊姆・切諾維茨的訪談，《岡哨》，日期不詳

康德徹底相信某些概念之不可捨棄，拿這些概念 —— 依照
被挑選出來時原封不動的模樣 —— 做為每種思考的必要前
提，並把它們與來自實證的概念區分開來。

為〈自傳筆記〉寫於 1946 年，13

論羅曼・羅蘭（1866-1944）

他攻擊那導致戰爭發生的個人貪欲和國家掠奪，是正確的。對於認定社會革命是打破戰爭體系的唯一手段，他或許沒有錯得太多。

> 取自一次訪談，《全景透視》雜誌 24（1935 年 8 月），384，413，論當時最重要的和平主義者及諾貝爾文學獎得主（1915 年）

論伯特蘭・羅素（1872-1970）

在著作中，您對邏輯、哲學以及人類議題所應用的清晰、明確及公正性，在我們的世代中是無人能比的。

> 給伯特蘭・羅素，1931 年 10 月 14 日。見格魯寧的《阿爾伯特・愛因斯坦的房子》，369。愛因斯坦檔案，33-155

偉大的心靈總是受到平庸心智的反對。平庸的心智無法了解不願盲從一般偏見、選擇勇敢誠實表達自己意見的人。

> 關於羅素受聘紐約市立大學的爭議。有些保守宗教及所謂愛國的紐約人視羅素為反宗教與反道德的宣傳者，並對他受聘一事提告。他的任教合約遭到撤銷。引述於《紐約時報》，1940 年 3 月 19 日。愛因斯坦檔案，33-168

我念了伯特蘭・羅素論宗教的文章〔給一些客人聽〕。我

認為他屬於頂尖的在世作家。這篇文章的寫作技巧高超，每個環節都很有道理。

> 凡托瓦引述於〈與愛因斯坦的對話〉，1953 年 12 月 31 日。這篇文章以〈何謂不可知論者〉為題收錄於李奧‧羅斯坦的《美國的宗教》（1952）

論蕭伯納（1856-1950）

他是個了不起的人，對人類的處境有深刻洞見。

> 論這位英國作家與諾貝爾文學獎得主（1925 年）。給米歇爾‧貝索，1929 年 1 月 5 日，討論蕭伯納一本關於社會主義的書。見愛因斯坦《與米歇爾‧貝索的通訊，1903-1955 年》（Paris: Hermann，1979），240

蕭伯納無疑是世界上最了不起的人物。我曾說過他的戲劇讓我想起莫札特。他的行文中沒有一個贅字，就像在莫札特的音樂裡沒有一個多餘的音符一樣。

> 取自《宇宙宗教》（1931 年），109。原始出處未知。

我們這時代的伏爾泰說話了。

> 海德薇‧費雪回憶，1928 年，孟德爾頌的《S. 費雪與他的出版社》（1970），1164

論厄普頓・辛克萊（1878-1968）

他之所以成為眾人怒斥的對象，是因為他不懈地揭示美國
生活忙亂紛雜的陰暗面。

> 關於美國作家，普立茲獎得主（1942 年）。給萊巴赫家，
> 1931 年 1 月 16 日。愛因斯坦檔案，47-373

論斯賓諾莎

我深受斯賓諾莎的泛神論（pantheism）吸引。我更尊敬他
對現代思想的貢獻……因為他是第一位把靈魂和身體視為
同一，而非各自分離的哲學家。

> 取自與 G. S. 維雷克的訪談〈愛因斯坦的生命觀〉，《星期六
> 晚間郵報》，1929 年 10 月 26 日，論這位十七世紀猶太哲學家，
> 他的思想影響愛因斯坦甚深；轉載於維雷克的《偉大心靈的窺
> 視》，448。德國浪漫主義詩人諾瓦利斯稱斯賓諾莎是「迷醉
> 於神之人」。

在我看來，他的觀點之所以還未被追求清晰和完善邏輯之
人普遍接受，只是因為他們要的不只是思想的前後一貫，
還要有不尋常的正直、氣度——以及謙遜。

> 給 D. 如恩斯，1932 年 9 月 8 日。愛因斯坦檔案，33-286

我正在讀斯賓諾莎的書信。他非常了解一個人透過隱居田

園所能獲得的自由解放。

> 給里奧·西拉德，1928 年 9 月 15 日。愛因斯坦檔案，33-271

斯賓諾莎是誕生自我們猶太人中最深刻而純粹的靈魂。

> 1946 年的信。霍夫曼引述於《阿爾伯特·愛因斯坦：創造者
> 及反叛者》，然而在愛因斯坦檔案並未找到原始出處。

得知你對斯賓諾莎的作品有如此深厚的興趣，我非常高
興。我對此人也有非常高的尊敬，但對他的作品了解並不
十分深厚。

> 1951 年 11 月 23 日的一封信，在 2008 年 10 月 16 日於 eBay
> 出售。收信人未明。

論泰戈爾（1861-1941）

和泰戈爾的對談，由於溝通上的困難，是場徹底的災難，
根本不應公開。

> 寫給羅曼·羅蘭，1930 年 10 月 10 日，談到與這位印度神祕
> 主義者、詩人、音樂家暨諾貝爾文學獎得主（1913 年）在
> 1930 年夏天的對談，發表於《紐約時報雜誌》。（第二場對
> 談於 8 月 19 日舉行。）雖然記者狄米特里·馬里安諾夫聲稱
> 愛因斯坦本人在發表前檢查過稿子，但後來愛因斯坦似乎對文
> 章準確性的看法改變，或甚至根本沒有機會先看過文稿。愛因
> 斯坦把泰戈爾的名字「拉賓達納斯」縮短，暱稱為「拉比·泰

戈爾」。愛因斯坦檔案，33-029

（譯注：「拉比」在猶太文中有偉人、老師之意，是猶太律法
對於合格教師的稱呼。）

論托爾斯泰（2828-1910）

自托爾斯泰之後，我懷疑是否還有真正具有全球影響力的
道德領袖……在許多方面，他仍是我們這時代最重要的先
知……今天無人擁有托爾斯泰深刻的洞見和道德力量。

> 論這位偉大的俄國小說家。取自一次訪談，《全景透視》雜誌
> 24（1935 年 8 月），384，413

藝術家
論帕布羅・卡薩爾斯（1876-1973）

我特別敬重他之處在於堅定不移的風範，他不僅對抗鎮壓
自己同胞的人，也對抗那些總是準備與惡魔結盟的機會主
義者。他很清楚認識到，容忍與支持邪惡，對世界的威脅
高於為惡者本身。

> 寫於 1953 年 3 月 30 日。愛因斯坦敬重這位西班牙大提琴家，
> 不僅因為他的音樂，也因為他的人道主義和堅定反對獨裁者佛
> 朗哥對西班牙的統治。愛因斯坦檔案，34-347

論查理・卓別林（1889-1977）

他在自己家中設置了一個日式劇場，由日本女性表演正統日本舞蹈。就像他的電影一樣，卓別林本人就是個令人著迷的人。

> 給萊巴赫家，1931 年 1 月 16 日，寫於拜訪這位好萊塢電影演員之後。（當月稍後，愛因斯坦和卓別林一起參加《城市之光》首映會。）愛因斯坦檔案，47-373

即使是卓別林，他看我也像是在看某種珍奇生物，不知該如何對我下判斷。在我的房子裡，他的舉止就像是被帶到一間聖堂一樣。

> 康拉德・沃克斯曼的回憶，由格魯寧引用於《阿爾伯特・愛因斯坦的房子》，145

關於托斯卡尼尼（1867-1957）

您不僅是無可匹敵的世界音樂資產詮釋者，值得最高的尊敬，〔而且〕在與法西斯惡徒的對抗中，也顯現您崇高的良知。

> 寫給義大利指揮家、作曲家及鋼琴家，1936 年 3 月 1 日。愛因斯坦檔案，34-386

只有把自己所有的力量和靈魂獻給一個理想的人，才能成為真正的大師。因此，成就一名大師需要一個人全心奉獻。托斯卡尼尼在他生命中的每個面向都對此做出示範。

> 在 1938 年美國希伯來獎章頒給托斯卡尼尼時的一份陳述。這位音樂家強烈反對德國和義大利法西斯，在 1930 年代中期離開歐洲來到美國。愛因斯坦檔案，34-390

其他名人

論西德蒙格・佛洛伊德（1856-1939）

為什麼在我的例子中，你強調快樂？已經刺探過許多人的表面之下、甚至是人類的表面之下的你，並沒有機會刺探過我。

> 給佛洛伊德，1929 年 3 月 22 日，回覆這位維也納心理分析家給愛因斯坦五十歲生日的信件，佛洛伊德在信中恭賀他是個「快樂的人」。愛因斯坦檔案，32-530

我並不準備接受他所有的結論，但我認為他的工作對人類行為的科學有非常重要的貢獻。我認為他做為作家甚至比心理學家更為偉大。佛洛伊德絕佳的風格，在叔本華之後無人能及。

> 取自與 G. S. 維雷克的訪談〈愛因斯坦的生命觀〉，《星期六晚間郵報》，1929 年 10 月 26 日；轉載於維雷克的《偉大心靈的窺視》，443

我了解榮格那種模糊而不精確的主張，但我認為那些主張沒有用處；說了許多話但缺乏清楚方向。如果非要有個心理醫生不可，我會偏好佛洛伊德。我並不相信他，但十分喜愛他簡明的風格和原創——儘管有點過於誇飾——的心靈。

> 日記，1931 年 12 月 6 日。見內森和諾登的《愛因斯坦論和平》，185。後來，經過一段時間的懷疑之後，他甚至表示相信佛洛伊德的想法，在 1936 年 4 月 21 日給佛洛伊德的一封信中稱之為恩惠：「當某個偉大而美麗的概念證明與現實協調時，都是一種恩惠。」見羅伊和舒爾曼的《愛因斯坦論政治》，220

因為您竭盡所能追尋真理，展現一生宣揚信念這種難能可貴的勇氣，您已贏得我和所有人的感謝。

> 給佛洛伊德，1932 年 12 月 3 日。愛因斯坦檔案，32-554

這個老人……有銳利的目光；除了對他自己的想法往往有過於誇張的信念外，沒有幻覺能夠誘惑他睡去。

> 給 A. 巴赫拉查，1949 年 7 月 25 日。愛因斯坦檔案，57-629

論甘地（1869-1948）

我非常尊敬甘地，但我相信他的做法中有兩個弱點。不抵抗運動雖是面對困難時最為聰明的方法，但只有在理想條

件下才有辦法實行……那無法用來對付今日的納粹黨。再者，甘地嘗試在現代文明中廢棄機械，這是個錯誤。它已經存在，必須面對。

取自一段訪談，發表於《全景透視》雜誌24（1935年8月），384, 413，討論印度和平主義者的目標

他是同胞的領導者，不受任何外顯權威的支持；他是一名政治家，其成功不在於詭計或對技術設備的掌握，而單純在於其人格有種令人信服的力量；一個永遠蔑視武力的成功奮戰者；一個智慧謙遜之人，具有決斷意志和不妥協的貫徹之力，將自己所有的力量都奉獻於提振和改善同胞的處境；以平凡人的尊嚴面對歐洲的凶殘，並因此更勝一籌。對未來世代而言，或許很難相信曾有這樣一個活生生的人在地球行走。

在甘地七十五歲生日時的聲明，1939年。收錄於甘地的《甘地爺爺：生平與事蹟》（Bombay: Karnatak，1944），xi。轉載於《愛因斯坦論人道主義》，94。愛因斯坦檔案，28-60

我相信甘地的觀點是我們這個時代所有政治人物中最有智慧的。我們都應該盡力以他的精神行事；不以暴力為目標奮戰，而是以不合作來面對我們認為是邪惡的事物。

引自一次聯合國電台的訪談，1950年6月16日，錄音地點是愛因斯坦在普林斯頓家中的書房。轉載於《紐約時報》，1950年6月19日；也引用於派斯的《愛因斯坦當年寓此》，110

甘地是我們這個時代最偉大的政治天才，他指出應該採行的道路。一旦找到了正確的道路，他便做出人可以犧牲奉獻到何種程度的證明。他為了印度自由所做的一切，是對此事活生生的見證：人的意志，受到不屈不撓的信念所支持時，比起看似難以超越的物質力量更為強大。

> 對日本《改造》雜誌的投書，1952 年 9 月 20 日。見羅伊和舒爾曼的《愛因斯坦論政治》，489。愛因斯坦檔案，60-039

甘地的發展，來自於卓越的才智和道德力量，並結合了政治上的創造力和獨特的情況。我認為即使沒有梭羅和托爾斯泰，甘地也仍會是甘地。

> 給沃特・哈定，梭羅學會的會員，1953 年 8 月 19 日。引述於內森和諾登的《愛因斯坦論和平》，594。愛因斯坦檔案，32-616

論史懷哲（1875-1965）

他是個偉人，足以競逐世界道德領袖的地位。

> 取自一場訪談，關於這位生於阿爾薩斯的醫生、傳教士、人道主義者暨諾貝爾和平獎得主（1952）。《全景透視》雜誌 24（1935 年 8 月），384, 413

對於整個世代的道德影響力上，他是唯一堪與甘地媲美的西方人。像甘地一樣，此影響程度驚人，是因為他以自己

一生的努力來立下典範。

> 選自一篇陳述，本來是為了 1953 年的新版《我的世界觀》而
> 作，但最後沒有在那裡發表。薩恩引用於《愛因斯坦在美國的
> 日子》，296。愛因斯坦檔案，33-223

論施恩主教（1895-1979）

施恩主教是當今世上絕頂聰明（gescheitesten）的人。他
寫了一本書，在科學之前為宗教辯護。

> 論美國的羅馬天主教主教。凡托瓦引述於〈與愛因斯坦的對
> 話〉，1953 年 12 月 13 日。愛因斯坦在此指的書是《沒有神
> 的宗教》（1928），另一方面，施恩則貶損愛因斯坦的「宇宙
> 宗教」。見「其他人對愛因斯坦的評論」一節。

關於羅爾・瓦倫堡（1912-?）

身為一個老猶太人，我懇請您盡一切可能找到羅爾・瓦倫
堡，並將他送回故鄉，他是在納粹迫害那些年中，自願冒
著生命危險，救助我那不快樂的數千名猶太同胞中的少數
人。

> 給史達林，1947 年 11 月 17 日。一位下屬回覆搜尋失敗。瑞
> 典人瓦倫堡被認為在第二次世界大戰期間拯救了數萬名匈牙
> 利猶太人的生命。他後來被捕，但逮捕他的不是納粹，而是
> 1945 年進入布達佩斯的蘇聯陸軍，之後再也沒有人見過他。

他的命運無人知曉。見羅伯茲・愛因斯坦的《漢斯・阿爾伯特・愛因斯坦》，14。愛因斯坦檔案，34-750

論路易斯・布倫戴斯（1856-1941）

如此深刻的天賦才智結合了那樣的自我奉獻，並在對群體的默默服務中找到自己生命的全部意義，就我所知沒有其他人。

給最高法院大法官路易斯・布倫戴斯，1936 年 11 月 10 日。愛因斯坦檔案，35-046

給愛人瑪格麗塔・柯涅庫瓦（約 1900-?），據傳是蘇聯間諜

1998 年，有一批愛因斯坦寫給一位神祕女子的信件，在紐約的蘇富比進行拍賣。他住在普林斯頓時，在第二次世界大戰之前與大戰期間，與這名女子有著情人關係。這位神祕女子是瑪格麗塔・柯涅庫瓦。根據前蘇聯間諜首腦帕維爾・蘇朵普拉托夫在 1995 年出版的書，瑪格麗塔是一名蘇聯間諜，她的正式任務是把愛因斯坦介紹給當時在紐約的蘇聯副領事，並「影響歐本海默及其他在普林斯頓經常與她碰面的美國重要科學家」。她確實成功地把愛因斯坦介紹給蘇聯副領事帕維爾・米海洛夫，愛因斯坦

在兩人往來的信件中也提到他。但除此之外，蘇朵普拉托
夫的說法卻令人懷疑，包括他認為歐本海默當時在普林斯
頓，但實際上卻是在三千多公里之外新墨西哥州的洛色拉
莫士，協助設計原子彈；他在 1947 年之前並沒有來過普
林斯頓，而那時瑪格麗塔・柯涅庫瓦太太離開普林斯頓已
經兩年。愛因斯坦的信件始於 1945 年末，那時他六十六
歲。柯涅庫瓦太太的丈夫是雕塑家謝爾蓋，他在 1935 年
為高等研究院製作愛因斯坦的銅製胸像，當時瑪格麗塔約
在四十五歲前後（不過《紐約時報》指她為五十一歲）。
她與謝爾蓋是俄羅斯流亡者，從 1920 年代到 1945 年住在
紐約格林威治村，兩人在 1945 年被召回蘇聯。瑪格麗塔
是瑪歌・愛因斯坦的好友，瑪歌的前夫在 1930 年代曾是
柏林的蘇聯大使館隨員。瑪格麗塔也與其他重要人士有
過戀情。沒有證據顯示愛因斯坦認為她可能是間諜。見
《紐約時報》，1998 年 6 月 1 日，A1，以及蘇富比的拍
賣目錄，1998 年 6 月 26 日；下面的信件都在蘇富比的目
錄中或《紐約時報》上，英文翻譯上有少許不同。

由於你對故鄉的熱愛，如果不這麼做〔回去俄羅斯〕的
話，或許遲早會產生不滿。和我不同，在你前方還有幾十
年的活躍工作與生活，而我則是每件事都指向……我的日
子不用太久就要迎向尾聲了。我經常想著你。

　　1945 年 11 月 8 日的信件

最近我自己洗頭，但不是很成功；我不像你那樣細心，但這裡的每樣東西都讓我想起你：……這些字典、我們以為已經遺失的美好煙斗，還有在我隱居的斗室中的每樣小東西，以及我寂寞的空巢。

1945 年 11 月 27 日的信件。女士們似乎喜歡把玩愛因斯坦那頭著名的亂髮。另有一位普林斯頓的女性友人喜歡幫他剪頭髮（不過顯然頻率不太夠）。

大家現在〔戰後〕的生活就像過去一樣……但顯然他們沒有從當時必須面對的恐怖中學到任何東西。過去把自己的人生搞得更加複雜的小詭計，現在又占據了他們大部分心思。我們真是奇怪的物種。

1945 年 12 月 30 日的信件

如果這封信能抵達你那兒，它滿載我的祝福和親吻，也願任何攔截這封信的人都被惡魔抓走。

1946 年 2 月 8 日的信件

我可以想像〔在莫斯科的〕五月節慶典一定非常美妙。但你知道，我在觀看這類誇張的愛國情操展現時是帶有憂慮的。我一直試圖說服他人：四海一家、合理與公正的思考是很重要的。

1946 年 6 月 1 日的信件

第二章

關於國家與民族

關於美國與美國人

我很高興身在波士頓。我早聽說波士頓是世界上最美的城市之一，也是教育的中心。我很高興來到這裡，也期待享受拜訪這裡和哈佛。

> 關於他和哈伊姆・魏茲曼一同拜訪波士頓。《紐約時報》，1921 年 5 月 17 日。A. J. 寇克斯提供，回應本書中許多和普林斯頓有關的語錄（見本章節較後面的語錄）。

美國很有意思，總是非常忙碌喧囂。相較於其他因為我的出現而騷動的國家，在這裡比較容易感到興致高昂。我必須同意自己像隻得獎的牛一樣被帶出去展示，在無數大大小小的聚會中致詞。我能撐下來真是奇蹟。

> 給米歇爾・貝索，約 1921 年 5 月 21-30 日。*CPAE*, Vol. 12, Doc. 141

主導美國生活的……是女人。男人對什麼事都沒興趣；他們工作，工作的程度我從來沒在別處的任何人身上見過。工作以外，他們就像自己妻子的寵物犬，這些妻子把錢花在最誇張的流行時尚，把自己用鋪張揮霍的披肩捲起來。

> 引自《新鹿特丹潮流報》的一次訪談，1921 年 7 月 4 日。愛因斯坦堅持引述不正確，並於六年後在《福斯日報》寫了一份

反駁，主張他讀到這段引述時十分震驚。關於慘敗的紀錄，見羅伊和舒爾曼的《愛因斯坦論政治》，111-112

即便美國人不如德國人有學識，他們的確更有熱情和活力，使新的想法在大眾之間更廣為傳播。

引述於《紐約時報》，1921 年 7 月 12 日

在美國，不管在任何地方都要態度堅定，否則就收不到錢也得不到尊重。

給莫里斯‧索羅文，1922 年 1 月 14 日。出版於《愛因斯坦給索羅文的書信集》，49。愛因斯坦檔案，21-157

對於自己的工作成果，我還不曾從異性身上得到如此精力充沛地否決；或者即使有過，也不曾一口氣得到這麼多。

這是透過美國聯合通訊社，給予「婦女愛國組織」的部分回覆，1932 年 12 月。根據羅伊和舒爾曼的《愛因斯坦論政治》261-262 所述，這個在弗羅辛漢太太帶領下的右翼團體抗議愛因斯坦拜訪美國國務院，主張愛因斯坦是無政府共產主義計謀的首腦，而且他顛覆性的相對論是用來推動非法狀態、破壞教會和國家。愛因斯坦檔案，28-213

但這些一向警覺的女士難道有錯嗎？為何一個人該把自家的門打開，迎接一個胃口像過去牛頭怪米諾陶吞食秀色可餐的希臘少女一樣，吞食強硬資本主義者的人？這個人還

卑微到拒絕任何形式的戰爭，除了與妻子之間躲不掉的戰爭以外？

同上，262

個人在眾人成就之中被遺落，在美國比其他地方都更為嚴重。

源於與 G. S. 維雷克的一場訪談〈愛因斯坦的生命觀〉，《星期六晚間郵報》，1929 年 10 月 26 日；轉載於維雷克的《偉大心靈的窺視》，438

美國無疑因為做為大熔爐而獲益頗多。有可能是因為種族的混合，使他們的民族主義不像歐洲的民族主義那樣令人反感……這或許是由於〔美國人〕並未繼承毒害著歐洲各國關係的憎惡和恐懼。

同上，451

在這裡，每個人都為自己的民權自豪且毫不退讓。無論出身，每個人都有機會為人類全體利益而自由發展他的能力；這不是書面記載而已，而是確實發生……比起任何形式的暴政，個人自由都能夠為生產力提供更好的基礎。

取自愛因斯坦抵達紐約時以美國人為對象的碼頭廣播，1930 年 12 月 11 日。全文見羅伊和舒爾曼，《愛因斯坦論政治》，238-239。愛因斯坦檔案，36-306

我向你們和你們的國土致敬。我熱切期盼重溫過去的友誼，並在與你們相處的所見所聞中，更加拓展我的了解。

　　同上

你們對未來抱有明確的信心，我認為是合理的，因為你們的生活方式讓一個人能夠協調地融合生活和工作的樂趣；再加上你們渾身洋溢的進取精神，讓一天的工作像是兒童的快樂遊戲。

　　源自一份新年賀辭，刊登於《紐約時報》，1931 年 1 月 1 日。引述於《史蒂文生版古典與當代語錄》。Einstein Readex 324（未收錄於愛因斯坦檔案中）

帕沙第納就像是天堂一樣……這裡總是有陽光和新鮮空氣、種著棕櫚和胡椒樹的花園，還有對你友善微笑的人，請你簽名。

　　給萊巴赫家，在那年霧霾來的前幾天，1931 年 1 月 16 日，談及加州理工學院所在的這座城市。愛因斯坦檔案，47-373

〔美國〕，這片充滿對比和驚奇的土地，讓人既感敬佩，又感到難以置信。即使古老的歐洲有著自己的心痛與困苦，一個人仍會更感依戀，欣然回到那裡。

　　給比利時伊莉莎白王后，1931 年 2 月 9 日，在他為期三個月的美國之行中，透露他的鄉愁。愛因斯坦檔案，32-349

美國人臉上的微笑……是他們最重要的資產象徵。他們友善、自信、樂觀，而不嫉羨他人。

取自〈美國印象〉，約 1931 年。在《愛因斯坦自選集：對於這個世界，我這樣想》中來源引用錯誤。愛因斯坦檔案，28-167

和歐洲人比起來，美國人更為自己未來的目標而活。生命對他來説，永遠是「將要」，而不是「已經」……他比歐洲人更不是個人主義者……強調「我們」更勝於「我」。

同上

我敬愛美國的科學研究機構。對於美國研究成果的益加優越，我們不公允地將原因完全歸諸財富；然而，奉獻、耐心、團隊精神及合作的才能，在他們的成功上扮演重要角色。

同上

這證明了人類中有很大一部分，認為知識和正義的順位比權力和財富更高。

同上。愛因斯坦導到這個結論，是因為儘管美國常被認為是物質主義，卻對他顯出如此的尊崇。

長遠來説，我寧可待在荷蘭更勝於美國……除了有許多很好的學者，那是個無聊又貧瘠的社會，很快就會令你害怕

起來。

> 給保羅・艾倫費斯特，1932 年 4 月 3 日，在他回到歐洲之後。
> 愛因斯坦檔案，10-227

我對於再過一年後可以成為美國公民的前景感到很高興。一直以來，我都強烈希望成為自由共和國的公民，那也是促使我在年輕時，從德國移民瑞士的理由。

> 取自他六十歲生日當天發表的一項陳述。《科學》89, n.s.
> （1939），242

在美國，個人和創造力的發展是可能的，而在我看來，那是生命中最珍貴的資產。

> 取自〈我是美國人〉，1940 年 6 月 22 日。見羅伊和舒爾曼的
> 《愛因斯坦論政治》，470。愛因斯坦檔案，29-092

根據我來此後對美國人的觀察……不管是性格或傳統，他們都不適合生活於極權主義之下。我相信有許多人會覺得生命不值得在那種狀況下繼續。因此，對他們而言，保存和捍衛這些自由，就變得更加重要。

> 同上

我相信美國將證明民主不只是基植於完整憲法的政府形式，事實上更是一種生活方式，它與道德力量的偉大傳統

緊緊相繫。今日人類的命運，比起過去任何時候，更加仰賴人類的道德力量。

> 同上，472

今天，對於所有尊重他人權利、相信自由正義原則的正直之人來說，美國是他們的希望。

> 引自〈給德國的訊息〉，1941 年 12 月 7 日，珍珠港轟擊當天，由一通給白宮聯絡人的電話轉錄為文字。引述於內森和諾登的《愛因斯坦論和平》，320。愛因斯坦檔案，55-128

政治體制唯一合理的功能，是確保每個人的發展不受阻礙……這是為什麼我對於自己能夠成為美國人，自認特別幸運。

> 同上

〔美國的〕政府有相當大程度上受到資本家控制，這些人的心態很接近法西斯的思考方式。希特勒如果不是個瘋子，要避免西方勢力的敵意本來是很容易的。

> 給法蘭克·金敦，1942 年 9 月 3 日。愛因斯坦檔案，55-469

在美國，每個人都非常確信自己個人的價值。沒有人在別人或在另一個階級前卑躬屈膝。即使在財富上有巨大不同，少數人的強大勢力也無法削弱這種健康的自信，以及

對於人類尊嚴的自然尊重。

> 取自〈給我歸化之國的訊息〉，《佳麗雜誌》1, no. 12（1946
> 年1月），36-37。見羅伊和舒爾曼的《愛因斯坦論政治》，
> 474；傑榮和泰勒，《愛因斯坦論種族和種族主義》，140

〔猶太人和基督徒〕之間的區隔，〔在美國〕比在西歐任
何地方更為明顯，包括德國。

> 給漢斯・穆薩姆，1948年3月24日。愛因斯坦檔案，38-371

我幾乎不曾像現在這樣感到與人疏離……最糟的是，沒有
任何東西是一個人可以與之認同的。到處都是殘酷和謊
言。

> 給格特魯德・華紹爾，1950年7月15日，有關麥卡錫主義的
> 年代。愛因斯坦檔案，39-505

多年前德國的災難再次重複：對於邪惡的力量，人們毫無
抗拒地默許，還自動與之配合。

> 給比利時伊莉莎白王后，1951年1月6日，關於美國的麥卡
> 錫主義。愛因斯坦檔案，32-400

我在新的家鄉變成一個令大人難堪的小孩，因為我無法乖
乖住嘴，對這裡發生的一切忍氣吞聲。

> 給比利時伊莉莎白王后，1954年3月28日。愛因斯坦檔案，
> 32-410

關於他的新故鄉，紐澤西的普林斯頓

我覺得普林斯頓很可愛：像是還未用過的煙斗，如此嶄新，如此年輕。

> 引用於《紐約時報》，1921 年 7 月 8 日，談到他前去未來定居處的授課之行

普林斯頓是個不可思議的小地方，是個古雅而有禮的村莊，聚集了許多踩在高蹺上的弱小半神。不過，只要無視某些社會習慣，我可以為自己造出一種氣氛，有利研究而免於干擾。

> 給比利時伊莉莎白王后，1933 年 11 月 20 日。愛因斯坦檔案，32-369

對一個老人來說，這裡的社會仍然有種本質上的陌生。

> 給比利時伊莉莎白王后，1935 年 2 月 16 日。愛因斯坦檔案，32-385

對於自己在友善的美國以及充滿自由氣息的普林斯頓新家，我甚感愉快。

> 引自一次訪談，《全景透視》雜誌 24（1935 年 8 月），384, 413

我受到命運的優待，得以住在普林斯頓，就像在一座小島上……有如〔比利時〕拉肯迷人的皇宮花園般。在這個小

巧的大學城中，人類衝突的混亂聲音幾乎難以穿透。當其
他人掙扎受苦時，能夠住在這樣的地方，幾乎讓我感到羞
恥。

> 給比利時伊莉莎白王后，1936 年 3 月 20 日。愛因斯坦檔案，
> 32-387

在近年來我所面對的沉重負擔之前，我對於能在普林斯頓
大學得到一個工作空間，以及這裡卓越而和諧的科學氣
息，加倍感謝。

> 給普林斯頓大學的校長哈羅德‧達茲，1937 年 1 月 14 日。那
> 時愛因斯坦的辦公室暫時位於普林斯頓的校園；雖然他隸屬於
> 獨立的高等研究院，但當時其院區還未建立。這段話的一部分
> 被銘刻於普林斯頓的愛因斯坦塑像。愛因斯坦檔案，52-823

馬爾康莊園現在是個公園，因為今天是星期天，我沒有去
研究院，所以就去那裡散步 —— 那裡很近，而且非常漂
亮。

> 由凡托瓦引述於〈與愛因斯坦的對話〉，1954 年 5 月 8 日

被放逐到天堂。

> 論及前往普林斯頓。引述於薩恩的《愛因斯坦在美國的日
> 子》，64

你嚇了一跳，不是嗎？對於我在全世界的名氣……對比於

我在此地的與世隔絕與寧靜。我一輩子都渴望這種隔絕，
而現在終於在普林斯頓實現了。

引述於法蘭克的《愛因斯坦傳》，297

關於德國與德國人

你以前關於德國教授的見解完全沒有誇大……真理最大的
敵人，是對權威的盲從。

> 寫給瑞士教師約斯特‧溫特勒，抱怨一位不能接受任何批評的
> 教授。愛因斯坦在瑞士亞牢上學時寄宿在溫特勒家。1901 年 7
> 月 8 日。*CPAE*, Vol. 1, Doc. 115

這些並不是懷有自然情感的真人，他們冷漠，有種階級屈
尊和奴性的奇怪混合，對他人並不表達好意。誇張盛大的
奢華和卑屈爬行的悲慘並行於街上。

> 給米歇爾‧貝索，1911 年 5 月 13 日，論布拉格的德國人。
> *CPAE*, Vol. 5, Doc. 267

現在我了解柏林市民的自滿了。和較為平靜的小地方比起
來，一個人在這裡是如此自絕於刺激，以至於完全無法感
受自己的空洞。

> 給霍爾維茨家，1914 年 5 月 4 日。*CPAE*, Vol. 8, Doc. 6

柏林是如此異乎尋常地啟發人心。

> 給威廉‧維因，1914 年 6 月 15 日。*CPAE*, Vol. 8, Doc. 14

這裡的人和其他地方都一樣，但因為這裡的人非常多，你可以挑出較好的選擇。

給羅伯特・海勒，1914 年 7 月 20 日，論柏林。*CPAE*, Vol. 8, Doc. 25

我知道，在德國，人的私生活基本上遵從無限利他主義，但這些人也迫不及待地等著無限制潛艇戰事的宣告……必須有人告訴這些人，要把非德國人考慮為與自己平等的人，這對於贏得外國的信任是必要的，而且為了自己的存續，不可以用武力和背信忘義來達成自己設定的目標。

給羅曼・羅蘭，1917 年 8 月 22 日。*CPAE*, Vol. 8, Doc. 374

愛好文化的德國人很快又可以像過去一樣對祖國自豪，而且比起 1914 年之前有更充分的理由。

給阿爾諾德・索末菲，1918 年 12 月 6 日。*CPAE*, Vol. 8, Doc. 665

這個國家就像嚴重食物中毒而還沒吐夠的人。

給奧列爾・斯託多拉，1919 年 3 月 31 日，論兩週前在柏林發生的右翼政變。*CPAE*, Vol. 9, Doc. 16

比起幸運而富足時，這裡的人在不幸時對我更有吸引力。

給海因里希・桑格，1919 年 6 月 1 日。*CPAE*, Vol. 9, Doc. 52

這些人對於自己已經變成那些傲慢而不道德少數的盲目工
具，並沒有清楚的概念，這是為什麼他們關於「威權下的
和平」表現的憤慨，並不是空洞的說詞或虛偽，而是反映
著他們真實的經驗。

　　給阿德里安・福克，1919 年 7 月 30 日。*CPAE*, Vol. 9, Doc. 78

自從這邊的事情變糟了之後，這裡的人對我變得具有無比
的吸引力。不幸比成功更加適合人類。

　　給海因里希・桑格，1919 年 12 月 24 日。*CPAE*, Vol. 9, Doc. 233

柏林是我透過人和科學而有著最緊密連結的地方。

　　給 K. 海尼施，普魯士教育部長，1920 年 9 月 8 日。愛因斯坦
　　檔案，36-022

因為我的和平主義和其他政治態度，在德國這裡對我有一
股難以否認的不快，且這些態度又因為這個國家困難的政
治局勢而更加明顯。

　　給艾芙琳・華格納，1921 年 1 月 31 日。*CPAE*, Vol. 12, Doc. 38

德國不幸受到毒害，先是因為富裕，然後是因為慾望。

　　警語，1923。愛因斯坦檔案，36-591

這些德國人真是滑稽。對他們來說我是氣味難聞的花朵，

142

然而，他們卻一次又一次地拿我做為胸花。

> 取自他的旅行日記，1925 年 4 月 17 日

希特勒活在 —— 或者應該說坐在 —— 德國空空的肚子上。只要經濟條件提升，希特勒就會被遺忘。

> 收錄於《宇宙宗教》（1931），106-107。此句或許是意義相近的改寫。原始來源未知。

只要我還有選擇，我將只待在所有公民依法擁有政治自由、容忍及平等的國家……當前的德國並沒有這些條件。

> 取自〈政治宣言〉，在返歐前給美國媒體的一份聲明稿，談希特勒的統治，1933 年 3 月 11 日。轉載於羅伊和舒爾曼的《愛因斯坦論政治》，269-270。愛因斯坦檔案，28-235

德國過度強調軍武的心態，我即使在兒時也覺得難以認同。我父親搬到義大利時，在我的央求之下，他幫我申請取消德國國籍，因為我想成為瑞士公民。

> 給朱利葉斯‧馬克斯，1933 年 4 月 3 日。霍夫曼引述於《阿爾伯特‧愛因斯坦：創造者及反叛者》，26。愛因斯坦檔案，51-070

我發給媒體的聲明，是有關我辭去科學院職位及放棄普魯士國籍的意願。我採取這些行動的理由，是因為我不想居住在個人無法在法律之前享有平等，也沒有言論和教學自

由的國家。

　　給普魯士科學院，1933 年 4 月 5 日。愛因斯坦檔案，29-295

我不得不提醒您，這些年來，我只提升了德國的聲譽，從來沒有因為最右翼媒體對我的系統性攻擊而疏離德國，尤其是近幾年根本沒有人挺身站在我這邊……透過壓抑來毀滅德國猶太人，難道不是當前德國政府的官方計畫嗎？

　　給馬克斯・普朗克，1933 年 4 月 6 日，從普魯士科學院辭職之後。愛因斯坦檔案，19-391

你們也指出，由我說出「德國人」的「好話」，可以在國外產生很大的效果。對此我必須回覆，你們建議的這種說詞，等同於否認我用生命來捍衛的正義與自由。這樣的說詞不會是對德國的「好話」，用你們的話來說。

　　取自給普魯士科學院的回覆，1933 年 4 月 12 日，在科學院接受愛因斯坦的辭職之後。愛因斯坦檔案，29-297

現在在德國，我已晉升為「邪惡的怪物」，而我所有的錢都被沒收了。但我自我安慰的想法是：反正這些錢遲早也都會不見。

　　給馬克斯・玻恩，1933 年 5 月 30 日，在愛因斯坦的德國銀行帳戶被沒收充公之後。收錄於玻恩的《玻恩－愛因斯坦書信集》，112。愛因斯坦檔案，8-192

我無法了解整個文明世界對這現代野蠻思維的被動反應。
難道世界看不出希特勒的目的是戰爭？

> 由記者引述於《彩色週刊》（維也納），1933 年 10 月 1 日；
> 亦引述於派斯的《愛因斯坦當年寓此》，194

〔在文化上〕過去的德國是沙漠中的綠洲。

> 給阿弗列德·克爾，1934 年 7 月。愛因斯坦檔案，50-687

德國仍具有戰爭心態，衝突是無可避免的。從 1870 年以
來，這個國家在心智上和道德上都在走下坡。從世界大戰
以來，在民族主義的歲月裡，許多在普魯士科學院裡我所
知道的人，並不擁有最高的品德學識。

> 取自一次訪談，《全景透視》雜誌 24（1935 年 8 月），384,
> 413

您找到了我們這個時代重大問題的正確描述，而這不會沒
有作用。我只願您沒有把「亞利安人」一詞用得像是個理
性的詞彙。

> 給拉比史蒂芬·懷斯，1935 年 9 月 11 日，評懷斯在琉森的一
> 場演講。愛因斯坦檔案，35-172

眾所皆知，德國法西斯主義對於我猶太人弟兄的攻擊特別
猛烈……其所謂的理由，是要淨化德國的「亞利安」種

族。事實上，並沒有「亞利安」此一種族的存在；這個虛構的東西完全是為了讓迫害猶太人、徵收猶太人財產得以正當化而發明的。

取自「美國基督教對德國難民委員會」和「救助納粹迫害波蘭難民緊急委員會」贊助的一場美國哥倫比亞廣播公司廣播，1935 年 10 月 22 日。見羅伊和舒爾曼的《愛因斯坦論政治》，293。愛因斯坦檔案，28-317

幾百年來，德國人一直是歷代校長和士官長進行灌輸教育的對象。德國人被訓練得勤奮工作、學會許多事物，但也被操練出奴隸般的服從、習於軍武及殘忍無情。戰後民主的威瑪共和憲法對德國人來說，就像把巨人的衣服套在拇指湯姆身上。

取自一份未發表的手稿，1935 年；後來經編纂後發表於內森和諾登的《愛因斯坦論和平》，263-264；杜卡斯和霍夫曼的《愛因斯坦的人性面》，110；羅伊和舒爾曼的《愛因斯坦論政治》，295。愛因斯坦檔案，28-322

我在此唯一能看到的好事，就是癡迷於權力的希特勒的愚昧行為，多到讓整個世界聯合起來反對德國 —— 比威廉皇帝更荒誕的版本。

給奧托‧內森，1936 年 9 月 15 日。伯格林愛因斯坦收藏，瓦薩學院，Box M2003-009，Folder 1.15。愛因斯坦檔案，38-507

1919 年時，科學院要我在本來的瑞士國籍之上再接受德國國籍。我竟然愚蠢到讓步了。

給米列娃・愛因斯坦－馬利奇，1938 年 7 月 20 日。翻譯版收錄於奈佛的《愛因斯坦》，276。愛因斯坦檔案，75-949

他們一直都有種如奴隸般服務精神變態者的傾向，但從未像現在這麼徹底成功過。

這段文字手寫於 8 月，在一封影射地寫給希特勒、日期為 1939 年 7 月 28 日的信件背面。愛因斯坦檔案，28-500.1

由於他們不幸的傳統，德國人是如此邪惡，因此要透過合理、更別說是人道途徑來改善這個狀況，是非常困難的。我希望戰爭結束時，他們會在上帝的仁慈幫助之下把自己殺掉大半。

給歐托・尤利烏斯伯格，1942 年夏天。薩恩引述於《愛因斯坦在美國的日子》，146。愛因斯坦檔案，38-199

德國人做為一個整體，對這些屠殺負有責任，且應受到懲罰……當希特勒在書中和演說中清楚發表不可能被誤解的可恥意圖後，德國人還是站在納粹黨的背後選出了他。

談論華沙猶太人起義中的英雄，發表於《波蘭猶太人學會會刊》（紐約），1944。愛因斯坦檔案，29-099

自德國人在歐洲屠殺我的猶太同胞後，我再也不與德國人

有任何關聯，包括相對較無害的學術界。這不包括在可能
範圍內保持頭腦冷靜的少數人。

> 給阿爾諾德・索末菲，1946 年 12 月 14 日。愛因斯坦在這少
> 數人中包含了奧托・哈恩、馬克斯・范勞厄、馬克斯・普朗克
> 和阿爾諾德・索末菲。愛因斯坦檔案，21-368

在所謂文明國家的歷史中，德國人的罪確確實實是最為可
惡的。德國知識份子的作為 —— 視為一個群體時 —— 並不
比一群暴民更好。

> 給奧托・哈恩，1949 年 1 月 26 日。愛因斯坦檔案，12-072

德國人壓倒性多數對待我們的態度，讓我們不得不將他們
視為危險。我判斷德國人對其他國家的關係也同樣危險。

> 取自一場與阿弗列德・維爾納的訪談，《自由猶太教》期刊
> 16（1949 年 4-5 月），4-12

在德國人對猶太人進行大規模殺戮後，有自尊的猶太人不
再想要與任何官方的德國活動有任何關聯，這應該很明
顯。因此，根本不用考慮重新頒發我的榮譽獎章。

> 給德國總理特奧多爾・豪斯，1951 年 1 月 16 日。愛因斯坦在
> 1923 年獲頒這個榮譽獎章，但在 1933 年被納粹強迫歸還。德
> 國政府邀請他在 1950 年重新接受獎章，而如同本信顯示，他
> 拒絕了。從 1842 年以來，接受過這個獎章的藝術家和科學家
> 包括查爾斯・達爾文、麥可・法拉第、馬克斯・普朗克、瓦爾

特·能斯特、大衛·希爾伯特、格林兄弟和理查·史特勞斯。
愛因斯坦檔案，34-427

如果我真的錯了，那麼一個〔作者〕就夠了！

愛因斯坦聽到有本針對他的理論的書《反對愛因斯坦的一百個
作者》（*100 Authors against Einstein*）在德國發表時的反擊。
史蒂芬·霍金引述於《時間簡史》（倫敦：Bantam，1988），
178

許多掛著我的名字的東西，是從德文轉過來的糟糕翻譯，
或其他人杜撰的。

給喬治·賽爾德斯，他是《金玉集》（1960）一書的彙編者，
引用於坎塔的《愛因斯坦辭典》，175

關於猶太人、以色列、猶太教　與錫安主義

　　愛因斯坦年輕時對於猶太文化和宗教並沒有強烈認同。他的雙親是德國南方認同西方文化的猶太人，和本身的猶太根源保持距離，對現實的創業與追求好的生活條件更有興趣。然而，他也確實在家中接受猶太教的指導，起初十分熱中，但隨著對科學的興趣變得更強烈，在十二歲時與宗教決斷，之後自稱「沒有宗教信仰」。他搬到柏林後，「重新發現」自己的猶太根源，並意識到東歐猶太人受到的歧視。與此同時，有反猶太主義和錫安主義的發展，以及他在 1919 年廣義相對論的確立，後者為他帶來世界性的名聲。愛因斯坦的錫安主義是偏向文化上而非政治上的，更著重於猶太人在文化和精神上的復興，而非政治上強調的建立猶太國家。不過，他仍支持創建以色列做為猶太人的安身之所，因為他相信群體力量可以成為一股凝聚力，也感到猶太人應該要有學習與教育的安全處所。他偏向巴勒斯坦兩國方案，但在以色列建國後了解到已經沒有回頭路，而在生命後期支持這個新國家，並仍提倡要公平對待阿拉伯人。然而，他也支持友人埃里西・卡勒的警告：阿拉伯地主和政治家「對改善自然、文明或自己國

家的生活水準毫無作為」（《普林斯頓先鋒報》，1944 年
4 月 14 和 28 日）。見舒爾曼的〈愛因斯坦重新發現猶太
教〉；斯塔切爾的〈愛因斯坦的猶太認同〉以及傑榮的
《愛因斯坦論以色列和錫安主義》。

非必要狀況下，去一個殘酷迫害我同胞的國家，實在不合
情理。

> 給 P. P. 拉札列夫，1914 年 5 月 16 日，回應聖彼得堡帝國科學
> 院邀請他去俄國觀察 1914 年的日全食。*CPAE*, Vol. 8, Doc. 7

人並不知如何從人類事務中獲取快樂。我的歡樂大多來自
猶太國家在巴勒斯坦的出現。在我看來，我們的同胞的確
比可怕的歐洲人更具有同情心 —— 至少比較不殘暴。

> 給保羅・艾倫費斯特，1919 年 3 月 22 日。*CPAE*, Vol. 9, Doc. 10

我對於猶太國家的正向發展很有信心，且很高興地球上有
一方土地，在那裡我們的弟兄不被視為外國人。

> 給保羅・艾布斯坦，1919 年 10 月 5 日。*CPAE*, Vol. 8, Doc. 122

一個人可以具有國際觀，同時不對自己的同胞漠不關心。

> 同上

我對於巴勒斯坦新處所的各項事務懷有溫暖的共鳴，特別是還未成立的大學。我很樂意為它盡我之力。

給倫敦猶太復國組織的雨果‧伯格曼，1919 年 11 月 5 日。
CPAE, Vol. 9, Doc. 155

1 月 16-18 日我必須在巴塞爾，有一場研討會，討論在巴勒斯坦成立希伯來大學之事。我相信這是件值得熱心合作的事情。

給米歇爾‧貝索，1919 年 12 月 12 日。*CPAE*, Vol. 9, Doc. 207

依我之見，對猶太人的排斥感，只是因為猶太人和非猶太人之間有所不同。這和任兩個國家必須交涉時的排斥感是相同的。這種排斥感是猶太人存在的結果，並不是猶太人的任何特質造成的……這種對於幾乎每日共處的異族人的排斥感，是基於需要而產生的。

取自〈同化與反猶太主義〉，1920 年 4 月 3 日。*CPAE*, Vol. 7,
Doc. 34。亦見羅伊和舒爾曼的《愛因斯坦論政治》，144

我既不是德國人，也沒有任何可以稱為「猶太信仰」的信仰。但我是個猶太人，也很高興隸屬於猶太族群，雖然我不認為他們在任何意義上是被神選上的人。

給「具猶太信仰之德國公民中央協會」，1920 年 4 月 3 日
[5]。根據羅伊和舒爾曼的《愛因斯坦論政治》，146，這封信顯示愛因斯坦不喜歡這個協會的自我防禦策略。發表於《以

色列週報》，1920 年 9 月 24 日。*CPAE*, Vol. 7, Doc. 37 及 Vol. 9, Doc. 368

只有當我們有勇氣自視為一個國家，只有當我們自我尊重，才能贏得他人的尊重⋯⋯只要把猶太人和非猶太人放在一起，反猶太主義⋯⋯便永遠存在。或許要感謝反猶太主義，我們才能以一個種族的身分存活下來；不管程度如何，這是我所相信的。

同上

我對傳統宗教儀式的超然程度，就和我覺得自己是個猶太人的程度一樣高。

給柏林猶太社群，1920 年 12 月 22 日。*CPAE*, Vol. 9, Doc. 238

「猶太的」一詞有兩個意義：關於 (1) 國籍和血統；(2) 宗教。我是第一種意義下的猶太人，不是第二種。

給柏林猶太社群，1921 年 1 月 5 日。*CPAE*, Vol. 12, Doc. 8

我完全沒有急著去美國，但現在去美國完全是為了錫安主義者著想，他們勢必想要籌措美金，以在耶路撒冷建立學校，而對他們來說我就像個大祭司或誘餌⋯⋯但我就做我能做的，來幫助我那不論到何處都沒有被善待的族人。

給莫里斯・索羅文，1921 年 3 月 8 日。發表於《愛因斯坦給索羅文的書信集》，41。*CPAE*, Vol. 12, Doc. 85

當然，他們不需要我的能力，但因為我名字的光環，他們能成功吸引一些美國富裕的同胞。儘管我重視國際主義，但我相信自己在能力範圍內總是有義務，為我那些受到迫害及道德上受到壓抑的同胞挺身而出。

給弗里茲·哈柏，1921 年 3 月 9 日。這封信是關於猶太復國組織的要求，他們為了希伯來耶路撒冷大學，請愛因斯坦與他們的一些成員到美國進行募款之旅。羅伊和舒爾曼的《愛因斯坦論政治》，148。*CPAE*, Vol. 12, Doc. 88

我確信猶太人不會變得癡迷於權力，因為他們仰賴巴勒斯坦這片小小土地。

給莫里斯·索羅文，1921 年 3 月 16 日。*CPAE*, Vol. 12, Doc. 100

在耶路撒冷建立希伯來大學的提案，帶給我的愉悅之情遠勝其他公共事件。猶太人尊敬知識的傳統，在許多世紀以來的艱困之中未受破壞，也使我們在看到有那麼多聰明的猶太之子無法接受高等教育時更感悲痛。

取自一場訪談，《紐約時報》，1921 年 4 月 3 日。見下面有關布倫戴斯大學的類似看法。

你們的領導人魏茲曼博士已經說過話了，而他代表我們全部的人所說的話，說得非常好。跟隨他，一切都會成功。以上就是我要說的。

這是在美國猶太復國任務的紐約招待會的演講全文，1921 年 4

月 12 日。引述於《紐約時報》，1021 年 4 月 13 日。見伊利
的《阿爾伯特遇見美國》，91

〔我希望〕你的意思不是我們未來在耶路撒冷的教授進行
教學和研究時，將要受制於正統猶太律法或概念……任何
對言論或思想自由的限制，都是不能容忍的 —— 或許純粹
的神學系所除外 —— 也會破壞你自己的目的：加強信仰和
理性之間**自由與創意**的融合。

給所羅門・羅森布魯姆，1921 年 4 月 27 日，有關耶路撒冷希
伯來大學。*CPAE*, Vol. 12, Doc. 127

巴勒斯坦的希伯來大學將成為我們同胞的新「聖地」。

《芝加哥使者與稽查員報》，1921 年 5 月 8 日，part 2, 3。亦
見於伊利的《阿爾伯特遇見美國》，156

我們能夠想像，在猶太科學缺乏一個家的悲劇之上，還存
在著一個沒有科學的猶太國家嗎？猶太知識份子的傳統榮
譽從未受過這種屈辱。

同上，158

錫安主義的確代表了一種新的猶太理想，可以為猶太人的
存在帶來新的歡愉……我很高興自己接受了魏茲曼的邀
請。然而，在某些地方，也表現出過度高漲的猶太民族主
義，有可能變質為缺乏包容與狹隘心胸；但希望這只是一

種兒童時期的疾病。

> 給保羅·艾倫費斯特，1921 年 6 月 18 日，關於愛因斯坦和
> 哈伊姆·魏茲曼為希伯來大學在美國進行的募款之旅。*CPAE*,
> Vol. 12, Doc. 152

德國的反猶太主義也有一些後果，從猶太人的觀點來說，
應該是令人樂見的。我相信德國猶太人的存續要感謝反猶
太主義……如果沒有這種區隔，猶太人在德國會快速同
化，暢通無阻。

> 取自〈我如何成為錫安主義者〉，《猶太評論報》，1921 年 6
> 月 21 日。羅伊和舒爾曼的《愛因斯坦論政治》，151。*CPAE*,
> Vol. 7, Doc. 57

只要我還住在這裡〔瑞士〕，我就沒有意識到自己的猶太
特質……這在我遷居柏林後立刻改變……我看到反猶太主
義如何妨礙〔猶太人〕追求正常教育，以及猶太人如何為
安定的生活掙扎。

> 同上

我並非把保存猶太國或任何國籍做為目標這種意義上的猶
太人。我反倒視猶太國籍為事實，而我相信，每個猶太人
也應從這個事實得出的結論來生活。我認為，提升猶太人
的自尊是必要的，這同時也是為了和非猶太人自然共處。
這是我加入猶太復國運動的主要動機……但我的錫安主義

並不排除世界主義。

> 同上，152

對我來說，猶太復國不只是一個在巴勒斯坦定居的運動。在巴勒斯坦以及流亡中的猶太國家都是活生生的事實，猶太國家感必須在所有猶太人生活的地方保持鮮活……我相信每個猶太人都對猶太同胞負有義務。

> 同上，152-153

透過把猶太人帶回巴勒斯坦、修復健康正常的經濟體之存在，錫安主義代表了一種具生產力的活動，豐富整個社會……〔它〕強化猶太尊嚴與自尊，對於流離者的存在狀態十分重要，〔且〕……創造一種強烈連結，給予猶太人自我存在的感覺。對於我許多同儕無尊嚴地沉迷於控制下，我總感到排斥。

> 同上，153

就我所知，這並不是本來就計畫好的。但既然課堂將以希伯來語授課，也因為成立者的民族主義傾向，從實際看來，〔希伯來〕大學將變成一所猶太機構。

> 回應希伯來大學將只開放給猶太人就讀的問題。取自一場與《前進報》（柏林）的訪談，晨間版，1921 年 6 月 30 日。亦見於給所羅門・羅森布魯姆的信，1921 年 4 月 27 日。*CPAE*, Vol. 12, 附錄 F

我相信隸屬於哪一個教派並不重要。但在我們猶太人之中，改信**不同宗教**是一種象徵性行為，暗示那個人想要與本來的團體劃清界線。但一個人是可以**不屬於任何教派**而依然對同胞忠誠。我自己是個非教派〔*konfessionslos*〕，仍視自己為忠誠的猶太人。

> 給埃米爾・史塔肯斯坦，1921 年 7 月 14 日。*CPAE*, Vol. 12, Doc. 181

在那裡，不甚聰明的同胞大聲禱告，他們的臉面向牆壁，身體前後搖擺。一種有著過去，但現今不合時宜的人形成的可悲景象。

> 關於他探訪耶路撒冷的哭牆，1923 年 2 月 3 日，記錄在旅行日記裡。愛因斯坦檔案，29-129 到 29-131

心說是，但腦說不。

> 取自他的旅行日記，1923 年 2 月 13 日，關於接受耶路撒冷希伯來大學職位的邀請。同上，也引述於霍夫曼的〈愛因斯坦和錫安主義〉，241。愛因斯坦檔案，29-129

要說服他人相信我們的靈性和智性皆平等，用講理的方法是沒用的，因為他人的態度並不是來自他們的腦袋。我們必須自己在社會上自我解放，滿足我們自己的社會需求。

> 取自〈反猶太主義和年輕學子〉，1923 年 4 月。轉載於《愛因斯坦自選集：對於這個世界，我這樣想》，188。愛因斯坦檔案，28-016

整體來說，〔巴勒斯坦〕這片土地並不十分肥沃。它會成為一個道德中心，但無法吸引大部分猶太人。

給莫里斯・索羅文，1923 年 5 月 20 日。愛因斯坦常說巴勒斯坦是一個「道德中心」，在他的願景中，是猶太人不因反猶太主義的牽制而能學習和研究的地方。愛因斯坦檔案，21-189

透過充滿榮耀和悲傷的過去記憶，以及打開他們的眼睛，看到一個較健康、有尊嚴的未來，錫安主義可以教導他們關於自身的知識，並建立起勇氣。它恢復道德力量，這使他們可以有尊嚴地生活與行動。它讓靈魂從不曾間斷的過度自我貶抑中解放出來，而那種感覺只會壓抑他們、降低他們的生產力。最後，它提醒他們，他們在悲傷中度過的數百年，叮囑著他們團結的責任。

取自〈任務〉，《猶太評論報》14（1925 年 2 月 17 日），129。首次發表於《猶太評論》（日內瓦），1925 年 1 月 15 日。亦見於羅伊和舒爾曼的《愛因斯坦論政治》，164-165。根據羅伊和舒爾曼，在這篇文章中，愛因斯坦將巴勒斯坦視為「一個基於國際團結的目的而組成的世界社群模式」。

我希望，這個道德家園的存在，將成功為不值得死去的人注入更多生命力……因為這個理由，我相信我能夠斷言，錫安主義雖然看起來是民族主義運動，但本質上來說，為全人類扮演了一個重要角色。

同上

一個盡力把自己的精神浸透於人道理想的猶太人，可以自稱是錫安主義而不自相矛盾。一個人應感謝錫安主義的是，這是給予猶太人合理榮譽感的唯一運動。

　　同上

我們猶太人在很大程度上受到〔耶路撒冷〕那邊狀況的影響，且如同以往，彼此爭鬥。其實這和我有很大的關係，因為——如你所知——我已經變成一個猶太聖人。

　　給米歇爾·貝索，1925 年 12 月 25 日。愛因斯坦檔案，7-356。他故意使用的「猶太聖人」也出現在給兒子漢斯·阿爾伯特和愛德華的一封信中，1923 年 11 月 24 日（見前面「關於愛因斯坦自己」）。在 1920 年 5 月 4 日一封給保羅·艾倫費斯特的信中，他開玩笑說那個月稍晚一場在哈勒的研討會中，「聖人的骨頭必須到場」。

過去，我們猶太人透過傳統而保持連結。為了享有這份連結，他們必須有所犧牲，只能擁有狹窄的文化，這導致精神和世俗上的龐大限制。這種傷害是否可以在不危害種族存續的狀況下解除？我認為下述情況是可能的：個人和社群的生活仍可以依據傳統持續；思想則應充分自由，只有人類心智的極限是其限制。

　　為一本以意第緒語談相對論的書所作的前言，以德文寫成。書的作者是杜維亞·夏利特，書名為《狹義相對論：愛因斯坦的系統和閔考斯基的「世界」》（柏林：自費出版，1927）。感謝艾利·毛爾提供德文原文。

所有〔在巴勒斯坦的〕猶太兒童都應該學阿拉伯文。

給雨果・伯格曼，1929 年 9 月 27 日。愛因斯坦檔案，37-768

錫安主義是一種追求尊嚴和復興，而非追求權力的民族主義。

同上

猶太人是依靠血緣和傳統而連結的族群，並不只靠宗教，世界上其他人對待他們的態度，就是這一點的充分證明。我在十五年前來到德國時，首次發現自己是個猶太人，對此我從非猶太人得到的比猶太人更多。

給威利・黑爾帕赫，知名心理學家及威瑪時期的自由派政治家，1929 年 10 月 8 日。亦見於羅伊和舒爾曼的《愛因斯坦論政治》，170。愛因斯坦檔案，46-656

如果我們不必生活在不容忍、心胸狹窄和暴力的人之間，我會立刻捨棄所有的民族主義，而選擇普遍的人性。

同上

我是決定論者。因此我不相信自由意志。猶太人相信自由意志。他們相信人塑造自己的人生。我在哲學上否定這個教義。從這個角度來說，我不是猶太人。

取自與 G. S. 維雷克的訪談〈愛因斯坦的生命觀〉，《星期六晚間郵報》，1929 年 10 月 26 日；轉載於維雷克的《偉大心

靈的窺視》，441

如果我們無法找到與阿拉伯人真誠合作和真誠協議的方法，那我們從自己兩千年的苦難中完全沒有學到任何東西，也是活該。

　　給哈伊姆・魏茲曼，1929 年 11 月 25 日。愛因斯坦檔案，33-411

一個人如果像我一樣，深信人類的未來必須建立於所有民族的親密連結，以及強勢民族主義必須終結，就可以預見：只有當兩個民族在安身立命的土地和平合作的基礎上，巴勒斯坦才有未來。因此我預期，對於猶太人想要在猶太教的古代位置上重建民族家園，偉大的阿拉伯人會表現出更真誠的欣賞。

　　給巴勒斯坦阿拉伯報紙《巴勒斯坦》的一封信，1929 年 12 月 20 日，發表於 1930 年 2 月 1 日。愛因斯坦檔案，46-148

猶太人已經在歷史中證實，智識是最好的武器……帶著我們數千年來的悲傷經驗，在忠於先人的道德傳統中，成為為和平奮鬥的士兵、把所有文化和宗教圈的高貴元素加以結合，是我們身為猶太人的義務。

　　法蘭克引述於《愛因斯坦傳》，156。法蘭克認為這個段落屬於一場 1929 年在柏林的「猶太人集會」演講，雖然在愛因斯坦檔案中並沒有這段記錄。

162

猶太人的宗教是⋯⋯昇華日常生活的方法⋯⋯它並不要求
成員對它採取一般意義下的「信仰」行為。而因為這個理
由，在我們宗教的願景和世界科學願景之間，從未有過衝
突。

取自〈科學與上帝：一場對話〉，《世紀論壇》83（1930 年 6
月），373

猶太人傳統中，有一種對正義和理性之愛，現在和未來都
必須持續為所有民族貢獻。

取自〈猶太社群〉，在薩沃伊飯店的一場演講，參與者包括蕭
伯納、H. G. 威爾斯和羅斯柴爾德爵士，1930 年 10 月 29 日。
見《愛因斯坦自選集：對於這個世界，我這樣想》，174。愛
因斯坦檔案，29-033

藉由現代的重建方法，巴勒斯坦有充分的空間同時給予猶
太人和阿拉伯人，雙方可以在同一片土地上和平而和諧地
共存。我相信去年的挫折必然會加強我們對自己義務的認
識，也就是透過耐心和持續努力，來增進與阿拉伯人的關
係，並說服他們相信猶太復國對他們的好處。

取自〈加倍努力〉，《紐約時報》，1930 年 12 月 3 日。源自
一次在柏林與《猶太評論報》的訪談，就在愛因斯坦前往美國
之前不久。亦見於羅伊和舒爾曼的《愛因斯坦論政治》，186

全世界猶太人的統一，做為政治上的統一是不睿智的，也

不應該如此。它應完全是道德傳統上的。單是如此，猶太人便可以維持其創造力，單是如此，猶太人便擁有主張自我存續的基礎。

> 取自〈猶太人在巴勒斯坦的任務〉，美國學生猶太復國聯邦安排的一次廣播演講，該組織認同愛因斯坦對於猶太國家的文化和社會觀，1930 年 12 月 13 日。見羅伊和舒爾曼的《愛因斯坦論政治》，187。愛因斯坦檔案，28-121

猶太教不是一種信條，猶太上帝正是否定迷信的，是將迷信消除後而設想的結果。它也是一種把道德律法奠基於恐懼的嘗試，一種遺憾而可恥的嘗試。然而在我看來，在相當程度上，猶太民族強烈的道德傳統已經從這份恐懼擺脫。同樣清楚的是，「服侍主」相當於「服務人民」。猶太人中最優秀的人，特別是先知和耶穌，為此不懈地奮鬥。

> 取自〈「猶太觀點」是否存在？〉《觀點》，1932 年 9 月 26 日，轉載於《愛因斯坦自選集：對於這個世界，我這樣想》，186。愛因斯坦檔案，28-197

在我看來，猶太教關心的，幾乎完全是生命中及面對生命的道德態度……這種概念的本質，在我看來存在於對所有生命的肯定態度中。

> 同上，185。在此及類似陳述的反思中，愛因斯坦否定猶太教是種族或任何生物上的裁定，他主要視之為對待生命的態度。

見斯塔切爾的〈愛因斯坦的猶太認同〉，討論到愛因斯坦否定
自己的猶太教觀念中含有任何種族的痕跡。

我認為成立工會……在巴勒斯坦是必要的。對工人階級而
言，這不只是建設的靈魂，也是猶太人和阿拉伯人之間唯
一真正有影響力的橋梁。

> 給艾爾瑪・林海姆，猶太女性組織「哈達薩」的會長，1933
> 年2月2日。愛因斯坦檔案，50-990

猶太人像是不凝結的鈍氣，只能藉由依附在堅固的物體
上，才能獲取一種實質的存在形式。這對我也是如此。但
或許正是這種化學上的惰性，我們行動和堅持的能力才得
以存在。

> 給保羅・艾倫費斯特，1933年6月。愛因斯坦檔案，10-260

為了知識本身而追求知識，對正義激進狂熱的愛，以及對
個人獨立的慾望，都是猶太傳統的特徵，讓我感謝自己屬
於這些幸運星。

> 取自〈猶太人的理想〉，為法文期刊《見證：猶太人》寫於
> 1933年8月；轉載於《我的世界觀》，89，以及《愛因斯坦
> 自選集：對於這個世界，我這樣想》，185

在德國猶太人遭受迫害的這些日子，更是提醒西方世界的
時候：西方人受惠於猶太人的 (1) 宗教及它最珍貴的道德

理想，以及 (2) 在很大程度上，希臘思想世界的重新復甦。

為法文期刊《猶太筆記》寫於 1933 年；以〈一則前言〉為題
轉載於《我的世界觀》，以及以〈德國人與猶太人〉為標題轉
載於《我的世界觀》德文版。愛因斯坦檔案，28-242

今天，在德國的猶太人也在自己為現代人生產與成就的所
有事物中，得到公正的安慰；不管是如何殘酷的壓迫、如
何隱微的毀謗，都不能遮蔽眼睛雪亮的人，看見這些人繼
承的知識和道德品質。

同上

我們都知道，猶太人在兩千年的困苦中存活下來，是因為
把「對靈性和德性的愛」之傳統視為自己最高的財富。

接受葉史瓦大學榮譽學位時的演講，1934 年 10 月 8 日。引述
於《葉史瓦大學新聞》（線上版），2005 年 10 月 31 日

巴勒斯坦將會成為所有猶太人的文化中心、遭受最嚴重壓
迫之人的庇護所、最優秀人的活躍之處、統一的理想，以
及獲取全世界猶太人內在健康的途徑。

為「凱倫·哈耶索德」提出的呼籲，收錄於《我的世界觀》德
文版（1934）及《愛因斯坦自選集：對於這個世界，我這樣
想》，184

並沒有德國猶太人、沒有俄國猶太人，也沒有美國猶太

人。他們只是使用了不同的日常語言，存在的其實只有猶太人。

取自一次在紐約的德國－猶太俱樂部的普珥節（Purim）晚餐的演講，1935 年 3 月 24 日，不久後轉載於《紐約先驅報》。有一名讀者拿著刊有這份陳詞的報紙，要愛因斯坦解釋他是什麼意思。下一則語錄有部分解答。

從歷史學家眼中看來，他們受難的歷史教導我們，身為猶太人的事實比起屬於某種政治社群有更重大的影響。例如，假設德國猶太人從德國被驅逐，他們便不再是德國人，而會改變語言和政治聯繫；但他們仍是猶太人……我認為，種族特性並不是那麼重要的原因，而更根植於傳統，這些傳統並不受限於信仰方面。

給傑拉德・唐納休，1935 年 4 月 3 日。不過，注意愛因斯坦本人在離開德國後仍持續說德文。愛因斯坦檔案，49-502

對於猶太人的存續，比起以武力威脅他存活的無數外敵，物質主義的膚淺是更嚴重的威脅。

取自一次見證晚餐的訊息，1936 年 6 月 7 日。引述於《紐約時報》，1936 年 6 月 8 日。愛因斯坦檔案，28-357

我寧可看到為了和平共處而與阿拉伯人達成的合理共識，更勝於創建一個猶太國家。除了實際上的考量，我意識到的猶太教重要本質，是反對一個擁有國界、軍隊和暫時權

力——不管程度多低——的猶太國家。我害怕猶太教的內部破壞將會持續——尤其來自我們之中發展出的狹隘民族主義；即使在還沒有一個猶太國家之時，我們便已經必須盡力去對抗那種狹隘民族主義。我們已不再是馬加比（Maccabee）時代的猶太人了。

> 取自一次演講，標題為〈對猶太復國運動的責任〉，對象是巴勒斯坦的國家勞工委員會，1938 年 4 月 17 日，紐約。全文發表於《新巴勒斯坦》28，no. 16（1938 年 4 月 29 日），2-4。亦見於羅伊和舒爾曼的《愛因斯坦論政治》，300-302。愛因斯坦檔案，28-427

猶太教要感謝猶太復國運動。猶太復國運動重新喚起猶太人的歸屬感。它催生了許多建設性工作……在巴勒斯坦，全世界自我犧牲的猶太人貢獻己力……尤其，它使我們諸多年輕人得以邁向愉悅與創造性的生活。

> 同上，300

最終，做為猶太人意味著首先要認同並遵從聖經中記載的人性化基礎，沒有這些基礎，就沒有完善而快樂的社群。

> 同上

猶太人或許不是擁有力量的群體，但他們每個個人的成就之總和，在任何領域都不可忽略且重要，即使那些成就是在障礙之中完成的。

取自〈為什麼他們仇恨猶太人？〉，《柯里爾》雜誌，1938年 11 月 26 日。轉載於《愛因斯坦自選集：對於這個世界，我這樣想》，197

〔納粹〕視猶太人為無法同化的對象，無法把他們轉化為不加批判的存在，且……因為他們堅持著對大眾的啟蒙，而威脅了自身的權威。

同上

棄絕自己信仰 —— 按照此字正規的意思 —— 的猶太人的處境，類似於拋棄自己外殼的蝸牛。他仍然是個猶太人。

同上

團結了猶太人數千年直至今天的那份連結，首先是社會正義的民主理想，加上全人類互助和容忍的理想……猶太傳統的第二項特質，對各種智性抱負和靈性努力都非常重視。

同上

過去我們受到迫害，儘管我們是聖經裡面的人；然而，在今天，理由只因為我們是經典的教徒。

取自一場美國哥倫比亞廣播公司為猶太聯合捐募協會製作的廣播節目中的致詞，1939 年 3 月 21 日。亦見於傑榮的《愛因斯坦論以色列和錫安主義》，141。愛因斯坦檔案，28-475

讓猶太人足以存活數千年的抵抗之力，在很大程度上是基於相互幫助的傳統。在這些痛苦的歲月，我們相互幫助的意願受到特別嚴峻的測試。願我們能承受此測試，一如我們的先祖。除了團結，以及明白我們所受的苦是為了如此重大和神聖的理由以外，我們沒有其他自我防禦的手段。

　　給阿弗列德・赫爾曼，1939 年 6 月 10 日。愛因斯坦檔案，
　　53-391

我非常不喜歡民族主義 —— 即使是猶太民族主義。但我們的民族團結是被懷有敵意的世界強加的，而不是我們對世界懷有侵略好鬥的想法。

　　給法官傑洛姆・法蘭克，1945 年 11 月 19 日。見傑榮的《愛因斯坦論以色列和錫安主義》，157。愛因斯坦檔案，35-071

造成我們猶太人是「分離的人民」的原因，並不是因為**我們**想把自己分離，而是因為我們被當作分離的人民來對待並迫害。

　　同上

團結猶太人的不只是共同的宗教，也包括政治和社會本質上的共同危險和共同問題。

　　給拉比路易斯・沃爾西，1945 年 11 月 20 日。愛因斯坦檔案，
　　35-075

在比羅比詹安置三萬名猶太戰爭孤兒，並為他們確保……快樂滿足的未來，是俄羅斯對我們猶太人的人道態度的新證明。

> 取自一份給俄羅斯境內的猶太自治區比羅比詹的聲明，1945年12月10日。引述於傑榮的《愛因斯坦論以色列和錫安主義》，158。愛因斯坦檔案，56-517

我從來就不喜歡國家，〔猶太〕國家的想法並不是根據我內心的聲音來的，我無法了解為什麼需要一個國家，它和許多困難及狹隘的想法相關，我相信它是不好的。

> 愛因斯坦回答位於華盛頓的英美調查委員會所提出的問題，這個委員會的成立是為了評估猶太移民到巴勒斯坦的可行性，以及會如何影響阿拉伯人和猶太人。1946年1月11日。愛因斯坦偏好幾個民族對巴勒斯坦擁有共同管理權，由聯合國設立，而不是一個政治國家。聽證會大部分內容轉載於羅伊和舒爾曼的《愛因斯坦論政治》，340-344。根據羅伊和舒爾曼，愛因斯坦接受猶太國家「是由於英國無法創造一個可行的政治協議，讓阿拉伯人和猶太人可以和平共存，而造成的不得不然的結果」（第38頁）。完整的記錄見於傑榮的《愛因斯坦論以色列和錫安主義》，161-175

猶太人和阿拉伯人間的困境是人為製造的，而且是英國人製造的。

> 同上。羅伊和舒爾曼的《愛因斯坦論政治》，340

如果我們有了權力，可能更糟。即使在經歷過那麼多缺乏平等的困苦之後，我們還模仿**非猶太人**愚蠢的民族主義和種族胡扯。

　　同上，346

錫安主義並沒有保護德國猶太人免於種族殲滅，但它的確給倖存者一種內在的力量，可以有尊嚴地承受崩潰，不失去健康的自我尊重。

　　給查爾斯‧阿德勒，一位反對錫安主義的猶太人，時間可能是 1946 年 1 月。引述於杜卡斯和霍夫曼的《愛因斯坦的人性面》，64。愛因斯坦檔案，56-435

除非必要，沒有翅膀的動物很謹慎地不更換居所。同理，已經建立完善的團體，必須在沒有阻礙時尋求最好的環境。

　　給漢斯‧穆薩姆，1946 年 4 月 3 日。愛因斯坦檔案，38-352

在現存的狀況下，我們年輕的科學才子經常無法取得學院中的專職，這表示如果我們維持和過去一樣的無所作為的話，我們最自豪的傳統 —— 對於生產力的欣賞 —— 將會面臨緩慢的滅絕。

　　給戴維‧利連薩爾，1946 年 7 月，關於贊同他成立布倫戴斯大學以服務猶太學生。在一年之內，他又補充應該要「不因性

別、膚色、教義、民族或政治意見而對任何人有所區分。」由
於和建校者們在 1947 年時發生某些個人問題，他在 1953 年時
拒絕接受該校的榮譽博士學位。愛因斯坦檔案，40-398、40-
432。亦見於 S. S. 施韋伯的〈阿爾伯特・愛因斯坦與布倫戴斯
大學的成立〉，未發表手稿。

我們在煽動者和吹牛者影響下，擁護巴勒斯坦不負責任和
不公義的所得……我們在模仿非猶太人愚蠢的民族主義和
種族主義。

　　給漢斯・穆薩姆，1947 年 1 月 22 日。愛因斯坦檔案，38-361

德國迫害下倖存者的困境，見證了人類道德良知弱化的程
度。今天的集會顯示，並非所有人都準備默不做聲地接受
這種恐怖。

　　取自給紐約的河濱大道紀念碑的訊息，獻給集中營受難者，
　　1947 年 10 月 19 日。愛因斯坦檔案，28-777

我也認為，近年來，我們和阿拉伯人達成兩國方案的共識
已經不再可能。過去 —— 基本上是 1918 年以降 —— 我們
忽略阿拉伯人，並一再信任英國人對他們的做法。我從未
認為猶太國家是理想的，不管是在公民上、政治上和軍事
上的理由。但現在已經沒有回頭路，〔這情況〕只能繼續
爭論下去。

　　給漢斯和米娜・穆薩姆，1948 年 9 月。愛因斯坦檔案，38-380

新國家主事者表現的智慧和中庸之道給了我信心，相信和阿拉伯人的關係，將會基於互利合作和相互尊重而逐漸建立。因為這是雙方可以達到真正自外界獨立的唯一途徑。

接受耶路撒冷希伯來大學的榮譽博士學位時的陳述，1949 年 3 月 15 日。愛因斯坦檔案，28-854，37-296

今天這所大學是活生生的存在，自由學習、教育以及愉快的學院工作之家。它在這裡，在我們同胞於艱苦之中解放的土地上；它在這裡，一個活力蓬勃社群的靈性中心，這個社群的成就總算得到名符其實的普遍承認。

同上

1921 年的錫安主義致力於建立一個民族的居所，並不是政治意義上的國家。然而，後者這個目標，卻因為需求的壓力而實現。事後再回頭討論此一發展，顯得不切實際。至於一般被稱為「正統性」的態度，我從未與它共鳴。我也不認為它在現在扮演重要角色，未來也一樣。

在與阿弗列德‧維爾納的訪談中，回覆關於他對錫安主義建立以色列為世俗國家的支持，《自由猶太教》期刊（1949 年 4-5 月），4-12

我必須非常小心，不要做出任何愚蠢的事或寫出愚蠢的書，才能符合那份卓越。我對這份榮譽感到自豪，但並不

是為我自己，而是因為我是個猶太人。當基督教教會給予一名猶太科學家榮譽，確實顯示出一種進步。

> 指的他的塑像位於紐約市河濱教堂的大門，那裡同時也有其他人類不朽領袖的塑像。同上。河濱教堂，以十三世紀法國夏特的大教堂為範本，在 1930 年完成，是跨派別的教堂。

巴勒斯坦的猶太人並不是為自己的目的而爭取政治獨立，而是為了存在於各國危險處境中的猶太人，爭取他們的自由移民；自由移民也是為了那些希望和自己的同胞生活在一起的人。說他們的奮鬥是為了犧牲，可能是歷史上獨特的例子，並非誇張。

> 取自哥倫比亞廣播公司為猶太聯合捐募協會在大西洋城的研討會所做的廣播，1949 年 11 月 27 日。見羅伊和舒爾曼的《愛因斯坦論政治》，353。愛因斯坦檔案，28-862

相較而言那不是我們自己或鄰居的錯，而是託管權力的問題，那導致我們未能達成一個不分裂的巴勒斯坦，讓猶太人和阿拉伯人能平等、自由、和平共處。如果一個民族比另一個民族強勢，如英國控制下對巴勒斯坦託管地，它就很難避免墮入惡名昭彰的權力劃分之路。

> 同上

文化生活的支持是猶太人最關心的事。如果沒有持續學習，我們無法以一個群體的身分存續至今。

取自耶路撒冷希伯來大學二十五週年的一場陳詞。引述於《紐約時報》，1950 年 5 月 11 日

除了宗教以外，猶太人是擁有共同歷史和某些傳統的一群人。他們透過共同關心的議題而結合，而這共同議題是透過外界的反對性態度，也就是所謂的偏見所製造和維持的。

給艾倫‧E‧邁爾斯，一名普林斯頓大學的學生，1950 年 10 月 20 日。（感謝邁爾斯先生將這封信寄給我。）愛因斯坦檔案，83-831

我深深受到以色列政府的邀請而感動……我一生都在處理客觀的問題，因此對於適當地處理人事和行使政府機能方面，既無天份也無經驗。由於這些原因，我無能滿足這個最高職位的職責……自從我充分意識到我們在各民族間的不安情況後，我和猶太同胞的關係已經成了我和人類之間最強烈的牽繫。

取自給以色列駐美大使阿巴‧埃班的聲明，1952 年 11 月 18 日，婉拒以色列總統的職位。愛因斯坦檔案，28-943

我也想過，如果政府或國會要做出與我良心衝突的決定，會導致困難的狀況發生；因為即使一個人對事情的發生沒有實際的影響力，仍不能免於道德責任。我也相信，如果我接受了這個光榮而誘人的職位，反而是種損害。

給《馬里夫報》的編輯阿茲里爾・卡萊巴赫，他懇求愛因斯坦重新考慮接受總統一職，1952 年 11 月 21 日。愛因斯坦檔案，41-093

一個年輕的國家要達到真正的獨立且維持獨立，必定需要一群由這個國家自己產生的知識份子和專家。

取自 1953 年 5 月 11 日希伯來大學之友餐會致詞的錄音。引述於《紐約時報》，1953 年 5 月 25 日。愛因斯坦檔案，28-987

以色列應該要選擇英文而非希伯來文做為它的語言。那樣本來會更好，但他們太狂熱了。

凡托瓦引述於〈與愛因斯坦的對話〉，1954 年 1 月 2 日

於我，猶太教和其他宗教一樣，是最幼稚的迷信體現。而猶太人，儘管我很快樂地屬於他們的一員，且他們的思考方式對我有很大的親和力，在我看來他們的許多品質與世界上所有族群沒什麼不同。在我的經驗中，他們並不比其他〔種族的〕族群好，雖然他們因為缺乏權力而免於最糟糕的疾病。除此之外，我看不出他們有什麼理由可以稱為「被神選上」的人民。

取自一封給哲學家艾立克・葛金的信，1954 年 1 月 3 日。更多內容請見「關於宗教」的章節。這張半紙手寫書信在 2008 年倫敦布魯姆斯伯里的拍賣會售出十七萬英鎊（合四十萬四千美元），創下愛因斯坦單封信件的最高記錄，是拍賣前估計價

值的二十五倍。《紐約時報》，2008 年 5 月 17 日。愛因斯坦
檔案，33-337

這些回去德國的德國猶太人真的非常糟糕。甚至連馬丁‧
布伯也去德國，還讓自己接受歌德獎〔在 1951 年獲得〕。
這些人真是自高自大。我把他們全都拒絕了且賞他們屁股
一腳。

凡托瓦的〈與愛因斯坦的對話〉，1954 年 2 月 12 日。在 2 月
23 日，《紐約時報》（第 5 頁）報導「由於希特勒德國的罪，
愛因斯坦將不會參與任何德國的公開活動」。

猶太人能夠根據自己的傳統理想來形塑公眾生活的地方，
以色列是地球上唯一一處。

取自一次希伯來大學美國之友會的致詞，位於紐澤西普林斯
頓，1954 年 9 月 19 日。愛因斯坦檔案，28-1054

我們〔以色列〕政策最重要的面向，必然是我們一直明確
存在的慾望，也就是在憲法中保障在我們之中生活的阿拉
伯公民享有完全的平等……我們對阿拉伯少數人採取的態
度，將成為我們身而為人的道德標準的真正試驗。

給茲維‧盧瑞爾，1955 年 1 月 4 日，寫於愛因斯坦過世前三
個月。愛因斯坦檔案，60-388

如果我真做了總統，有時會必須對以色列人民說他們不想

聽的話。

> 給瑪歌·愛因斯坦，關於他決定拒絕以色列總統一職的決定。
> 引述於薩恩的《愛因斯坦在美國的日子》，247

我**反對**民族主義但**贊成**錫安主義……當一個人擁有雙臂，卻總是說我有右臂，那麼他就是個沙文主義者。然而，當失去右臂時，他就必須盡一切可能來補償失去的那隻手。因此，我，做為一個人，是一個民族主義的反對者，但做為一名猶太人，我支持……猶太民族對於猶太復國的努力。

> 庫爾特·布魯門菲德引述於《猶太問題經驗：四分之一世紀的德國錫安主義》，127-128

我本來應該根據祖父的名字取名為亞伯拉罕（Abraham）。但對我父母而言那名字的猶太味道太重，因此他們用字母A把我取名為阿爾伯特（Albert）。

> 凡托瓦引述於〈與愛因斯坦的對話〉，1953年12月5日

小學的教務部門是自由主義，對宗教沒有偏見。在體育館的老師之中有少數幾位是反猶太人士。而學童之間，反猶太主義在小學特別活躍。那是基於明顯的種族特徵，以及談到宗教的課程所留下的印象。在往返學校的路上，肢體和語言的攻擊還算常見，但通常沒有那麼嚴重。然而，這

已足以在童年形成強烈的疏離感。

為了一篇反猶太主義的文章而寫給《柏林日報》的政治編輯保羅·內森，1920 年 4 月 3 日。*CPAE*, Vol. 9, Doc. 366

剛聽說在德國有些人認為我是個「猶太聖人」，現在我平靜地坐在荷蘭。在斯圖加特甚至有一張海報，把我列為最富有的猶太人。

給兒子漢斯·阿爾伯特和愛德華，1923 年 11 月 24。愛因斯坦檔案，75-627

關於中國與中國人

我想像生活在中國人之中其實是相當美好且吸引人的。我覺得自己遇上的幾個例子都十分讓人喜愛。從人的觀點來看，他們有著比例精巧的外型，看起來遠比我們高等。

給法蘭茲・拉許，他在天津教書，感到寂寞；1921 年 3 月 18 日。*CPAE*, Vol. 12, Doc. 105

至於中國年輕人，我相信他們未來必會在科學上做出重要貢獻。

取自在畫家王震（字一亭）上海家中接受宴請時的致詞，1922 年 11 月 13 日。引用於胡大年的《愛因斯坦在中國》，72

從表面上看，人們注意到的是中國人的產業、生活方式的簡省和子孫滿堂……然而在很大程度上，他們是承受負擔的民族，日復一日敲打和搬運石頭，用來換取微薄收入。他們看似過於淡漠而沒有認清自身的恐怖處境……在上海，歐洲人是主人而中國人是僕人……完全看不出他們與自己偉大知識傳統的連結。歐洲人欣賞他們好脾性的勞工，但也因此認為他們在智識上是十分低下的。

取自他的旅行日記，1922 年 12 月 31 日、1923 年 1 月 1 日。愛因斯坦檔案，29-131

關於英國、英國人與英語

如果學者更認真於自己的專業而非政治熱情，則他們的行為更會以文化而非政治因素做為準則……從這方面來說，英國人的表現比我們的同儕更要高貴得多……他們對我及相對論的態度是多麼值得讚賞！……我只能說：脫帽致敬！

給弗里茲·哈柏，1921 年 3 月 9 日。愛因斯坦覺得相對論在德國已經變成政治議題。*CPAE*, Vol. 12, Doc. 88

在英國的美妙經驗仍歷歷在目，有如做夢。這片土地和其美好的智識與政治傳統所帶給我的印象，比我預期的還要深刻、長久且重要。

給霍爾丹爵士，1921 年 6 月 21 日。*CPAE*, Vol. 12, Doc. 155

而在德國，一般來說，對我的理論的評價取決於報紙的政治傾向，英國科學家的態度證實了他們的客觀性不會受到政治觀點的混淆。

取自〈我如何成為猶太復國主義者〉，《猶太評論報》，1921年 6 月 21 日。見 *CPAE*, Vol. 7, Doc. 56

你們英國人比起所有其他人，更悉心培育與傳統的連結，且鮮活而有意識地保存了世世代代的傳承。透過這種方式，你們以具生命力又實在的方式，造就了民族精神的卓越以及人類精神的提升。

> 在牛頓兩百週年誕辰紀念時寫給英國皇家學會，1927 年 3 月。
> 轉載於《自然》199（1927），467。愛因斯坦檔案，1-058

我沒法寫英文，因為拼音充滿陷阱。我讀英文時只用聽的，記不住寫出來是什麼樣子。

> 給馬克斯・玻恩，1944 年 9 月 7 日，表達對於自己新國家的語言感到的困難，即使他熱切地想成為美國公民。收錄於玻恩的《玻恩－愛因斯坦書信集》，145。愛因斯坦檔案，8-207

關於義大利與義大利人

〔10 月〕15 日我會和兒子前往波隆那，並炫耀我那德國
酸菜式義大利文。很快就要見到但丁那些了不得的子孫
了！

> 給赫爾曼・安序茲－坎普伏，1921 年 10 月 11 日。*CPAE*, Vol.
> 12, Doc. 263

一般的義大利人⋯⋯遣詞用字和表達方式擁有高度思想和
文化內涵⋯⋯義大利北部人是我見過最文明有禮的人。

> H・柯恩引述於《猶太旁觀者》，1969 年 1 月，16

寄住在義大利那快樂的幾個月，是我最美的記憶。

> 給埃內斯塔・馬蘭哥尼，1946 年 8 月 16 日。《物理》18
> （1976），174-178。愛因斯坦檔案，57-113

關於日本與日本人

我對你到訪伯恩記憶猶新，特別因為你是我所認識的第一位日本人，也是第一位來自東亞的人。你卓越的理論知識令我驚嘆。

> 給桑木彧雄，1920 年 12 月 38 日。愛因斯坦與桑木是在 1909 年 3 月第一次見面。*CPAE*, Vol. 10, Doc. 246

獲邀前往東京令我非常高興，特別是因為我對東亞的人與文化一直感到興趣。

> 給室伏高信，1921 年 9 月 27 日，寫於 1922 年的旅程之前。*CPAE*, Vol. 12, Doc. 246

日本人比別人更愛自己的國家與同胞……而他身在異國時，也比別人更自覺是個陌生人。我已……了解到日本人面對歐洲和美國人時的害羞：在我們這些國家，教育完全著重在個人的生存競爭……家庭關係弱化，且……個人的獨立被視為生存競爭的必要結果……在日本完全不同。在這裡，一個人不像在歐洲和美國那樣被迫孤軍奮鬥。這裡的公眾輿論比在我們國家更有力，也確保家庭結構不會弱化。

《改造》5, no. 1（1923 年 1 月），339。在 1922 年 11 月到 12 月，愛因斯坦在日本旅行六週，受到熱烈的歡迎。在愛因斯坦觀察到的其他特點之外，日本人可能還因為「相對論」的日文和「愛」與「性」字很相似，所以對愛因斯坦特別好奇（見弗爾森的《愛因斯坦傳》，528）。愛因斯坦檔案，36-477.1

這些花朵般的生物：在這裡，就算是一般人的生命也必合乎詩人的語言。

對日本女性的描繪。同上

但願他們不忘保持那讓他們超前西方的偉大傳承之純粹：生活的精緻樣貌、個人需求的簡樸以及日本靈魂中的純粹性與安寧。

同上，338

日本很美妙 —— 彬彬有禮的舉止、對每件事都饒富興趣、藝術家的感性、智性上的誠實，再加上常識 —— 真是如畫土地上的美妙民族。

給莫里斯・索羅文，1923 年 5 月 20 日。發表於《愛因斯坦給索羅文的書信集》，58-59。愛因斯坦檔案，21-189

這是我第一次看到如此快樂與健康的社會，成員也都投身於其懷抱之中。

給米歇爾・貝索，1924 年 5 月 24 日。愛因斯坦檔案，7-349

日本現在就像缺了安全閥的巨大開水壺，沒有足夠的土地讓自己的人口生存發展。如果要避免可怕的衝突，勢必需要挽救這個狀況。

> 引述於《紐約時報》，1925 年 5 月 17 日，赫曼・伯恩斯坦所做的訪談。引用於內森和諾登的《愛因斯坦論和平》，75。三年後，日本人占領中國山東，開啟多年的衝突。

第三章

關於世界

關於人類

在這種時刻，一個人才會了解自己屬於一個多麼可悲的物種。我隨著我的沉思安靜前進，同時感受著憐憫和厭惡。

> 給保羅・艾倫費斯特，1914 年 8 月 19 日，在第一次世界大戰爆發前夕。*CPAE*, Vol. 8, Doc. 34

我認為，對權力最為迷戀和政治上最為極端的人，通常連親手殺一隻蒼蠅都做不到。

> 給保羅・艾倫費斯特，1917 年 6 月 3 日。*CPAE*, Vol. 8, Soc. 350

在這個愛好文化的時代，怎麼可以如此窮凶極惡地不道德？我愈來愈把對人類的慈善和愛置於所有事物之上。

> 給海因里希・桑格，1917 年 12 月 6 日。*CPAE*, Vol. 8, Doc. 403

人類嘗試為自己設想出一個簡單易懂的世界圖像，然後試著用這個宇宙取代自己經驗的世界……每個人都用這個宇宙和其構成做為自己情感生活的樞紐，以便尋求在狹窄個人經驗之渦流中無法得到的平和與安全感。

> 取自〈研究的動機〉，在馬克斯・普朗克六十歲生日時的演講，1918 年 4 月。*CPAE*, Vol. 7, Doc. 7

我相信，領薪階級努力提升收入，並結合人們對低薪者的
蔑視，對於經濟生活的健康發展是足夠強大的心理力量。

寫給一個「所有人的生存保障」社團，1918 年 12 月 12 日。
CPAE, Vol. 7, Doc. 16

老天知道我偏好焦慮的人，他們的明天受到不確定性的威
脅。

給馬克斯・玻恩，1919 年 1 月 19 日，在一張寄自瑞典的明信
片。*CPAE*, Vol. 9, Doc. 3

失敗和剝奪是最好的教育者與淨化者。

給奧古斯都・霍格伯格，1919 年 7 月 30 日。*CPAE*, Vol. 9,
Soc. 79

應記住，平均而言，人的道德品質並不隨國家而異。

給 H. A. 勞侖茲，1919 年 8 月 1 日。*CPAE*, Vol. 9, Doc. 80

不幸比成功更適合人類。

給海因里希・桑格，1919 年 12 月 24 日。*CPAE*, Vol. 9, Doc. 233

在人類文化發展上，個人的角色是不夠的；我們也必須挑
戰以國家整體為單位才能勝任的任務。

1921 年 6 月 27 日在柏林一次錫安主義運動支持者會議的致
詞，發表於《我的世界觀》（1934）。見《愛因斯坦自選集：

對於這個世界，我這樣想》，182。愛因斯坦檔案，28-010

孩子並不關心父母的生命經驗，國家忽略歷史，教訓總是必須一再學習。

警句，1923 年 10 月 12 日。愛因斯坦檔案，36-589

為什麼人們總以國籍來談論偉人？偉大的德國人、偉大的英國人？歌德總是抗議自己被稱作德國詩人。偉人就是人，並不是以國家觀點來考慮的，他們的成長環境也不應做為考量的條件。

引述於《紐約時報》，1926 年 4 月 18 日，12:4

過了某個年齡後，創造性追求所需的注意力會被閱讀分散掉太多。讀得太多但用腦太少的人，落入懶得思考的習慣，就像花太多時間看戲的人容易滿足於想像的生活，而不是過自己的日子。

取自與 G. S. 維雷克的訪談〈愛因斯坦的生命觀〉，《星期六晚間郵報》，1929 年 10 月 26 日；轉載於維雷克的《偉大心靈的窺視》，437

我看待人類像是一株有許多芽的樹。在我看來，並不是每個芽和枝條都擁有各自的靈魂。

同上，444

人就像單車。只要一直前進就可以保持平衡。

> 給兒子愛德華，1930 年 2 月 5 日。翻譯於奈佛的《愛因斯坦》，369。愛因斯坦檔案，75-590

讓我暈船的是人，而不是海。但恐怕科學還沒找到這個問題的解決方法。

> 給柏林的薛令－凱鮑姆公司，在他們寄給他一些抗暈船藥的樣本之後。1930 年 11 月 28 日。愛因斯坦檔案，48-663

享受他人的歡樂，也與他們一同受苦——這是做人最好的指南。

> 給瓦倫丁‧布加科夫，1931 年 11 月 4 日。愛因斯坦檔案，45-702

做「好事」——從道德角度而言——實際上很難達成。對我來說，懷著愛去做有創意的事，相當於做了「好事」。

> 同上

在上帝之前，我們相對地都同樣聰明——也同樣愚蠢。

> 收錄於《宇宙宗教》（1931），105。原始出處不明。

一個人真正的價值，主要是從不受小我拘束程度和感知來決定的。

約於 1932 年 6 月。轉載於《我的世界觀》，10；及《愛因斯坦自選集：對於這個世界，我這樣想》，12

當前屬於統治階級的少數人，掌握了學校和媒體，通常也包括教會。這讓它可以操作和煽動大眾的情緒，做為工具使用。

給佛洛伊德，1932 年 7 月 30 日。於《為什麼要戰爭？》5。愛因斯坦檔案，32-543

在前項分析中，每個人都是一個人，不管是美國人或德國人，不管是猶太人或非猶太人。如果可以只抱持這種有意義的觀點，我就心滿意足了。

給傑拉德・唐納休，1935 年 4 月 3 日。愛因斯坦檔案，49-502

人為生存而掙扎，乃因為他是生存在社會中的動物。小如蟻塚中螞蟻與螞蟻之間的戰鬥，為了生存仍是重要的，正如人類社會中個體的戰鬥也一樣渺小。

在紐約州立大學奧巴尼分校舉辦的美國高等教育三百週年紀念會的致詞，1936 年 10 月 15 日。收錄於《學校與社會》期刊 44（1936），589-592。以〈論教育〉為題發表於《愛因斯坦自選集：對於這個世界，我這樣想》，62。愛因斯坦檔案，29-080

一個成功的人，是從其他人身上得到許多的人，而他對其

他人的付出通常不成比例的少。然而，一個人的價值不是取決於他能夠得到多少，而是要視他的付出而定。

　　同上。

所有的宗教、藝術和科學都是同一棵樹的分枝。這些抱負都在於提升人的生命，引導個人從物質性的存在朝向自由提升。

　　〈道德的衰落〉的開場白，給基督教青年會成立紀念日的訊息，1937 年 10 月 11 日。引述於《愛因斯坦晚年文集》，16。愛因斯坦檔案，28-403

一個人喪失對正義與不公的基本反應 —— 而這基本反應是一個人長期下來能夠不至於落入野蠻的唯一保護。

　　同上

一個人看著今天的人類，會遺憾地注意到數量無法取代品質；如果數量可以取代品質，現在我們的處境會比古希臘時代還要好。

　　給露絲・諾登，1937 年 12 月 21 日。愛因斯坦檔案，86-933

共同的信念、目標與相似的興趣，會在每個社會製造出不同團體，從某方面來說會如同一個單位般運作。這些團體之間總會有摩擦，就像不同個人之間存在的反感和競

爭⋯⋯依我之見，群體中的均值性即使可能做到，也不是
我們想要的。

取自〈為什麼他們仇恨猶太人？〉《柯里爾》雜誌，1938 年
11 月 26 日

然而我知道，整體來說，人會改變但實在有限，即使當下
盛行的觀點會使他在不同情況和不同時間下看起來很不一
樣，即使目前的潮流帶給他難以想像的悲傷。史書中只會
留下悲慘的寥寥幾頁，為未來世代的年輕人簡單勾勒他們
祖先的愚蠢圖像。

取自〈命運十年〉，為克里夫頓・法迪曼的《我相信》
（1939）而寫。全文見羅伊和舒爾曼的《愛因斯坦論政治》，
312-314

古人知道我們似乎已經遺忘的事情：如果背後缺乏生命力
支持，則所有的手段都只是粗糙的工具。

取自在普林斯頓神學院的演說，1939 年 5 月 19 日。愛因斯坦
檔案，28-493

人如果像野獸會更好⋯⋯人應該要更加直覺，在做事時不
該過度意識到自己在做什麼。

取自阿爾傑農・布萊克記錄的一次對話。1940 年秋。愛因斯
坦禁止這段對話公開。愛因斯坦檔案，54-834

我們必須盡己所能，這是身為人的神聖責任。

　　同上

生理需求的滿足，的確是生存不可或缺的先決條件，但只有它是不夠的。為了感到充實，人還必須能夠根據個人特質和能力，將智性和藝術性發展到某種程度的可能性。

　　取自〈論自由〉，約 1940 年，節錄自〈論自由和科學〉，露絲・安申的《自由的意義》。見羅伊和舒爾曼的《愛因斯坦論政治》，433

只有當人能夠持續而有意識地追求外在和內在的自由，靈性的發展和完善才成為可能，也才能提升一個人的外在與內在生命。

　　同上，435

在我看來，完美的手段和模糊的目標，是我們這個時代的特色。

　　取自一次在倫敦舉辦的科學研討會的廣播錄音，1941 年 9 月28 日。愛因斯坦檔案，28-557

我必須承認，傳記作品很少吸引我或捕捉我的想像力。自傳大多源於自戀或對他人的負面感覺。而傳記作者所寫的傳記，由於作者的心理特質，比起傳記主角，通常更反映

出作者的知識和心靈本質。

取自菲利浦‧法蘭克所著的《愛因斯坦》和德文版《愛因斯坦傳》的前言。前言大約寫於 1942 年。愛因斯坦檔案，28-581

追求真理和知識是人類最高的品質之一 —— 雖然嘴上說得最大聲的人往往也是最不追求這些品質的人。

取自為了猶太聯合捐募協會在 NBC 的一次廣播，〈人類存在的目標〉，1943 年 4 月 11 日。見羅伊和舒爾曼的《愛因斯坦論政治》，322。愛因斯坦檔案，28-587

關於該做什麼、不該做什麼的感覺，就像樹一樣自生自滅，就算施肥也沒有幫助。只有在冷嘲熱諷的社會中，一個人才會樹立良好典範、擁有保持堅定道德信念的勇氣。

給馬克斯‧玻恩，1944 年 9 月 7 日。收錄於《玻恩－愛因斯坦書信集》，145。愛因斯坦檔案，8-207

我們人類通常生活在安全的幻象之中，並在安全與平和的物質與人為環境裡自在安居。然而，當日常規律遭到破壞時，我們才發現原來自己像是遇到船難的人，在無邊大海裡的殘破船板上試圖平衡，忘記我們來自何處，不知道如何繼續航行。

給失去孩子或孫子的赫爾德夫婦，1945 年 4 月 26 日。愛因斯坦檔案，56-853

人應該努力〔使個人自由〕相容於保護個人安全與提供基本經濟的需求。換句話說：首先需要的是安全的生活，然後，才是對自由需求的滿足。

取自〈在社會主義國家還有個人自由的空間嗎？〉，約 1945 年 7 月。見羅伊和舒爾曼的《愛因斯坦論政治》，436。愛因斯坦檔案，28-661

對自己的出發點不誠實的人，無法得到他人的尊敬。

取自一份聲明，《建構》雜誌 11, no. 50（1945 年 12 月 14 日），11

對於公正且意圖良善的人來說，知道自己已經盡其所能成就好事，是最令人滿足的一件事了。

〈給我歸化之國的訊息〉的結語，《佳麗雜誌》1, no. 12（1946 年 1 月），36-37。見羅伊和舒爾曼的《愛因斯坦論政治》，476；傑榮和泰勒的《愛因斯坦論種族和種族主義》，141

我們看待事物的態度，很大程度是受到童年時從環境裡無意識吸收的觀點和情感所制約。換句話說，是傳統 —— 加上繼承而來的天資和特質 —— 造就了我們的樣子……我們必須試著認知到，在我們已接受的傳統中，有什麼是對我們的命運和尊嚴有害的 —— 並據此改變我們的生活。

同上

人與生俱來的恨幾乎比愛的程度要高，而恨從不疲於利用任何可能情勢。

> 給漢斯・穆薩姆，1946 年 4 月 3 日。愛因斯坦檔案，38-352

我想我們必須保護自己免於那些帶有威脅的人，遠離那些可能刺激他們行動的事物。

> 給歐托・尤利烏斯伯格，1946 年 4 月 11 日。愛因斯坦在此指的是希特勒。愛因斯坦檔案，38-228

大自然看似盲目地讓她的創造物進行浪費的競賽，或許這其中有什麼仁慈的理由。我只能相信說服年輕人〔關於結婚生子的〕這種決定很重要，是有好處的──因為這種決定通常是在大自然讓我們處於酒醉般的感官妄想中，判斷力最差的時候做的，偏偏我們這時最需要判斷力。

> 給漢斯・穆薩姆，1946 年 6 月 4 日，關於愛因斯坦拒絕任何實質努力來「提升」人類這個種族。愛因斯坦檔案，38-356

在人類事務中有智慧地行動，只有在試圖完全了解對立者的思想、動機和憂慮，因而能透過對方的眼睛看見世界時，才有可能達成。所有意圖良善的人都應盡力提升相互的了解。

> 〈致蘇聯科學家的公開信〉，1947 年 12 月，發表於《原子科學家公報》4, no. 2（1948 年 2 月）。亦見於羅伊和舒爾曼的《愛因斯坦論政治》，393

人既是獨立的也是社會的生物；做為獨立的生物，他試圖保護自己和最親近的人的生存，滿足個人慾望，並發展他天生的能力。做為社會的生物，他尋求的是獲得人類同伴的認可和喜愛、和同伴分享喜悅、在悲傷時給予安慰，並提升生命的處境。

取自〈為什麼要社會主義？〉，《每月評論》，1949 年 5 月。見羅伊和舒爾曼的《愛因斯坦論政治》，441。愛因斯坦檔案，28-857

儘管生命短暫而脆弱，人可以在為社會奉獻中找到生命的意義。

同上，443

一個人出生到一群水牛中，如果在他命運終了之前沒有被踐踏，就該感到高興。

給康乃爾‧蘭佐斯，1952 年 7 月 9 日。愛因斯坦檔案，15-320

〔一個人〕必須學習了解人類的動機、他們的幻想以及他們的困苦，才能達成與其他個體及社會的適當關係。

取自與班哲明‧范恩的訪談，《紐約時報》，1952 年 10 月 5 日。以〈培養獨立思考的教育〉為題轉載於《愛因斯坦自選集：對於這個世界，我這樣想》，66。愛因斯坦檔案，59-666

缺乏他人想法和經驗的刺激時，一個人自己思考，頂多是

瑣碎而單調的。

> 取自發表於《新商人》雜誌 27, no. 4（1952），73 的一篇文章。愛因斯坦檔案，28-927

你勢必注意到，多數男人——以及為數不少的女人——的天性就並非一夫一妻的。在傳統和情勢對一個人產生阻撓時，這種天性會更加強而有力。

> 給歐金妮·安德曼，一位身分不明確的女性，為了她丈夫的不忠而尋求愛因斯坦的意見，1953 年 6 月 2 日。安朵·卡利歐斯提供。愛因斯坦檔案，59-097

強迫而得的忠誠，從各方面來說都是苦澀的果實。

> 同上

我們都因女性同胞的努力而得到庇護與滋養，而我們應該老實地為此付出，不要只是做那些為了自己內在滿足的事，也要做出一般認為對她們有用的事。否則，不管我們的需求多麼渺小，都會變成寄生蟲。

> 寫給一位想要把時間花在學習而非工作的男性，1953 年 7 月 28 日。愛因斯坦檔案，59-180

歷史有很大一部分……充滿對人權所做的掙扎，這是一場永無止境的掙扎，永遠無法取得最終勝利。但放棄這樣的掙扎，意味著社會的毀滅。

取自〈人權〉，在接受芝加哥十誠律師學會頒發給他的人權貢獻獎時的訊息。寫成時間在 1953 年 12 月 5 日前不久（愛因斯坦檔案，28-1012），之後翻譯並錄音，並在 1954 年 2 月 20 日的典禮上播放。見羅伊和舒爾曼的《愛因斯坦論政治》，497

人權的存在與有效性，並不是注定的。

同上

要保證從他人身上得到正面反應，最好是餵一些東西給他們的肚子，而不是大腦。

給 L. 曼納斯，一名巧克力製造商，1954 年 3 月 19 日。愛因斯坦檔案，60-401

人類多數行為的基礎，向來是恐懼或愚蠢。

給 E. 穆德，1954 年 4 月。愛因斯坦檔案，60-609

在涉及真理和正義的事務上，問題沒有大小之分；因為決定人類作為的通則是不可區分的。無論是誰，在小事上不在意真實性的人，我們也無法信任他在重要事務上的作為。

取自一則給全世界但未發表的訊息，1955 年 4 月，本是針對阿拉伯和以色列衝突的發言，愛因斯坦在完成並實際演講前過世。見羅伊和舒爾曼的《愛因斯坦論政治》，506。愛因斯坦檔案，28-1098

一個人如果從出生後就不與人接觸，他的思想和情感會維持原始而如同野獸……人之所以是他呈現出來的樣子……是由於他從搖籃到墳墓，一直身為廣大社會的一員，而影響著他物質和精神上的存在狀態。

取自〈社會和個人〉，《愛因斯坦自選集：對於這個世界，我這樣想》），13

當一個人認為自己是真理和知識的評判者時，就會因上帝的笑聲而沉船滅頂。

格言，收錄於《獻給李歐‧巴克的八十歲生日文集》（倫敦：East and West Library，1954），26。李歐‧巴克是為猶太拉比和哲學家，他在希特勒時期領導德國的猶太人社群。亦見於本書中的詩作〈辯證唯物主義的智慧〉。羅伊和舒爾曼的《愛因斯坦論政治》，457，在注記中此格言的翻譯略有不同。愛因斯坦檔案，28-962

為了要成為羊群中完美的一員，一個人首先必須要成為一隻羊。

同上

向這個人歡呼！他在生命旅程中永遠幫助他人，無所畏懼，不知何謂侵略和怨恨。這都是偉大的道德領袖具有的特質。

同上

把智慧和權力結合的嘗試很少能夠成功，就算成功，也只能維持短暫的時間。

　　同上

很少人能夠平和地表達不同於自己環境偏見的觀點，多數人甚至無法形成那樣的觀點。

　　同上

我從人類同胞身上受到過多仰慕和推崇，卻和我本身的功過無關，這實在是命運的諷刺。

　　引自〈我的信仰〉，《世紀論壇》84（1930）

只要我對他們還有用，人們就會奉承我；但當我試圖為他們反對的目標努力時，他們立刻轉為攻訐和誹謗，以保護自己的利益。

　　寫給一位不具名的和平主義者，1932 年。愛因斯坦檔案，28-
　　191

不要對我太嚴苛，每個人都必須時時在愚蠢的祭壇上獻祭，以討神祇和人類的歡心，而我已經透過我的文章徹底做到了。

　　給馬克斯·玻恩和赫蒂·玻恩，1920 年 9 月 9 日，對一篇針對他文章的評論輕描淡寫。收錄於玻恩的《玻恩－愛因斯坦書信集》，34。CPAE, Vol. 7, Doc. 45

甚至到今天，仍可以被視為一個國際化的人，而不被塞到兩個大抽屜中的一個，讓我感到愉快。

> 給 H. A. 勞侖茲，1920 年 6 月 15 日。當時的「兩個大抽屜」指的是親同盟國或親協約國的立場。*CPAE*, Vol. 10, Doc. 56

有了名氣，我變得愈來愈笨，當然這是一種非常普遍的現象。

> 給海因里希・桑格，1919 年 12 月 24 日。*CPAE*, Vol. 9, Doc. 233

從傳承來說我是猶太人，從國籍來說我是瑞士人，而從性情來說我是個人類，而且就是個人類，對所有國家之類的主體沒有任何特殊情感。

> 給阿道夫・克奈瑟，1918 年 6 月 7 日。*CPAE*, Vol. 8, Doc. 560

我已了解到人類一切關係的易變性，並學會讓自己對熱和冷都絕緣，因此大致上可以保持溫度平衡。

> 給海因里希・桑格，1917 年 3 月 10 日。*CPAE*, Vol. 8, Doc. 309

活過這個「偉大的紀元」，一個人很難安於這個事實：自己屬於一個瘋狂、退化、還誇口擁有自由意志的物種。我多麼希望某處有一個島嶼，只住著有智慧而善心的人！在那樣的地方，即使是我也會變成熱忱的愛國志士！

> 寫給保羅・艾倫費斯特，1914 年 12 月初。*CPAE*, Vol. 8, Doc. 39

關於和平主義、去武裝化
與世界政府

　　愛因斯坦從年輕時便是和平主義者，直到 1933 年希特勒迫使他處理這個議題。從 1933 年到 1945 年，他看到軍事行動在某些狀況下有其必要，尤其覺得對於抵抗德國侵略者，那些「無動於衷的國家」的軍事力量是必要的（弗爾森，《愛因斯坦傳》，676）。然而，整體而言，他相信為了保護人類文明和個人自由，能夠控制武器的「超國家」世界政府是必要的。從 1945 年到他過世的 1955 年，他公開贊同世界政府是道德上的必要存在。

與德國政治結構親近，對身為和平主義者的我而言是不自然的。

　　給弗里茲・哈柏，1921 年 3 月 9 日。*CPAE*, Vol. 12, Doc. 87

珍視文化價值的人，不可能不是個和平主義者。

　　取自愛因斯坦在《和平運動》中的文章。庫爾特・連茨和沃爾特・費邊編（1922）。引用於內森和諾登的《愛因斯坦論和平》，55

在歷史領域具代表性的多數人,在培育和平主義上確實沒做什麼。許多代表者……公開做出駭人的強烈沙文主義和軍事發言……這在自然科學的情況則十分不同。

> 取自《和平運動》,同上

由於他們的學科具有普遍性,也需要跨國性合作,〔科學家〕傾向國際了解,因此,也偏向和平主義的目標。

> 同上

科學帶來的科技將經濟做了國際串聯,而這使得任何戰爭都具有國際重要性。在動盪多到某種程度後,這種情況終會為眾人所察覺,屆時人類也將會撥出精力與善意,來創建能夠終結戰爭的組織機構。

> 同上

我希望 (1) 明年將帶來最大規模海上和陸上裁軍的國際合約;(2) 國際戰爭債務可以找到解決方法,讓歐洲國家可以不用典當他們在海外的財產而償還債務;(3) 可以與蘇聯達成實際的協議,讓這片土地可從外在壓力釋放,並且不拖累內部發展。

> 取自一份 1928 年 12 月 31 日發表於《芝加哥日報》的聲明,因為記者艾德加‧莫勒問到他對新年的新希望。烏里爾‧戈爾尼和米歇爾‧澤德克提供。愛因斯坦檔案,47-670

一個人只要準備在當權者的命令下參與系統性的謀殺，或允許自己以任何方式為戰爭或備戰而服務，他就沒有資格稱自己為基督徒或猶太人。

> 取自一份為〈和平之書〉所做的聲明，1928 年。內森和諾登引用於《愛因斯坦論和平》。愛因斯坦檔案，28-054

我絕對拒絕對戰爭提供任何直接或間接的服務，而我同樣也會試圖說服我的朋友，無論導致戰爭的理由為何。

> 為了發表在《真相》（布拉格，1929），寫於 1929 年 2 月 23 日。亦收錄於內森和諾登的《愛因斯坦論和平》。愛因斯坦檔案，48-648

我的和平主義是一種本能感覺，這種感覺占據我心，因為謀害人類令人作嘔。我的態度並不是從任何知識理論衍伸而來，而是因為我對所有殘酷與仇恨都有最深的反感。

> 給《基督教世紀》的編輯保羅·哈欽森，1929 年 7 月。一份訪談發表於《基督教世紀》，1929 年 8 月 28 日。引用於內森和諾登的《愛因斯坦論和平》，98

對於政府強制執行的兵役和戰爭，不管在私下或公開場合，我都毫不掩飾我的憤慨。我認為，以所有可能的方式對抗此種對個人的野蠻奴役，是良知的本分。

> 取自一份給丹麥報紙《政策》的聲明，1930 年 8 月 5 日。轉載於內森和諾登的《愛因斯坦論和平》，129。愛因斯坦檔案，48-036

當一群為了和平主義理想而結合的人在一起召開會議時，他們總是只與自己同類的人協調。他們像是擠在一起的羊群，而野狼在外等待……羊的聲音傳不出自己的圈子之外，因此沒有效果。

> 取自〈百分之二〉，是為「新歷史學會」在紐約進行的演講，該會是和平主義的巴哈伊信仰的分支，1930 年 12 月 14 日。取自羅西卡‧史威默所做的筆記。見羅伊和舒爾曼的《愛因斯坦論政治》，240。愛因斯坦檔案，48-479

在我們目前的軍事義務系統之下，每個人都被迫犯罪 —— 為自己的國家而殺人之罪。所有和平主義者的目標必定是說服他人戰爭的不道德，並使世界不再有兵役的可恥奴役。

> 同上

必須服兵役的人之中，即使只有百分之二宣稱自己是戰爭的反抗者，並堅持「我們不會去打仗，我們需要其他解決國際紛爭的方法」，政府便無能為力 —— 他們無法把那麼多人關進監獄。

> 同上，241

喜歡列隊行進、隨著進行曲節奏左右轉的人，我連鄙視都不屑。命令之下的英雄、毫無道理的暴力，糟糕透頂的誇

張愛國主義——我對此的厭惡真是多麼強烈！戰爭既低級又卑劣，我寧可被切碎也不願參與這種作為。

> 取自〈我的信仰〉，《世紀論壇》84（1930），193-194。不同地方有不同翻譯版本，包括本書過去版本。轉載於羅伊和舒爾曼的《愛因斯坦論政治》，229

我相信，只有當人類開始以國際規模組織起來，並以一個組織的地位拒絕從軍或加入戰爭時，才能達成〔關於廢除戰爭的〕重要進展。

> 取自《青年論壇》的一份聲明，1931 年 4 月 17 日。愛因斯坦檔案，47-165

我們很少人還堅持認為戰爭形式的暴力行為是有用或是值得人類用來解決國際問題的方法。但這種傾向與我們避免戰爭這種未開化時代野蠻又不值的遺俗所做的努力程度還不夠一致。

> 取自〈美國與 1932 年裁軍會議〉，1931 年 6 月。根據內森和諾登的《愛因斯坦論和平》，658，可能是 1932 年 1 月 18 日於加州惠特學院的演講。轉載於羅伊和舒爾曼的《愛因斯坦論政治》，248。愛因斯坦檔案，28-152

抵制戰爭有兩種方法：合法的方法和革命的方法。合法方法包括提供替代服務，而且所有人皆可行使這種權利，不是少數人的特權。革命觀點則牽涉不妥協的抵抗，目的是

在和平時期破壞軍國主義者的權力，或在戰爭時期破壞國家的資源。

> 取自一份聲明，由芬納・布羅克威在 1931 年 5 月與愛因斯坦會面之後，為 1931 年 7 月的《新世界》所做的錄音，愛因斯坦檔案，47-742

我呼籲所有男女，不論身分高低，都聲明自己拒絕再對戰爭或戰爭的準備提供任何協助。

> 取自一份給法國里昂的國際反戰組織的聲明，1931 年 8 月。法蘭克引用於《愛因斯坦傳》，158；亦引用於《紐約時報》，1931 年 8 月 2 日

任何真正希望廢除戰爭的人，必須堅決聲明贊成自己的國家把一部分主權交付給國際機構；如果有紛爭時，他必須準備讓自己的國家願意順從國際法庭的裁決。他必須……完全支持裁軍。

> 同上。愛因斯坦在一封給佛洛伊德的信中，用了幾乎相同的字句，1932 年 7 月 30 日（愛因斯坦檔案，32-543, 545, 546）。他在第二次世界大戰後回歸世界政府這個主題。

國家為人而存在，而不是人為了國家而存在……我相信國家最重要的任務是保護個人，讓他能夠發展出創造性人格。國家應是我們的僕人；我們不應是國家的奴隸。當國家強迫我們服兵役時，就是違反了這個戒律。

取自〈追求和平〉，發表於《紐約時報雜誌》，1931 年 11 月
22 日。轉載於羅伊和舒爾曼的《愛因斯坦論政治》，253。（在
過去的《愛因斯坦語錄》中，我用了不太一樣的版本，且引用
了《愛因斯坦自選集：對於這個世界，我這樣想》中錯誤的參
考來源。）愛因斯坦檔案，28-175

基於道德理由拒絕服兵役，可能使一個人遭到嚴重懲罰；
和過去的宗教殉難者受到的迫害比起來，這種懲罰對一個
社會而言，難道不是同樣可恥嗎？

同上，255

我不僅是和平主義者，還是個好戰的和平主義者。我願意
為了和平而戰……對一個人來說，比起為他不相信的戰爭
而死，為了堅信的和平而死不是更好嗎？

取自 1931 年與 G. S. 維雷克的訪談，發表於與其他文字一同
集結的小冊《對抗戰爭的戰鬥》，阿弗列德・列夫編（紐約：
John Day，1933）。引用於內森和諾登的《愛因斯坦論和
平》，125-126

和平無法以武力維持，只能透過了解而達成。除非抹除每
一名男女和兒童，你無法用武力征服一個國家。除非你想
動用這種極端手段，否則就應該找出不用軍事力量解決紛
爭的方法。

取自〈和平主義評注〉，收錄於《宇宙宗教》（1931），67。
有可能是重新敘述而非原文。原始來源未明。

我一如以往，是熱忱的和平主義者。但我相信，只有在好
鬥的獨裁者對民主國家的軍事威脅消失之後，才能再次在
歐洲提倡反兵役這個手段。

> 給拉比菲利浦·伯恩斯坦，1934 年 4 月 5 日。於內森和諾登
> 的《愛因斯坦論和平》，250。愛因斯坦檔案，49-276

只有當我們徹底廢除義務兵役後，才有可能教育年輕一代
和解的精神、生命的喜悅以及對所有生物的愛。

> 取自〈致和平之友的三封信〉，發表於《我的世界觀》
> （1934）；轉載於《愛因斯坦自選集：對於這個世界，我這樣
> 想》，109

武裝起來，是把一個人的聲音和行動交給戰爭，而不是和
平。因此，人不會逐步解除軍備，而是一口氣裁軍或根本
不裁軍。

> 取自〈裁軍問題〉，發表處同上；以稍微不同的翻譯收錄於
> 《愛因斯坦自選集：對於這個世界，我這樣想》），102-103。
> 取自羅伊和舒爾曼的《愛因斯坦論政治》，22。愛因斯坦檔
> 案，28-180

我堅定支持這個原則：和平主義問題的真正解答，只能由
超越國家的法庭仲裁而達成，這個法庭和現有的日內瓦國
際聯盟不同，能夠運用本身擁有的執法工具。簡言之，這
是一個擁有常備軍力 —— 更好的說法是警力 —— 的國際法
院。

取自〈對和平主義的重新審視〉，《政體》3, no. 1（1935 年
1 月），4-5。轉載於羅伊和舒爾曼的《愛因斯坦論政治》，
284-286。愛因斯坦檔案，28-296

和平主義在某些狀況下自我擊敗，就如同今天的德國……
我們必須與人民一起形成一種可以禁絕戰爭的公眾意識：
(1) 形成超主權的想法……(2) 正視導致戰爭的經濟因素。

取自與羅伯特・M・巴特利特的訪談，《全景透視》雜誌 24
（1935 年 8 月），384, 413。轉載於內森和諾登的《愛因斯坦
論和平》，260

如果我們這個星球上的情勢終將變得令人難以忍受，我相
信國際政治組織不但可能，也絕對必要。

取自一份草稿，約 1940 年。見卡勒的簽名目錄〈猶太人的前
瞻者〉，35

在二〇年代，獨裁專制尚未存在時，我支持拒絕參戰可以
癱瘓戰爭。但就在某些國家出現高壓統治後，我感到那會
使較不具侵略性的國家在面對強勢國家時，變得更為弱
勢。

取自一次訪談，《紐約時報》，1941 年 12 月 30 日。愛因斯
坦檔案，29-096

要拯救文明甚至人類，最好的方法是創立世界政府，使各

國的安全可以奠基於法律之上。只要主權國家還有各自獨立的軍備和軍備祕密，就無法避免新的世界大戰。

取自一次媒體訪談，《紐約時報》，1945 年 9 月 15 日

以當前工業化和經濟相互依賴的程度，很難想像我們不靠實質的超政府組織來處理國際關係，就可以達成和平。如果要避免戰爭，任何不夠全面的解決方法，在我看來都是虛幻的。

給歐本海默，1945 年 9 月 29 日。愛因斯坦檔案，57-294

原子彈的祕密應該交付給世界政府，且美國應立即宣布自己已準備好要這樣做。這樣的世界政府應該由美國、蘇聯和英國建立，也就是擁有最大軍事力量的世界三大權力。這三者應該把他們所有軍事資源都交付給這個世界政府。事實上，僅有三個國家擁有強大軍事力量，應該讓建立世界政府的情況較為單純，而非更複雜。

給雷蒙・斯文，《大西洋月刊》176, no. 5（1945 年 11 月），43-45

處理國際事務上的每件事，都應從以下觀點出發：這會幫助或阻礙世界政府的建立？

取自與 P・A・席爾普和 F・帕爾梅里一次廣播訪談的文字，1946 年 5 月 29 日。亦見於內森和諾登的《愛因斯坦論和平》，382。愛因斯坦檔案，29-105

必須要建立一個能夠透過司法裁決來解決國際紛爭的世界政府……這個政府必須基植於各國政府認可的清晰憲法，而且也是唯一可以部署攻擊性武器的政府。

> 取自為芝加哥「支持世界政府聯邦學生遊行」而做的廣播，1946 年 5 月 29 日。見《紐約時報》，1946 年 5 月 30 日。引用於派斯的《愛因斯坦當年寓此》，232。愛因斯坦檔案，28-694

我提倡世界政府，因為我相信若要消除人類身陷的最大危險，沒有其他可能的方法。避免完全毀滅應要比所有其他目標更為優先。

> 取自〈致蘇聯科學家的公開信〉，《原子科學家公報》，1948 年 2 月。亦見於《愛因斯坦自選集：對於這個世界，我這樣想》，140-146。愛因斯坦檔案，28-795

通往和平與安全的道路只有一條：超國家機構。單方面的各國裁軍只會加強不確定性和不安，而缺乏有效的保護。

> 取自在紐約卡內基廳接受「一個世界獎」時的致詞，1948 年 4 月 27 日。收錄於《愛因斯坦晚年文集》；轉載於《愛因斯坦自選集：對於這個世界，我這樣想》，147

如果世界政府的想法不切實際，那麼我們的未來只剩一個實際景象：由人類一手毀滅全體人類。

> 取自對電影《你要躲哪裡？》的評論，1948 年 5 月。愛因斯坦檔案，28-817

只有建立起基植於法律的超國家系統，以消除殘暴武力，人類才能得救。

> 取自《影響》1（1950）的一份聲明，104。愛因斯坦檔案，28-882

我相信，用超國家組織取得和平時產生的問題，只有以更大規模使用甘地的方法才能解決。

> 給格哈德·內爾豪斯，1951年3月20日。愛因斯坦檔案，60-684

一個有良知的反對者是一名革命者。在決定不遵從法律時，他是為了把整個社會的提升視為最重要目標，而犧牲個人利益。

> 同上

我的觀點與甘地幾乎相同。但若有人意圖殺害或奪去我和同胞賴以生存的基本條件，我會──不管是獨自或與他人一起──以武力來抵抗。

> 給A·莫里塞特，1952年3月21日。愛因斯坦檔案，60-595

只有透過超國家機構，和平主義的目標才成為可能。無條件支持這個目標⋯⋯是真正的和平主義的條件。

> 同上

我相信，比起一般的殺人，在戰爭中殺人沒有比較高尚。

> 給日本雜誌《改造》的編輯，1952 年 9 月 20 日。羅伊和舒爾曼的《愛因斯坦論政治》，488。愛因斯坦檔案，60-039

關於原子彈的製造，我只參與一件事：我簽署了一封給羅斯福總統的信，強調對於原子彈製造的可行性，有必要進行大規模的實驗……我覺得必須寫這封信，因為看起來德國可能在處理同樣的問題，而且有可能成功。我不得不採取這一步，儘管我一直是堅定的和平主義者。

> 同上

一個國家製造愈多軍武，就變得愈不安全：如果你有武器，就會成為被攻擊的目標。

> 取自一次與 A・亞蘭的訪談，1953 年 1 月 3 日。愛因斯坦檔案，59-109

在我給《改造》的信裡，我沒說我是「絕對的」和平主義者，但我一直是「堅定的」和平主義者。而儘管我是堅定的和平主義者，也有一些情況讓我相信使用武力是適當的——也就是面對一個無論如何要毀滅我和我的同胞的敵人時。

> 給日本和平主義者篠原正瑛，1953 年 2 月 22 日。篠原正瑛認為甘地如果處於愛因斯坦的立場，不會寫信給羅斯福總統，並

不接受愛因斯坦在《改造》的論點，這促使愛因斯坦加以回覆。見羅伊和舒爾曼的《愛因斯坦論政治》，490。愛因斯坦檔案，61-295

我是「堅定的」但不是「絕對的」和平主義者；這意味著我反對在任何狀況下使用武力，除非我面對的敵人是以毀滅生命為目的。

給篠原正瑛，1953 年 6 月 23 日。見羅伊和舒爾曼的《愛因斯坦論政治》，491。愛因斯坦檔案，61-297

當合理解決困境的可能性存在時，無論如何，我贊同真誠的合作，如果當前情勢不允許時，我贊同以甘地的非暴力不合作來面對邪惡。

給約翰・摩爾，1953 年 11 月 9 日。引用於內森和諾登的《愛因斯坦論和平》，596。愛因斯坦檔案，60-584

我一直以來都是和平主義者，也就是説，我拒絕認可用殘暴武力做為解決國際衝突的手段。儘管如此，在我看來，無條件遵從這個原則是不合理的。如果懷有敵意的力量威脅要大規模毀滅自己的群體，就無法固守這個原則。

給 H・赫伯特・福克斯，1954 年 5 月 18 日。愛因斯坦檔案，59-727

關於和平、戰爭、原子彈與軍事

今天肆虐的鬥爭可能不會產生任何勝利者……因此，所有國家的知識份子應發揮他們的影響力，讓和平條款不會成為未來戰爭的來源，這不只合乎道德，也絕對必要。

> 取自〈給歐洲人的宣言〉，由喬治·尼可萊、威廉·福爾斯特和愛因斯坦在 1914 年 10 月中共同擬定，對德國在第一次世界大戰初期行為的正當性提出質疑。*CPAE*, Vol. 6, Doc. 8

甚至不同地區的學者也表現得像是大腦被摘除了一樣。

> 給羅曼·羅蘭，1915 年 3 月 22 日，在第一次世界大戰爆發之前。羅蘭是當時重要的和平主義者。*CPAE*, Vol. 8, Doc. 65

在我看來，戰爭的心理根源，是雄性生物的侵略天性……有些動物——公牛和公雞——在這方面超越我們。

> 取自〈我對戰爭的看法〉，為柏林歌德協會所作，1915 年 10-11 月。*CPAE*, Vol. 6, Doc. 20。三十一年後，愛因斯坦在 1946 年 6 月一場與人類學家艾胥雷·蒙塔古的訪談中重申這個觀點，主張兒童的頑皮和父母的責打——一種「家庭暴力」——是先天的本能反應，也是國際間暴力侵略的具體而微之例。愛因斯坦基本上同意佛洛伊德的結論，但蒙塔古反對，並試圖說服愛因斯坦，人類生性墮落的教條並不完備。見蒙塔古

的文章〈與愛因斯坦的對話〉，收錄於《科學文摘》，1985
年7月。愛因斯坦檔案，29-002

戰爭前存在的國際主義，即1914年之前，文化的國際主
義、工商業的世界主義、對各種想法的寬容 —— 這樣的國
際主義在本質上是正確的。直到此種國際主義重建之前，
地球上不會有和平，戰爭造成的傷口不會癒合。

取自《紐約晚報》的訪談，1921年3月26日。見羅伊和舒爾
曼，《愛因斯坦論政治》，89

儘管有這麼多希望和幻想，戰爭的可能永遠存在。這個世
界似乎並不畏懼戰爭中最極端且災難性的非人道與殘殺作
為。

取自與奧爾多・索拉尼的訪談，《訊使報》，1921年10月26
日。*CPAE*, Vol. 12, Appendix G

我認為能對和平做出最大貢獻的，可以是媒體，〔它〕太
常助長戰爭，或幫助挑動政治不安。如果各國媒體能夠在
和平的遠景下團結起來，則不管是對於我們理想中的和
諧、手足情誼，或是遍及世界的物資共享，都可以邁出踏
實的一步。

同上

每個國家的人民都會堅稱自己的民族是侵略下的受害者，而且深信不疑……你不能為了戰爭而教育一個民族，同時又要他們相信戰爭是可恥的罪惡。

　　給雅克・哈達馬，1929 年 9 月 24 日。愛因斯坦檔案，12-025

我承認，一個放下自我防禦的國家會招致非常大的風險。然而，這個風險是以整個社會為單位來接受的，而且對人類進步有益。沒有犧牲，不可能有真正的進步……只要各個民族仍系統性地為戰爭、恐懼、不信任和自私野心做準備，就會再度導致戰爭。

　　同上

發動戰爭同時意味著殺害無辜的人，以及放任無辜的人被殺……任何正直且自重的人怎麼能夠參與這種悲劇性的情事？如果你的政府要求，你會做偽證嗎？當然不會。那麼，殺害無辜的人，更是何等差勁？

　　同上

只要軍隊存在，任何嚴重衝突都會導致戰爭。一個不主動對抗各國軍備的和平主義者，現在不會從軍，以後也不會。

　　取自〈積極的和平主義〉，1931 年 8 月 8 日，為一次在比利時迪克斯木德的和平示威所寫，是第一次世界大戰的比利時戰

222

場。發表於《我的世界觀》（1934），55；轉載於《愛因斯坦自選集：對於這個世界，我這樣想》，111

但願人類的良知和常識甦醒，因而能夠進入民族生命歷程的新階段，屆時，當人們回顧戰爭，會視之為老祖宗難以理解的怪異事件！

　　同上

戰爭並不是在客廳裡玩的遊戲，參與者不會嚴守遊戲規則。在攸關生死之時，規則和義務都會失效，只有斷然拒絕所有戰爭才有作用。

　　取自一場對美國加州大學生的演講，1932 年 2 月 27 日。在《愛因斯坦自選集：對於這個世界，我這樣想》英文版 93 頁的出處引用有誤。發表於《紐約時報》1932 年 2 月 28 日。愛因斯坦檔案，28-187

道德性的裁軍，就像整個和平問題，困難之處在於當權者不願交出自己國家的任何主權，但若要終止戰爭，別無他法。

　　取自日內瓦裁軍研討會的記者會，1932 年 5 月 23 日。見羅伊和舒爾曼的《愛因斯坦論政治》，他們採用的這個版本來自內森和諾登的德文版《愛因斯坦論和平》，或英文版的 168-169 頁。內森和諾登說明：有另一個由國際反戰組織為研討會紀錄的版本，但愛因斯坦對其做了修改，因為內容有所誤解。他們

表示「愛因斯坦本人的版本」（愛因斯坦檔案，72-559）是他們英譯版的基礎。

我堅信我們應竭盡所能，使抵抗戰爭運動更為強而有力。它具有至高的道德重要性……〔它〕激發個人的勇氣，鍛鍊人類的良知，並動搖軍事系統的威權根基。

　　同上

這不是喜劇，這是一場悲劇……儘管存在著帽子、鐘聲和可笑之事。沒有人有權輕鬆對待這場悲劇，或在該悲泣時卻笑出來。我們所有人都應站到屋頂上，譴責這場會議的荒唐！

　　取自康拉德・貝爾科維奇所做的訪談，發生於前述記者會之前。發表於次年的《畫報評論》，1933 年 2 月；引述於克拉克的《愛因斯坦：生平紀事》，372。克拉克說明「沒有人會主張這精確紀錄了……愛因斯坦所說的話。但從所有可得的證據看來，可以算是反映他激動的……態度。」

我們必須……盡一切所能阻斷戰爭的資源：彈藥工廠。

　　同上，373

問題在這裡：有無任何方法，可以讓人類從戰爭的威脅中走出來？眾所皆知，隨著現代科學進步，這個問題攸關我們所知人類文明的存亡；然而，解決問題的熱忱雖看似存

在，但每次嘗試都以可悲的失敗告終。

給佛洛伊德，1932 年 7 月 30 日。國際聯盟將此文連同佛洛伊德的回覆《為什麼要戰爭？》一同出版。亦引用於內森和諾登的《愛因斯坦論和平》，188。愛因斯坦檔案，32-543

任何想要廢除戰爭的人都必須決斷地宣告，他願意自己的國家將一部分主權交付給國際機構。

取自〈美國與 1932 年裁軍會議〉。發表於《我的世界觀》，63；轉載於《愛因斯坦自選集：對於這個世界，我這樣想》，101

義務兵役是不健康民族主義的溫床，應該要廢除；最重要的是，應以國際力量來保護有良知的反對者。

取自〈1932 年裁軍會議〉，《愛因斯坦自選集：對於這個世界，我這樣想》，98。《國家雜誌》Vol. 133，300 有不同版本

在我看來，義務役是今日文明人類所患最可恥的個人尊嚴失能症。

取自〈社會和個人〉，1932 年。發表於《我的世界觀》（1934）；轉載於《愛因斯坦自選集：對於這個世界，我這樣想》，15

在各個國家之中，與武器生產相關的強大工業集團正竭盡所能避免國際紛爭得到和平解決；統理者若要達成和平的

重要目標，就必須確定自己得到多數人民的全力支持。在這個民主政治時代，國家的命運牽繫於人民本身，每個人都必須對此謹記在心。

取自〈和平〉，1932 年。發表於《我的世界觀》（1934）；轉載於《愛因斯坦自選集：對於這個世界，我這樣想》106

無疑的，當前的經濟困境將促成某些法律，導致勞力的供需以及生產和消費都要透過政府控制來調整。但這些問題也必須由具有充分權利的人民來解決。

同上

當許多擁有偉大文化的小國正被摧毀時，如果蔑視正義而袖手旁觀，實在不夠資格稱為強盛的國家。

取自一次在紐約麥迪遜廣場花園舉行的和平集會的訊息，1938 年 4 月 5 日。引用於內森和諾登的《愛因斯坦論和平》，279。愛因斯坦檔案，28-424

我透過手稿形式接觸到 E・費米和 L・史濟拉某些最近的研究，這讓我預期鈾元素可能很快就要成為一種重要的新能量來源。從某些面向來說，這個情況值得注意，而且如果必要，也值得政府立即採取行動。

愛因斯坦致羅斯福總統的一封著名信件的第一段，此信內容是關於他擔心德國建造原子彈的可能，1939 年 8 月 2 日。這封

信在網路上很容易找到。對此事的後續發展，愛因斯坦未獲其他私人通訊，且由於沒有通過安全檢查，他也沒有參與美國研發原子彈的曼哈頓計劃，不過他確實曾為其他較小的軍事項目提供諮詢。愛因斯坦檔案，33-088

有組織的力量只能由有組織的力量來反制，雖然我對此甚感懊惱，卻也別無他法。

給一名和平主義學生 R·福爾克斯，1941 年 7 月 14 日。愛因斯坦檔案，55-100

史濟拉博士受限於祕密條款，不能透露他目前工作的消息給我；然而我知道的是，對於從事這項工作的科學家和您制定政策的內閣之間缺乏適當接觸，他現在大為擔憂。在此情況之下，我認為將史濟拉博士介紹予您是我的責任，我也在此表達我的希望，您將能夠對他提出的情況給予您個人的關切。

愛因斯坦在擔憂原子能的控制與對政策的可能影響之後，寫給羅斯福總統的信，1945 年 3 月 25 日。羅斯福在 4 月 12 日過世，未能讀到此信。愛因斯坦檔案，33-109

我沒做任何〔原子彈的〕研究，完全沒有。我對原子彈的關心和所有人一樣，或許只再多了一點興趣。

取自一次與理查·J·路易斯的訪談，《紐約時報》，1945 年 8 月 12 日

親愛的阿爾伯特！我的科學研究和原子彈只有非常少許的間接關聯。

> 取自給兒子漢斯·阿爾伯特一封確認可以放心的信，1945 年 9 月 2 日。翻譯於奈佛的《愛因斯坦》，388。愛因斯坦檔案，75-790

只要各個國家仍要求無限制的主權，我們無疑都要面對更嚴重的戰爭，用更強大的高科技武器來戰鬥。

> 給羅伯特·哈欽森，1945 年 9 月 10 日。引用於內森和諾登的《愛因斯坦論和平》，337。愛因斯坦檔案，56-894

原子能的釋放沒有製造新的問題，它只是讓解決既有問題的必要性變得更為急迫。你可以說它對我們的影響不在於質，而在於量。

> 取自〈愛因斯坦論原子彈〉第一部分，這是愛因斯坦告訴雷蒙·斯文的內容，《大西洋月刊》176，no. 5（1945 年 11 月），43-45。見羅伊和舒爾曼的《愛因斯坦論政治》，373-378

我不相信用原子彈打仗會讓文明徹底毀滅。或許地球會喪失三分之二的人口，但有能力思索的人和書本的倖存數量，將足夠讓人類重新開始，文明也會再次復甦。

> 同上

原子彈的祕密應交予世界政府……我會擔心世界政府的獨裁嗎？當然。但我更擔心會有再一次的大戰甚至更多戰爭。無論什麼政府，一定都有某種程度的邪惡；但比起更邪惡的戰爭，世界政府仍是比較好的。

　　同上

我並不認為自己是原子能釋放之父，我牽涉到的部分相當間接。事實上，我沒想到這件事會在我有生之年發生，我本來相信那只是理論上可能；它的實現是因為一個連鎖反應的意外發現，而這不是我當初能夠預測的。

　　同上

贏得戰爭，卻沒有贏得和平。在戰爭中結盟的強大勢力，現在在和平協調中分裂。

　　取自於紐約舉行的第五屆諾貝爾週年晚宴的致詞，1945 年 12 月 10 日。見羅伊和舒爾曼的《愛因斯坦論政治》，382。愛因斯坦檔案，28-722

很多人詢問我最近的一段話：「如果人類要繼續存活並提升到更高層次，就必須要有新型態的思考方式。」……過去的思考和做法並沒有避免世界大戰，未來的思考必須預防戰爭。

　　同上，383。這是受到最多人詢問的愛因斯坦語錄之一。

過去的年代，一個民族的生活與文化可以透過國際軍備競爭而獲得某種程度的保護。今天我們必須拋棄競爭，確保合作。

　　同上

槍彈可以殺人，但原子彈可以殺掉城市；坦克可以擋住子彈，但對於足以摧毀文明的武器，科學無能抵擋……我們的抵擋方法，在於法律和秩序。

　　同上，384

原子彈釋放的力量改變了一切，但唯一沒變的是我們的思考方式，也因此我們正朝向無可比擬的災難而去。

　　取自為「原子能科學家緊急委員會」所寫的信，1946 年 5 月
　　23 日。引述於內森和諾登的《愛因斯坦論和平》，376。愛因
　　斯坦檔案，88-539

科學帶來這項危險，但真正的問題存在於人的腦和心中。要改變他人的心，我們無法透過機械，只能透過自我改變並敢於發言……只有當我們的心與腦都清晰時，才會找到勇氣，超越籠罩著世界的恐懼。

　　談論核子武器。取自與麥可・艾姆林的訪談〈真正的問題在於
　　人心〉，《紐約時報雜誌》，1946 年 6 月 23 日。見羅伊和舒
　　爾曼的《愛因斯坦論政治》，387-388

對所有真正從事基礎研究的科學家來說……對軍事議題不合作，是必備的操守。

> 回覆海外通訊社提出的問題，1947 年 1 月 20 日。引用於內森和諾登的《愛因斯坦論和平》，401。愛因斯坦檔案，28-733

我們的世代因為釋放了原子能，把人類發現火以來最具革命性的力量帶到這個世界上。

> 取自一封支持原子能科學家緊急委員會的信，1947 年 1 月 22 日。有許多類似的信在不同日期發出。愛因斯坦檔案，40-010

我們科學家明白自己責無旁貸，應把原子能的事實和對社會的影響告知人類同胞，我們的安全和希望都維繫於此。

> 同上

如果我早知道德國無法成功製作原子彈，我連一根指頭都不會動。

> 給《新聞週刊》，1947 年 3 月 10 日，論及他寄給羅斯福總統關於原子彈建造的新可能性之事。據說，愛因斯坦認為即使沒有他的介入，核能發展還是一樣會進行。

透過原子能的釋放，我們的世代把史前人類發現了火以來最為革命性的力量帶到這個世界。

取自一封支持原子能科學家緊急委員會的信，1947 年 3 月 22
日。愛因斯坦檔案，40-010

〔這些軍武〕傾向……對美國而言是種新事物。這類傾向
來自兩次世界大戰的影響，以及隨之而來為了軍事目標而
集中所有武力之下。軍武優先的心態發展，再加上迅速戰
勝，讓這種心態變得更為強烈。這種心態的特徵，是人們
把伯特蘭・羅素非常恰當地稱之為「赤裸裸的權力」的重
要性，放在其他影響人類關係的因子之上。

取自〈軍武心態〉一文，《美國學者》16, no. 3（1947 年夏
季），353-354。轉載於羅伊和舒爾曼的《愛因斯坦論政治》，
477-479

軍武心態的特徵，是把非人的因子 —— 原子彈、戰略基
地、各種武器、原料的取得等 —— 視為至關重要，而把人
的需求和想法 —— 簡而言之就是心理因子 —— 視為其次而
無關緊要……人被降級……成為「人類原料」。

同上

轟炸民眾中心，始於德國，日本效仿。對此，同盟國仁慈
回應 —— 結果作用更為遠大 —— 他們這樣的做法在道德上
是合理的。

取自〈愛因斯坦論原子彈〉第二部分，雷蒙・斯文記錄的訪
談，《大西洋月刊》，1947 年 11 月

儲存炸彈唯一的目的應在於威懾⋯⋯囤積原子彈卻不保證
不動用，是利用持有原子彈一事來達成政治目的⋯⋯〔否
則〕動用原子彈的戰事將很難避免。

　　同上

東方共產主義系統的能耐，在於它擁有某些宗教特質，並
引發宗教情感。基於法律的和平力量，除非能夠聚集起宗
教般的力量和熱情，很難指望它會成功⋯⋯情感是宗教的
基本成分，而情感的深刻力量不可或缺。

　　同上

不能忘記的是，在這個國家，原子彈的製作是做為**預防性
手段**；只是在萬一德國人發現原子彈時，可以阻撓其使
用。

　　同上

我並不是說美國不應該製造和儲備原子彈，因為我相信這
是必要的；它必須要能夠嚇阻別的國家進行原子彈攻擊。

　　同上

由於我看不出原子能在未來會是長期而有力的助益，我必
須說，現在的它是一種威脅。這樣或許是好的。或許它能
威嚇人類，好好整頓國際事務，如果沒有這份恐懼的壓

力，人類或許不會面對問題。

　　同上之結語

只要有人，就會有戰爭。

　　給菲利普・霍爾斯曼，1947 年，引述於《時代》雜誌，35，
　　1999 年 12 月 31 日，在該期「世紀人物」的愛因斯坦報導中。
　　最早可能出自霍爾斯曼在《識見與洞見》（1972）一書中的引
　　述，但我沒能找到。

我們所有關切和平和理性與正義之勝利的人，必須深切明
白：對於政治場上的事件，理性和誠實的善意能發揮的影
響力是非常小的。

　　取自在紐約卡內基廳領取「一個世界獎」時的致詞，1948 年 4
　　月 27 日。發表於《愛因斯坦晚年文集》；轉載於《愛因斯坦
　　自選集：對於這個世界，我這樣想》，147

在政治場域中，當武力無所不能的信仰占上風時，這種力
量就有了自己的生命，而且會比想要把武力當作工具的人
更為強大。

　　同上

提出國家軍事化，不僅會使我們立刻受到戰爭威脅，也會
緩慢而確實地破壞民主精神以及我們國土中的個人尊嚴。

　　同上

對納粹德國和日本的勝利之戰,為我們的軍人和軍事態度帶來不健康的影響,危害我們國家的民主制度及世界和平。

> 取自在紐約為「存活的模式」而舉辦的研討會的一份聲明,1948 年 6 月 1 日。見內森和諾登的《愛因斯坦論和平》,486。伯格林愛因斯坦收藏,瓦薩學院,Box M2003-009,Folder 3.31。愛因斯坦檔案,58-582

我們科學家已經不幸使得殲滅人類的方法變得更為殘忍有效,現在我們必須盡全力來預防這些為了殘酷目的而發明的武器得到使用,並視此為超越一切的重要責任。

> 引用於《紐約時報》,1948 年 8 月 29 日

物理學的進展使得科學成果有可能應用在具重大危險性的科技和軍事目的上,這是事實。然而,責任應落在將之拿來做為新工具的人,而不是為知識進展做出貢獻的人身上:也就是責任應在於政治家,而非科學家。

> 密爾頓·詹姆斯為《且尼錄》設計了一份問卷,這是愛因斯坦對問卷的回覆。《且尼錄》是州立且尼師範學院的學生刊物,該校是美國賓汐法尼亞洲為黑人開設的學院。問卷詢問發展原子彈的科學家是否應對其毀滅性的後果負責,1948 年 10 月 7 日。發表於 1949 年 2 月。更正自本書較早版本。見內森和諾登的《愛因斯坦論和平》,501-502;傑榮和泰勒的《愛因斯坦論種族和種族主義》,148。愛因斯坦檔案,58-013 到 58-015

創建歐洲合眾國，在經濟和政治上是必要的。至於它是否對國際和平的穩定有所貢獻，則很難預測。我相信答案是「是」更勝於「否」。

> 回覆有關這樣的結盟是否能解決戰爭問題。同上（從本書較早版本更正。）

我不知道〔第三次世界大戰會使用什麼武器〕，但我可以告訴你第四次世界大戰會用什麼──石頭！

> 取自與阿弗列德‧維爾納的訪談〈愛因斯坦七十歲〉，《自由猶太教》期刊 16（1949 年 4-5 月），12。愛因斯坦檔案，30-1104，打字稿第 9 頁

只要國家安全仍以軍備做為手段，沒有一個國家會放棄武器，因為武器看似可以保證戰爭時的勝利。依我之見，安全只可能透過放棄所有國家的軍事防禦而達成。

> 給雅克‧哈達馬，1949 年 12 月 29 日。愛因斯坦檔案，12-064

我從未做任何與製造原子彈有關的研究。我在這個領域唯一的貢獻，是於 1905 年確立了物質和能量間的關係，這是關於物理世界普遍本質的事實，牽涉到軍事潛力的可能性則完全不在我的想法之內。

> 給 A‧J‧穆斯特，1950 年 1 月 23 日。愛因斯坦檔案，60-631

如果〔氫彈製造〕成功了，那麼大氣遭到放射性毒物汙染、地球上一切生命因此遭到殲滅，將會在所有可能的地方發生。

> 取自愛因斯坦在一場電視節目中的提供的見解，該節目由愛蓮娜‧羅斯福主持，討論氫彈的可能影響，於 1950 年 2 月 12 日播出。發表於《愛因斯坦自選集：對於這個世界，我這樣想》，159-161

軍備競爭並不是避免戰爭的方法。往這個方向前進的每一步，都讓我們更靠近災難……我重覆，軍備無能防止戰爭，只會無可避免地通往戰爭。

> 取自一次聯合國電台的訪談，1950 年 6 月 16 日，錄音地點是愛因斯坦普林斯頓家中的書房。發表於《愛因斯坦自選集：對於這個世界，我這樣想》，161-163

力求和平和準備戰爭是不相容的……武器必須完全交由國際機構管理。

> 同上

核鏈反應的發現，不應比火柴的發現帶給人類更嚴重的毀滅。

> 取自給加拿大教育週的訊息，1952 年 3 月。愛因斯坦檔案，59-387

真正的病徵〔在於〕……我們相信為了確保在戰爭時獲
勝，必須在和平時為此安排我們整個生活與工作。這種態
度使人相信自己的自由，甚而是自己的存在，都受到強大
敵人的威脅。

> 取自〈文化衰敗的症狀〉，《原子科學家公報》8, no. 7（1952
> 年 10 月），217-218。見羅伊和舒爾曼的《愛因斯坦論政
> 治》，48

第一枚原子彈摧毀的不只是廣島，它也炸開了我們承襲過
時的政治思想。

> 取自一份愛因斯坦共同簽署的聲明，引用於《紐約時報》，
> 1953 年 6 月 12 日

針對德國戰犯的紐倫堡審判，其背後是認可此原則的：政
府命令下的犯罪行為不能豁免；國家法律的權威性由良知
取代。

> 取自〈人權〉，在接受芝加哥十誠律師學會頒予的人權貢獻獎
> 時的感言。寫成時間在 1953 年 12 月 5 日前不久（愛因斯坦檔
> 案，28-1012），經過翻譯和錄音，在 1954 年 2 月 20 日的典
> 禮上播放。見羅伊和舒爾曼的《愛因斯坦論政治》，497

A.E.C.= 原子終結陰謀論

> 隨手寫於一本小冊子〈停止原子彈：向美國人的理性呼籲〉，
> 約 1954 年 4-6 月。愛因斯坦檔案，28-925。這是一本寄送給

愛因斯坦的小冊子，希望他簽署一份給艾森豪總統的請願書，要求停止太平洋的氫彈試爆。愛因斯坦覺得這樣的請願只是一種自我滿足，沒有效用。見施韋伯的〈愛因斯坦與核子武器〉，收錄於蓋里森、霍頓和施韋伯編輯的《給二十一世紀的愛因斯坦》，91。約漢娜・凡托瓦的日記中也有提到，1954年6月14日

原子武器發展唯一可能帶來的安慰，是這個武器或許能做為某種威懾，並為超越國界的安全措施之建立提供一股推力。不幸的是，在目前，民族主義的瘋狂似乎達到前所未有的強大。

給篠原正瑛，1954年7月7日。見羅伊和舒爾曼的《愛因斯坦論政治》，493。愛因斯坦檔案，61-306

我人生中曾犯下一個大錯 —— 在那封給羅斯福總統的信署名，建議製造原子彈；但這是有理由的 —— 因為存在著德國可能會製造原子彈的危險！

萊納斯・鮑林在與愛因斯坦談話後，寫在自己的日記中，1954年11月16日。此語錄直接摘自日記。本書最早兩個版本中較長的語錄（來源並非原始資料）並不存在於日記中。雖然愛因斯坦的信警告德國有可能製造原子彈，實際上並沒有主張製造原子彈，但他也了解到這封信最終或許會導致原子彈的製造。愛因斯坦和起草信件的里奧・西拉德擔心，如果美國沒有在這方面加速研究，希特勒可能會率先發展出原子彈並使用；如果沒有原子彈，美國會無法自我保護加以還擊；而不寫給信羅斯

福則可能導致世界受控於持有原子彈的希特勒之下。日記存放
於柯瓦利斯的俄勒岡州立大學山谷圖書館，鮑林夫婦文件。

關於技術應用的潛力，連一絲一毫的暗示都沒有。

給朱爾‧伊薩克，1955 年 2 月 28 日，對他認為狹義相對論要
為原子分裂和原子彈負責的想法加以反駁。原子分裂先由於詹
姆斯‧查德威克在 1932 年發現中子而成為可能，然後在 1938
年 12 月由奧托‧哈恩和弗利茲‧史特拉斯曼在柏林完成，因
為分裂需要中子。引用於內森和諾登的《愛因斯坦論和平》，
623。愛因斯坦檔案，59-1055

在我們眼前，有著在和樂、知識與智慧上持續進步的道路
可以選擇。難道我們要為了無法忘記彼此的紛爭而選擇死
亡嗎？身而為人，我們對人類呼籲：忘掉其他，只要記得
你的人性。

取自愛因斯坦生前最後簽署的聲明的第一段，這份聲明關注於
毀滅性武器的發展，由伯特蘭‧羅素擬定並簽署，還有其他九
位科學家簽名；愛因斯坦在 1955 年 4 月 11 日簽名，時為他過
世前一週。文件後來以「羅素－愛因斯坦宣言」為人所知，於
愛因斯坦死後在 1955 年 7 月 9 日於倫敦發布。愛因斯坦檔案，
33-211

我們邀請大會、並透過大會邀請全世界的科學家和大眾，
一同立下這個決心：「鑑於未來的世界大戰勢必會動用核
子武器，而這種武器威脅著人類的存續，我們敦促全世界

的政府體認且公開表明不以戰爭做為達成目的的途徑；我們也敦促全世界的政府，要解決任何爭端時，應尋求和平手段。」

　　同上

第一次世界大戰期間，那時我三十五歲，從德國前往瑞士，我在國界上被攔下來，詢問名字，我在記起來前不由得猶豫了一下，我的記憶力一向很差。

　　凡托瓦引述於〈與愛因斯坦的對話〉，1953 年 11 月 7 日

關於政治、愛國主義與政府

　　關於愛因斯坦的政治觀，羅伊和舒爾曼在《愛因斯坦論政治》一書第 458 頁的這段文字是最好的描述：「愛因斯坦不擁護任何意識形態，不管是左派或右派。因同樣的理由，他對於所有公開反對暴政、擁護人類自由的人，都懷有最深的同感。的確，在生命的最後二十五年，他不懈地擁護公民自由，堅定捍衛那些不顧自身安危、只為提升人權的人。」

我沒有打算隱藏我的國際主義情懷。我對一個人或人類組織感到多親近，完全視我對他們意圖和能耐的判斷而定。至於我身為其公民的國家，我對之完全沒有感情；我認為與國家的聯繫是一種公事公辦的事務，有點類似一個人與壽險的關係。

　　在〈我對戰爭的看法〉一文中被編輯刪除的段落，該文是為柏林歌德協會所寫，發表於 1916 年。根據羅伊和舒爾曼的《愛因斯坦論政治》，73，愛因斯坦「忍不住指出他只是重述托爾斯泰的愛國心同等於精神病的比喻」。*CPAE*, Vol. 6, Doc. 20

現代人在政治事務上的衝動行為，足以讓人繼續相信決定論。

> 給馬克斯・玻恩，1919 年 6 月 4 日。*CPAE*, Vol. 9, Doc. 56

我相信，比起過去幾年來的經歷，接下來數年不會那麼艱難。

> 關於德國政治和經濟狀況的反預言。同上

當一群人被集體瘋狂附身時，一個人應要挺身對抗；然而，對偉大與有判別力的民族而言，除非他們自願，否則不會長期懷有仇恨和憤怒。

> 給 H. A. 勞侖茲，1919 年 8 月 1 日，有關於第一次世界大戰後的「九十三人宣言」，這是一份捍衛德國的文件，由九十三名德國知識份子簽署。*CPAE*, Vol. 9, Doc. 80

我不相信人的本質可以改變，但我相信要終結國際關係的無政府狀態是可能的，甚至也是必要的，即使各個國家必須犧牲相當的自主權。

> 給海德薇・玻恩，1919 年 8 月 31 日。*CPAE*, Vol. 9, Doc. 97

在每片玉米田中，只要條件適當，毒草都可以和玉米一同生長，我相信條件比土壤更重要。

> 給讓・佩蘭，1919 年 9 月 27 日。*CPAE*, Vol. 9, Doc. 114

我相信，如果有更多年輕學生和藝術家可以在過去的敵對
國家學習，國際間的和解可以有所進展。對於世界大戰時
在許多人腦中種下的災難性意識形態，最有效的抗衡方式
是親身體驗。

> 取自〈論知識份子對國際和解的貢獻〉，一篇給紐約德國社會
> 與科學學會的文章，約於 1920 年 10 月。*CPAE*, Vol. 7, Doc. 47

我認知中的國際主義意味著國與國之間維持理性的關係、
理智的結盟以及相互了解、共同合作、共同進步，而不干
擾國家內部的習慣與生活。

> 取自〈論國際主義〉，《紐約晚報》，1921 年 3 月 26 日。見
> 羅伊和舒爾曼的《愛因斯坦論政治》，89；亦見於伊利的《阿
> 爾伯特遇見美國》，4

我認為不應納入布爾什維克實驗的想法，在有布爾什維克
實驗之處，就如在巴伐利亞，愚蠢的野心反動又會興起。

> 取自與奧爾多·索拉尼在《訊使報》的訪談，1921 年 10 月 26
> 日。*CPAE*, Vol. 12, Appendix G

在我看來，政治介入科學是不對的，個人對正好所屬國家
的政府也不應負有責任。

> 給 H. A. 勞侖茲，1923 年 8 月 16 日。引用於法蘭奇的《愛因
> 斯坦 —— 世紀文集》，187。愛因斯坦檔案，16-554

看到人類歷史中因為害怕自己被殺而殺人的悲劇，令人不寒而慄。被殘酷以對並殺害的，總是最為利他而優秀的人，因為他們的政治影響力受人恐懼——不只在俄羅斯……〔俄羅斯的統治階層〕如果不能透過偉大而勇敢的解放行動，顯示他們不需仰賴血腥恐怖來使自己的政治理念得到支持，將會失去所有同情。

> 關於早期蘇聯古拉格勞改營中囚犯的信件，以及蘇聯的政治迫害宣誓書，由國際政治犯委員會於 1925 年出版。見羅伊和舒爾曼的《愛因斯坦論政治》，412-413。愛因斯坦檔案，28-029

當然我不是一般意義下所謂的政治家，學者很少是。同時，我相信沒有人應該逃避如下的政治任務……重建因世界大戰而完全摧毀的國與國之間的結盟，並使國族之間有更為真實的了解，讓我們經歷過的可怕災難不可能重複。

> 取自《新蘇黎世報》的訪談，1927 年 11 月 20 日。愛因斯坦檔案，29-022

身兼兩者是可能的，我視自己為一個人，民族主義是一種幼兒時期的疾病，那是人類的麻疹。

> 被問到他視自己是德國人或猶太人時的回應。取自與 G. S. 維雷克的訪談〈愛因斯坦的生命觀〉，《星期六晚間郵報》，1929 年 10 月 26 日。引用於杜卡斯和霍夫曼的《愛因斯坦的人性面》，38；轉載於維雷克的《偉大心靈的窺視》，449

如果有什麼事物可以讓一般人在經濟學領域中，勇於表達
對現今令人不安的經濟困境本質的意見，那就是眾專家令
人徹底困惑的意見……如果我們能設法不讓大眾的購買力
——以貨物來測量——落到某種底線之下，則我們目前經
歷到的產業循環停止，也不可能會發生。

> 取自〈關於世界經濟危機的想法〉，約1931年，發表於《我
> 的世界觀》（1934）。愛因斯坦檔案，28-120。見羅伊和舒爾
> 曼的《愛因斯坦論政治》，414-417

我的政治理想是民主制度。每個人都是得到尊重的個體，
沒有人被視為偶像。

> 取自〈我的信仰〉，《世紀論壇》84（1930），193-194。見
> 羅伊和舒爾曼的《愛因斯坦論政治》，228

我相信每個暴力的獨裁系統都會帶來退步，因為暴力無可
避免地吸引道德低劣者。時間已經證明，有名的暴君都由
惡棍繼承。

> 同上

我永遠不會參與〔沒用的會議〕。那就像組織一場會議來
阻止火山噴發，或增加撒哈拉沙漠的雨量。

> 給亨利·巴布斯，1932年4月20日。愛因斯坦檔案，34-533

人只有在自由社會中，才能夠創造出滿足現代人的發明與
文化價值。

> 取自在倫敦皇家亞伯特廳的演講〈科學與文明〉，1933 年 10
> 月 3 日。出版於 1934 年，標題為〈歐洲的危險－歐洲的希
> 望〉。轉載於羅伊和舒爾曼的《愛因斯坦論政治》，280。愛
> 因斯坦檔案，28-253

依我之見，民族主義只是用理想主義的方式，把軍國主義
和侵略性合理化。

> 取自在倫敦皇家亞伯特廳演講的修改稿，1933 年 10 月 3 日。
> 引用於內森和諾登的《愛因斯坦論和平》，242。愛因斯坦檔
> 案，28-254

如果民主強國從此以中立態度面對希特勒統治下的德國
──情況看來似乎如此──那麼這個病灶很快會讓世界其
他地方面臨巨大的道德和政治危險，更不用說是德國猶太
人所受到難以描述的悲慘。

> 給史蒂芬‧懷斯拉比，1933 年 11 月 18 日。愛因斯坦檔案，
> 35-134

在我看來，沒有一種目標崇高到值得用卑鄙的手段來達
成。暴力有時或許可以快速清除障礙，但從來就不是有建
設性的做法。

> 取自〈歐洲是成功的嗎？〉，《國家雜誌》139，no. 3613

（1934 年 10 月 3 日），373。見羅伊和舒爾曼的《愛因斯坦論政治》，448

對國族的忠誠是局限的，人必須學習以世界的角度來思考。每個國家必須把自己一部分主權交給國際合作，要避免毀滅，必須犧牲的是侵略。

取自一次在《全景透視》雜誌 24 的訪談（1935 年 8 月），384-413

政治是一個鐘擺，其在無政府狀態和專制暴政之間的擺盪，是受到經常再生的幻覺所推動。

格言，1937 年。引用於杜卡斯和霍夫曼的《愛因斯坦的人性面》，38。愛因斯坦檔案，28-388

真正了不起和富啟發性的事物，是由能夠在自由空間裡努力發揮的個人所創造的。

取自〈道德與情感〉，1938 年 6 月 6 日在史瓦斯摩學院開學典禮的演講。愛因斯坦檔案，29-083

科學家有義務為了科學研究的自由而在政治上主動。他們必須有勇氣……清楚闡明他們得來不易的政治與經濟信念。

給「林肯民主和知識自由生日委員會」，1939 年 2 月。引述於內森和諾登的《愛因斯坦論和平》，283

讓共和國真正成為共和國的，不只在於政體，也包括相信
所有人應享有公平正義以及尊重每個個人的深刻情懷。

取自愛因斯坦六十歲生日時發表的聲明。《科學》89,
n.s.（1939），242

過度的民族主義是一種人為引發的心態，來自普遍存在於
各個民族自認必須隨時準備戰爭的執著。如果能夠消除戰
爭的風險，民族主義很快就會消失。

取自〈我是美國人〉，1940 年 6 月 22 日。愛因斯坦檔案，29-
092。轉載於羅伊和舒爾曼的《愛因斯坦論政治》，470-472

有時候全球氣氛有助於合乎道德的事物。有時人彼此互
信，創造善美；有時則否。

取自與阿爾傑農·布萊克的一次對談，1940 年秋。愛因斯坦
不允許此對談的發表。愛因斯坦檔案，54-834

當一個時代處於失調狀態，當緊張與不平等發生時，人就
會變得失衡，然後便可能追隨失衡的領導者。

同上

民主制度最大的弱點，是經濟上的恐懼。

同上

單只有法律，無法保障言論自由；為了讓每個人可以表達自己的觀點而不受懲罰，整個群體必須有容忍精神。

取自愛因斯坦在《自由的意義》中的篇章，露絲・南達・安申編輯（1940）。愛因斯坦檔案，28-538

何謂資本主義國家？在這樣的國家裡，生產的主要方式，例如農田、城市中的房地產、水電瓦斯的供給、公共運輸以及大型工廠，是少數公民持有。生產力主要是為了所有者的利潤，而不是把基本物資平均分配給整個群體……當生產的主要方式是群體共有，且負責管理的個人是由國家給薪時，則可以歸類為「社會主義」的國家。

取自〈在社會主義國家還有個人自由的空間嗎？〉約 1945 年7 月。愛因斯坦檔案，28-661。見羅伊和舒爾曼的《愛因斯坦論政治》，436

我對此的回答是，無論如何，自由都需要不斷地努力才成為可能。不管體制和立法機關的形式，對政治漠不關心的公民最終都會被奴役。然而，我相信，對一般人來說，既要達成最大程度的自由、又要相容於整個群體的福祉，採取社會主義經濟形式的國家擁有較佳的展望。

關於社會主義社會中，是否有可能存在個人自由。同上。

至於社會主義，除非它跨越國際的程度能帶來一個世界政府、控制所有的軍事力量，否則可能比資本主義更容易導

致戰爭，因為它代表了更高度的權力集中。

取自〈愛因斯坦論原子彈〉第一部分，由雷蒙・斯文記錄的訪談，發表於《大西洋月刊》176，no. 5（1945 年 11 月），43-45。見羅伊和舒爾曼的《愛因斯坦論政治》，373-378

如果你偶爾聽到我的名字和政治行程連在一起，不要以為我在這種事情上花很多時間，因為在政治的貧瘠土壤上浪費太多精力是件悲哀的事。然而，每隔一段時間，總有讓我無法抵抗的時刻。

給米歇爾・貝索，1946 年 4 月 21 日。愛因斯坦檔案，7-381

民主制度和標準是歷史發展的結果，發展到某個程度時，並不是每個在其領土中享受它的人都欣賞它。

取自〈愛因斯坦論原子彈〉第二部分，由雷蒙・斯文錄音的訪談，《大西洋月刊》，1947 年 11 月

要在人類事務上採取聰明的行動，只有在試圖了解對手的思考、動機和憂慮，且透徹到能夠用對方的眼睛看世界時，才有可能。

取自〈致蘇聯科學家的公開信〉，1947 年 12 月，發表於《原子科學家公報》4，no. 2（1948 年 2 月），35-37。亦見羅伊和舒爾曼的《愛因斯坦論政治》，393-397；及《愛因斯坦自選集：對於這個世界，我這樣想》，140-146。愛因斯坦檔案，28-795

我也相信，資本主義，或說自由企業系統，將無法應付失業問題，而這會因為科技進步而愈加成為長期議題，且也無法維護生產力和人民購買力之間的健康平衡。

　　同上

另一方面，我們不錯把所有的社會和政治沉痾都歸咎於資本主義，並假定只要實行社會主義就能夠治癒人類所有的社會和政治痼疾。這種信念的危險在於，首先，這會鼓勵所有「忠貞信仰者」的狂熱，把一種可能的社會方法轉為一種宗教，把所有不屬於這個宗教的人視為背叛者或為壞人。一旦達到這種階段，了解「不忠貞者」信念與行為的能力便完全消失了。我相信你也知道，在歷史中有多少不必要的苦難，是由於這種僵化的信念造成的。

　　同上

任何政府只要帶有獨裁的墮落傾向，本身就是邪惡的。

　　同上

這樣的社會主義不能視為所有社會問題的解答，而只是一種架構，在這種架構之中可能存有答案。

　　同上。見下面為《且尼錄》所做，關於民主的類似陳述。

他們提醒我們，即使是最完美的民主制度，都比不上行使

民主的人。

> 為薩科和萬澤蒂紀念碑所作，1947 年。愛因斯坦檔案，28-770

我們必須學會這艱難的一課：不管是國際事務或所有其他
議題，只有當我們根據公義和法律、而非威嚇或赤裸裸的
權力來處理時，人類才有長遠的未來。

> 取自給甘地紀念活動的訊息，1948 年 2 月 11 日。引用於內森
> 和諾登的《愛因斯坦論和平》，468。愛因斯坦檔案，5-151

民主，如果從它較狹義、純粹政治的意義來看，有一種弱
點，就是經濟和政治權力的所有者擁有強大的工具來形塑
公眾意見，為自己階層的利益服務。民主政體本身並不會
自動解決問題；然而，它為解決方法提供了一種有用的框
架。

> 取自與《且尼錄》的密爾頓‧詹姆斯的訪談，這是美國賓汐法
> 尼亞州立且尼師範學院的學生刊物，1948 年 10 月 7 日。從本
> 書較早版本更正。亦見上面有關社會主義的類似陳述。見內森
> 和諾登的《愛因斯坦論和平》，502。愛因斯坦檔案，58-013
> 到 58-015

在今日的俄羅斯系統之下，權力集中於少數人，每件事都
依賴他們想法和能力而決定。在這樣的統治之下，個人的
地位可以如此描述：犧牲自由和政治權利，換取相當程度
的經濟保障。

同上

直到最後一口氣都能著迷於自己的工作，是一種幸運。否
則我們會為人類在政治上表現的愚蠢和瘋狂而受太多苦。

　　給米歇爾·貝索，1949 年 7 月 24 日。愛因斯坦檔案，7-386

狄托和史達林的小小共舞顯示社會主義並非通往溫柔的道
路。

　　給奧托·內森，1949 年 8 月 13 日。伯格林愛因斯坦收藏，瓦
　　薩學院，Box M2003-009，Folder 2.12。愛因斯坦檔案，38-584

不能否認的是，蘇維埃統治在教育、公共衛生、社會福利
和經濟學上的成就是重要的，人民全體也因這些成就而有
重大所得。

　　給悉尼·胡克，1950 年 5 月 16 日。然而，見羅伊和舒爾曼的
　　《愛因斯坦論政治》456-457 之中的證據，愛因斯坦「對教條
　　式的馬克思主義運作方式〔即蘇聯統治〕訂為國家正規教義，
　　完全沒有同情」。愛因斯坦檔案，59-1018

我從來就不是共產主義者。但就算是，我也不會感到羞
愧。

　　給莉迪亞·B·休斯，1950 年 7 月 10 日。愛因斯坦檔案，
　　59-984

今天，每個從事可靠訊息之發布的人，有著啟發大眾的責任。因為即使是有良知的人，如果沒有值得信賴、根據事實的資訊，也無法達到合理的政治結論。

> 給奧托・內森，1950 年 11 月 5 日（也可能是 1950 年 5 月 11 日；日期記為 11-5-1950）。伯格林愛因斯坦收藏，瓦薩學院，Box M2003-009，Folder 2.14。愛因斯坦檔案，38-586
>
> （編註：根據德國日期標示習慣，應為 5 月 11 日。）

甘地的不合作，在我看來完全是革命性的方法。每個面對那種委員會的知識份子都必須拒絕作證；也就是説，他必須對進監獄和經濟損失做準備……為了自己國家的文化福祉。

> 給布魯克林的一位老師威廉・弗勞恩格拉斯，他被召到參議院內部安全小組委員會（相當於眾議院非美活動調查委員會，簡稱 HUAC）的聽證會，1953 年 5 月 16 日。愛因斯坦檔案，41-112

拒絕作證的基礎在於堅定表明：一個沒有犯錯的公民遭受這種違反憲法精神的審訊，是件可恥的事情。

> 同上

西歐國家沒有這種〔反共產主義的〕歇斯底里，那裡的共產黨儘管沒有遭到壓制甚至驅逐，西歐政府也沒有被摧毀或顛覆的危險。

> 給 E・林賽，1953 年 7 月 18 日。愛因斯坦檔案，60-326

要不是西歐諸國沒有阻止希特勒德國的法西斯主義侵略，而這個重大錯誤迫使東歐不得不向俄羅斯求助，東歐也不會成為俄羅斯的獵物。

　　同上

對共產主義的恐懼，導致其他文明人類令人費解的反應，也讓我們的國家招致嘲笑。對於這些渴求權力、企圖以這種手法獲取政治利益的政治家，我們還要忍受多久？

　　取自〈人權〉，在接受芝加哥十誠律師學會的人權貢獻獎時的訊息。這份訊息在 1953 年 12 月 5 日寫下（愛因斯坦檔案，28-1012），然後翻譯並錄音，在 1954 年 2 月 20 日的典禮上播放。見羅伊和舒爾曼的《愛因斯坦論政治》，497

公民沒有義務解釋自己的黨員身分。

　　給 C・拉蒙特，1954 年 1 月 2 日。愛因斯坦檔案，60-178

是的，我是個老革命者……政治上我是個仍在噴火的維蘇威火山。

　　凡托瓦引用於〈與愛因斯坦的對話〉，1954 年 2 月 9 日

美國受到本身的共產主義者危害的程度，實在遠不及歇斯底里地追捕少數共產主義者的危害……為什麼美國共產主義者對美國的威脅，必須比英國共產主義者對英國的危害更嚴重？難道我們相信英國人在政治上比美國人天真無

知，以至於他們沒意識到自己身處的危險？

給諾曼‧托馬斯，1954 年 3 月 10 日。愛因斯坦檔案，61-549

〔眾議院非美國活動調查委員會和參議院內部安全小組委員會〕目前進行的調查危害我們社會的程度，遠大於國內少數共產主義者可能造成的危險。這些調查已經在相當大程度上破壞了我們社會的民主特質。

給菲力克斯‧阿諾德，1954 年 3 月 19 日。愛因斯坦檔案，59-119

俄國人……想要頒和平獎給我，但我拒絕了；我只需要在這裡被稱為布爾什維克就夠了。

凡托瓦引述於〈與愛因斯坦的對話〉，1954 年 4 月 2 日

在柏拉圖的時代，甚至更晚的傑佛遜的時代，民主和有道德有知識的貴族仍有可能和解，而今天的民主根據的是不同的原則——也就是其他人不會比我更好。

論民主和反智主義，出自尼可洛‧圖奇在《紐約客》雜誌的愛因斯坦側寫，1954 年 11 月 22 日

一個好的政府……會給予公民從自己利益所想要的最大程度的自由和政治權利。另一方面，國家必須為公民提供人身安全及某種程度的經濟保障。這讓兩種需求有必要根據

不同情況而做妥協。

> 給愛德華・席亞，布魯克林的一名探長，1954 年 11 月 30 日。
> 愛因斯坦檔案，61-291

我無法擺脫這個想法：我現在的國家為自己的利益發明了一種新的殖民主義……它在國外投資美金、使其他國家牢牢地依賴美國，從而達成對那些國家的控制。任何反對這項政策和其效果的人，都被視為美國的敵人。

> 取自愛因斯坦給比利時伊莉莎白王后的最後一封信，1955 年 1 月 2 日，有關美國戰後的外交政策。愛因斯坦檔案，32-413

人對於政治發展的記憶如此短暫，令我非常驚訝。昨天是紐倫堡審判，今天是盡其所能重新武裝德國。

> 同上

政治熱情一旦煽出火焰，便會產生受害者。

> 最後的親筆文字，取自為以色列獨立七週年的廣播致詞所寫的未完成草稿，時間可能是 1955 年 4 月，10-2。見羅伊和舒爾曼的《愛因斯坦論政治》，507。亦見凡托瓦的〈與愛因斯坦的對話〉，1955 年 4 月 10 日。愛因斯坦檔案，28-1098

我的朋友，那很簡單：因為政治比物理學更難。

> 被問及為何人類能夠發現原子，卻沒有找到控制原子的方法。在愛因斯坦死後追述於《紐約時報》，1955 年 4 月 22 日。

一個人必須在政治和方程式之間分配時間，但對我而言，我們的方程式更為重要，因為政治是為了現在，而方程式是為了永恆。

恩斯特·史特勞斯引述於吉里胥的《光明之時，黑暗之時》，71

挑出少數個體來給予無限尊崇，認為他們有超人的腦力和特質，我認為十分不公平、甚至感覺很差。這成了我的命運，而大眾對我的能力和成就的認定偏離事實的程度，根本就是荒謬。

引自〈美國印象〉，約 1931 年，轉載於羅伊和舒爾曼的《愛因斯坦論政治》，242-246。愛因斯坦檔案，28-168

關於種族與偏見

種族是假的。現今所有人都是眾多民族混合而成的群聚，
已經不存在純粹的種族了。

> 取自與 G. S. 維雷克的訪談〈愛因斯坦的生命觀〉，《星期六
> 晚間郵報》，1929 年 10 月 26 日；轉載於維雷克的《偉大心
> 靈的窺視》，450

如果我們要宣稱今天奴隸制度已經廢除，這都要感謝科學
落實的成果。

> 取自〈科學與社會〉，《科學》，1935-36 年冬季。轉載於
> 《愛因斯坦論人道主義》，11，以及《愛因斯坦晚年文集》，
> 135。愛因斯坦檔案，28-324

那真的是讓人感到安慰的想法：詐騙這種過於人性化的特
質在印度也一樣普遍存在。畢竟，如果這是專屬於高傲白
人的特權，也未免太糟。我相信所有能夠有年輕個體聚在
一起的生物都非常相似。

> 給馬克斯‧玻恩，約 1937-38。收錄於玻恩的《玻恩－愛因斯
> 坦書信集》，126。玻恩（在第 127 頁）解釋愛因斯坦的意思
> 是駁斥種族歧視與民族自傲。愛因斯坦檔案，8-199

這個國家致使黑人承受許多困難與失能，這些沉重的虧欠仍有待解決……目前為止，美國在藝術領域對世界的最佳貢獻，要感謝黑人以及其美妙的歌曲和合唱。

在1939-40年世界博覽會名人牆上的獻詞。愛因斯坦檔案，28-527

如果不是現仍存在的種族偏見陰影，特別是針對黑人的，人在對待他人時會更為平等。我相信每個人在自己的圈子裡都應盡力消除這種可恥之惡。

取自〈論美國的政治自由〉，1945年。見羅伊和舒爾曼的《愛因斯坦論政治》，473。愛因斯坦檔案，28-627

然而，美國社會的前景有一片陰影。他們心目中的平等和尊嚴，主要局限於白皮膚的人……我愈覺得自己是個美國人，這情況就愈讓我感到刺痛。

取自〈給我歸化之國的訊息〉，《佳麗雜誌》1，no. 12，1946年1月。愛因斯坦支持當時成長中的公民權運動，部分影響或許來自保羅・羅布森，一名生於普林斯頓的黑人歌劇演唱家、前運動員，以及早期的公民權倡議者，還有歌劇演唱家瑪麗安・安德森。這兩位都是愛因斯坦的朋友，也促成他與普林斯頓黑人居民的友好往來。見羅伊和舒爾曼的《愛因斯坦論政治》，474。對愛因斯坦這個面向較廣泛的描述，亦見傑榮和泰勒的《愛因斯坦論種族和種族主義》。

現代對黑人的偏見，來自於想保持這種惡劣態度的慾望。

　　同上，475，指的是認為黑人「在智能、責任感、可信賴度不及我們」的「致命誤解」，並進一步指出這些誤解來自對奴隸的古老偏見，不論膚色為何。

在我們默認的傳統中，我們必須認出有哪些部分危害著自己的命運和尊嚴，並因此塑造著我們的人生。

　　同上

你們的祖先用蠻力把黑人從他們的故鄉拖過來，且在白人對財富和安逸生活的追求下，他們受到無情的壓制和剝削，淪為奴隸。現代對黑人的歧視，是由想要維持這種惡劣狀態而來的。

　　同上

我相信，不管是誰，只要試著誠實思考整個事情，很快就會發現這種對黑人的傳統偏見是毫無價值甚至極為有害的……要對抗這種深植的偏見，有意願的人可以做什麼？他必須勇於以言行樹立典範，也要避免自己的孩子受種族偏見感染。

　　同上，475-476

我們這個國家社會所患的最糟糕疾病是⋯⋯對待黑人的方式⋯⋯每個人在人生較成熟的階段重新了解這種狀況時，不只會感到不公義，也會感到美國建國之初的「人人平等」原則遭到藐視。

> 取自一封給「全國城市聯盟」集會的信，1946 年 9 月 16 日。見傑榮和泰勒的《愛因斯坦論種族和種族主義》。愛因斯坦檔案，54-543

一個理性的人可以如此頑強地堅持這種偏見，令人難以置信；可以肯定的是，未來終有一天，學童在歷史課上會對這種事感到可笑。

> 同上，145

我們必須盡力⋯⋯避免讓弱勢者在經濟和政治上受到歧視，也要避免文字的毀謗攻擊以及對校園中年輕世代的毒害。這些努力都很重要，但更重要的是大眾的知識和道德啟蒙。

> 同上

我們這個世代最迫切的任務之一，是確保人人能得到〔免於暴行的〕保護。只要有心追求這樣的正道，就有克服法律局限的方法。

> 為支持「美國終止私刑聖戰」組織而去信給美國總統杜魯門，1946 年 9 月。愛因斯坦和保羅・羅布森是該組織的共同主席。

引用於《紐約時報》，1946 年 9 月 23 日。見傑榮和泰勒的
《愛因斯坦論種族和種族主義》，143。愛因斯坦檔案，57-103

閱讀華特・懷特的文章時，這段話的深刻意涵令人印象深
刻：通往人類真正高尚品質之路只有一條 —— 即苦難之
路。如果這種苦難來自社會受到傳統束縛而導致的盲目與
遲鈍，那通常只會讓弱勢者淪入盲目的憎恨。

給《週六文學評論》編輯的信，1947 年 11 月 11 日，論及的
文章〈為何我仍是黑人〉（SRL，1947 年 10 月）。懷特選擇
黑人身分認同，參與民權運動，即便他自己膚色白皙、髮色淺
到足以被看作是白人。見傑榮和泰勒的《愛因斯坦論種族和種
族主義》，147。愛因斯坦檔案，28-768

〔懷特〕藉由訴說自己人生的單純故事，讓我們伴隨他走
在這條通往人類偉大品質的痛苦道路上；其說服力是難以
抗拒的。

同上，148

人愈是對個人或族群做出殘酷的傷害時，對受害者的憎恨
和鄙視也愈深刻。一個民族的狂妄和錯誤自信，會使其對
自己的罪行毫無追悔之心。然而，沒有參與這項罪行的
人，對無辜受害者的所承擔的迫害與痛苦既缺乏同情，也
沒有意識到人類是休戚與共的。

取自「華沙猶太人起義烈士」紀念碑的陳詞，1948 年 4 月 19 日。見羅伊和舒爾曼的《愛因斯坦論政治》，349。愛因斯坦檔案，28-815

種族偏見是某種傳統的一部分，這種傳統受歷史制約，未經反思而代代相傳，唯一的解藥是啟蒙與教育。這是緩慢而艱辛的過程，需要每個有想法的人投身努力。

回應《且尼錄》的密爾頓・詹姆斯的訪談，這是賓汐法尼亞州一所專為黑人所設的州立且尼師範學院的學生報，訪談問及美國的種族偏見是否為全球衝突的一種症狀，訪談時間 1948 年 10 月 7 日，發表於 1949 年 2 月。轉載於內森和諾登的《愛因斯坦論和平》（502）時略有更動：「種族偏見不幸地成為美國傳統，未經反思而代代相傳。唯一的解藥是啟蒙與教育。這是緩慢而艱辛的歷程，需要每個有想法的人投身努力。」注意「美國」並未出現在卡勒的簽名目錄中的手寫副本、也未出現在學生報，但出現在《愛因斯坦論和平》中。在簽名目錄中的副本（有可能是草稿），也就是給《且尼錄》的詹姆斯的段落如下：「偏見是傳統的一部分，而傳統經由歷史決定，未經反思而代代相傳。一個人要擺脫偏見的束縛，只能透過啟蒙與教育。這是緩慢而艱辛的淨化過程，每個關心此議題的人都應參與投入。」愛因斯坦檔案，58-013 到 58-015

近來我對自己的局限有了更深切的認知，因為自從廣義相對論的推論得到幾次驗證以來，世人對我的能力評價過高。

給荷蘭物理學家 H. A. 勞侖茲，1920 年 1 月 19 日。*CPAE*, Vol. 9, Doc. 265

自從光彎曲（light deflection）的結果公之於眾，便有一種對我的狂熱崇拜產生，讓我覺得自己像個異教偶像。不過，願上天保祐，這總會過去。

給海因里希・桑格，1920 年 1 月 3 日。*CPAE*, Vol. 9, Doc. 242。愛因斯坦甚至受邀到倫敦守護神劇院進行為期三週的「演出」，解釋相對論。

另一件滑稽的事情是，我不管在哪裡都被算是布爾什維克主義者天曉得為什麼；或許是因為我不把《柏林日報》所有的稀泥都當作牛奶和蜂蜜。

給海因里希・桑格，1919 年 12 月 15 日。*CPAE*, Vol. 9, Doc. 217

如果我的相對論得到證實，德國會宣稱我是德國人，法國會聲明我是世界公民。如果我的理論被證明為失敗，法國會說我是德國人，德國會聲明我是猶太人。

在法國索邦法國哲學學會的致詞，1922 年。亦見法國媒體的摘錄，1922 年 4 月 7 日，愛因斯坦檔案，36-378；及《柏林日報》，1922 年 4 月 8 日。Einstein Archives 79-535

透過下面的應用，可以讓讀者感受一下相對論：目前在德國我被稱為德國科學家，在英國我被視為瑞士猶太人。而如果我變成令人討厭的人，前面的描述就會反過來，對德國人來說我成為瑞士猶太人，對英國人來說我是個德國科學家！

給《泰晤士報》，1919 年 11 月 28 日，13-14，受報紙邀約而寫。這也出現在 1919 年 12 月 4 日給保羅・艾倫費斯特的信件中。同時參見下面 1922 年 4 月 6 日的語錄。*CPAE*, Vol. 7, Doc. 26

關於移民

〔移民〕以他們的方式為群體成就做出貢獻，而他們個人的努力和艱辛仍不為人知。

> 在 1939-40 年紐約世界博覽會獻給移民的「名人牆」揭幕時所說。愛因斯坦檔案，28-529

限制移民並不會減少失業。因為〔失業來自〕勞力人口的錯誤工作分配。移民提升消費，也需要他人的勞力。移民不僅為地廣人稀的國家加強內部經濟，也提升防禦能力。

> 同上

第四章

關於感性與愛

關於動物與寵物

在我看來，人類最良善的特質是對生物的愛。

> 給瓦倫丁・布加科夫，1931 年 11 月 4 日。愛因斯坦檔案，45-702

感謝您親切有趣的訊息。我向另一位愛因斯坦送上最誠摯的問候，我們家的公貓也是；牠對這個故事很有興趣，甚至有點嫉妒。因為與您的例子不同，他自己的名字「老虎」並沒有顯示出和愛因斯坦家族的親戚關係。

> 給愛德華・莫賽斯，1946 年 8 月 10 日，得知他的船員在德國救了一隻小貓，取名為愛因斯坦。愛因斯坦檔案，57-194

狄恩醫師確認鸚鵡畢波生了一種鸚鵡的病，而我的病是受他感染……這隻可憐的鳥將需要打十三次針 —— 牠不可能受得了……〔後來〕畢波只需要打兩針，而且似乎應付得還不錯；或許他最終能夠活下來。

> 凡托瓦引述於〈與愛因斯坦的對話〉，1955 年 2 月 20 日及 3 月 4 日。畢波是前一年由某些仰慕者送給他的七十五歲生日禮物，被裝在盒子裡，像普通物品般郵寄給愛因斯坦。他立刻對畢波產生同情，花很多天試著逗牠開心、幫助牠撫平創傷。愛因斯坦家庭住在德國時還有另一鳥也叫畢波，德文名字是 Biebchen。

親愛的朋友，我知道哪裡有問題，但我不知道怎麼把它關掉。

> 對他的公貓老虎所說，因為老虎看似因為下雨不能出門而沮喪。恩斯特·史特勞斯回憶於他的愛因斯坦的紀念演講：〈愛因斯坦其人〉，1955 年 5 月，14-15

加州大學洛杉磯分校牠自己知道就好。

> 關於一位友人的狗莫賽斯，這條狗因為毛很長，旁人很難區分哪邊是頭哪邊是尾。取自 J. 薩恩和瑪歌·愛因斯坦進行的一次訪談，1979 年 1 月 15 日；收錄於薩恩的《愛因斯坦在美國的日子》，131

這條狗非常聰明，牠同情我得收那麼多信，那是為何牠想要咬郵差。

> 關於他的狗奇科。引用於埃勒斯的《親愛的赫茲！》，162

當一隻盲目的甲蟲在彎曲的樹枝上爬行時，沒有注意到自己走過的路徑其實是彎曲的。我很幸運能注意到甲蟲沒注意到的事。

> 兒子愛德華問他為什麼這麼有名，1922 年。引述於弗洛季格的《阿爾伯特·愛因斯坦在伯恩》，以及格魯寧的《阿爾伯特·愛因斯坦的房子》，498

關於愛情

愛帶來許多快樂，遠多於思念某人帶來的痛楚。

> 給他的第一位女友瑪麗・溫特勒，1896 年 4 月 21 日（當時十七歲）。*CPAE*, Vol. 1, Doc. 18

墜入愛河絕對不是人類最愚蠢的行為，但這可不能歸咎於重力。

> 對於法蘭克・沃爾來信的隨手回信，1933 年；信中沃爾詢問「一個人之所以會墜入愛河和做出其他蠢事，是因為〔世界旋轉而〕頭上腳下，這樣的假定是否合理。」引述於杜卡斯和霍夫曼的《愛因斯坦的人性面》，56。愛因斯坦檔案，31-845

有愛之處，就沒有不合理的負擔。

> 給編輯友人薩克斯・寇名思，1953 年夏。引用於薩恩的《愛因斯坦在美國的日子》，294

我很遺憾你沒辦法把女友從都柏林帶到美國來，但只要她在那裡而你在這裡，你們之間應可維持和諧的關係。所以有什麼問題需要解決呢？

> 給康乃爾・蘭佐斯，1955 年 2 月 14 日。愛因斯坦檔案，15-328

關於婚姻

我的父母……認為妻子是男人賺取舒適的生活後才能享受的奢侈。這種觀點中的男人與妻子的關係，是我所不齒的，因為這讓妻子和妓女之間只有一種區別，即前者能夠因為自己的社會階層，從男人身上取得一輩子的合約。

> 給米列娃，1900 年 8 月 6 日。見《情書》，23。*CPAE*, Vol. 1, Doc. 70

一次又一次讓我對婚姻恐懼的，並不是缺乏真正的喜愛之情。或許是對舒適生活、漂亮家具、我讓自己承受的不名譽或甚至變成一個滿足的中產階級的恐懼？

> 給艾爾莎·洛文塔爾，在 1914 年 8 月 3 日之後。*CPAE*, Vol. 8, Doc. 32

孤獨與寧靜對我適如其分，這與和我表姊的美好而令人愉悅的關係有關；而避免結婚也可以保證這份關係的平穩。

> 給米歇爾·貝索，1915 年 2 月 12 日。*CPAE*, Vol. 8, Doc. 56。當然我們知道四年後愛因斯坦與艾爾莎結婚了。

我是想抽我的煙斗，但不幸煙斗常常會塞住。人生，尤其是婚姻，也和抽煙斗一樣。

日本漫畫家岡本一平的回溯，時間為 1922 年 1 月愛因斯坦在日本時。岡本問愛因斯坦是否會為了享受吸菸而抽他的煙斗，或只是在清通和填裝煙斗而已。引述於坎塔的《愛因斯坦辭典》，199；及《美國物理期刊》49（1981），930-940

對於一個膽敢反對所有戰爭，唯獨不反對與自己妻子無可避免的戰爭的男人，為何不該讓他入境〔美國〕呢？

給右翼的婦女愛國組織的回覆，該團體認為愛因斯坦會對美國帶來不好的影響，不該允許他入境美國，1932 年 12 月。愛因斯坦檔案，28-213

婚姻是把偶然變成長久的失敗嘗試。

奧托·內森在與 J. 薩恩的訪談中引述，1982 年 4 月 10 日，《愛因斯坦在美國的日子》，80。凡托瓦也在〈與愛因斯坦的對話〉中提及，1953 年 12 月 5 日

那很危險 —— 不過，任何婚姻都是危險的。

回答普林斯頓一名猶太學生的問題：是否該容忍不同信仰的人的婚姻。薩恩，《愛因斯坦在美國的日子》，70

婚姻只不過是假裝文明的奴隸制度。

康拉德·沃克斯曼引述於格魯寧的《阿爾伯特·愛因斯坦的房子》，159

婚姻讓人把彼此視為財產，不再是自由的人類。

同上

關於死亡

我的心意已堅，當那個時刻到來時必定赴死，醫療上的協助要最低限度；而直到那之前，我都要盡可能讓我邪惡的心得到滿足。

> 給艾爾莎·愛因斯坦，1913 年 8 月 11 日。*CPAE*, Vol. 5, Doc. 466

當我們自己或所愛之人的生命來到終點時，我們不應抱怨；相反的，在勇敢且光榮的奮鬥後，我們可以滿足地回顧此生。

> 給伊達·霍爾維茨，1919 年 11 月 22 日。*CPAE*, Vol. 9, Doc. 172

已逝的老人在年輕人身上繼續活著。現在正懷著喪親之痛的你，在看著自己的孩子時，難道沒有這種感覺嗎？

> 給海德薇·玻恩，1920 年 6 月 18 日，在她母親過世後。收錄於玻恩的《玻恩－愛因斯坦書信集》，28-29（日期誤為 4 月 18 日）。*CPAE*, Vol. 10, Doc. 59

如果我們繼續在孩子和年輕世代身上活下去，則死亡並非我們的終點。因為他們就是我們；我們的身軀只不過是生命之樹上一片枯萎的葉片。

給已故荷蘭物理學家海克・卡莫林・歐尼斯的遺孀，1926 年 2 月 25 日。愛因斯坦檔案，14-389

死亡是實相……當主體無法再透過他的行為影響環境，生命便毫無疑問地終結……他不再能為自己全部經驗的總和增添分毫內容。

取自與 G. S. 維雷克的訪談，〈愛因斯坦的生命觀〉，《星期六晚間郵報》，1929 年 10 月 26 日；轉載於維雷克的《偉大心靈的窺視》，444-445

不管是否到了我臨終的床上，我都不會問自己這個問題。大自然並不是工程師或承包商，而我本身是大自然的一部分。

回覆一則問題：他會以什麼因素來判斷自己的人生是成功或失敗，1930 年 11 月 12 日。引用於杜卡斯和霍夫曼的《愛因斯坦的人性面》，92。愛因斯坦檔案，45-751

一個人在持續的緊張中度過他的人生，直到離開的時候到來。

給他的妹妹馬雅，1935 年 8 月 31 日。引述於《愛因斯坦肖像》，42。愛因斯坦檔案，29-417

你應感到安慰：突然離開這個世界而去，應是一個人能夠為所愛的人最為盼望的事，因為如此一來事情不會像是海

頓的《告別》交響曲那樣，一個又一個樂器從樂團裡慢慢消失。

> 給鮑里斯·施瓦茨，關於他父親的死亡，1945 年。引用於霍頓和艾卡納的《愛因斯坦：歷史與文化的觀點》，416。愛因斯坦檔案，79-678

個人的生命有自然的限度，因此在它完成之時，或許像是一件藝術品，這不是令人感到滿意嗎？

> 引用於〈保羅·朗之萬〉，《思想》，n.s., no 12（1947 年 5-6 月），13-14。愛因斯坦檔案，5-150

至親之人的死亡會重新打開童年舊傷……我們每個人都必須獨自面對那份屬於自己的傷痛。

> 給漢斯·阿爾伯特·愛因斯坦，1948 年 8 月 4 日。愛因斯坦檔案，75-836

我覺得無法參與您策劃的電視節目〈最後兩分鐘〉。依我之見，這不是那麼適合人在生命最後兩分鐘做的事情。

> 對於一個電視節目邀請他參與的回覆，這個節目是關於一些名人會如何度過他們生命最後兩分鐘，1950 年 8 月 26 日。愛因斯坦檔案，60-684

我本來也早該死了，但現在仍在這裡。

給 E. 舍勒・麥爾，1951 年 7 月 27 日。愛因斯坦檔案，60-525

這個存在是短暫的，有如暫訪一幢陌生的房子。追尋的道路只靠著閃爍的意識之光微微照明，而在這意識的中心，是有限而分離的「我」……當一群個人成為「我們」、和諧的整體，他們已抵達人類所能達到的巔峰。

為物理學家魯道夫・拉登堡撰寫的訃告，1952 年 4 月。見斯特恩的《愛因斯坦的德國圈》，163。愛因斯坦檔案，5-160

人在降臨己身的悲劇之前無能為力……但所有的悲苦都把我們與……那些我們幾乎沒有機會分享少許人生的人聯繫起來……我以誠心碰觸你的手。

給格哈德・范克豪瑟，普林斯頓的一名生物學教授，其妻在一場車禍中喪生。愛因斯坦也要范克豪瑟的孩子到家中探望。1954 年 11 月 10 日。由羅賓・雷米寄送給我，他的母親繼承了原信件的副本。愛因斯坦檔案，59-630

受年紀摧折的人，死亡將是一種解脫。我對此有強烈感觸，因為現在我自己已老，開始把死亡視為一份長久以來的債務，總算要償清了。然而，人仍會直覺地盡可能拖延最後一筆款項，這是大自然對我們玩的遊戲。

給格特魯德・華紹爾，1955 年 2 月 5 日。引用於內森和諾登的《愛因斯坦論和平》，616。愛因斯坦檔案，39-532

我想要的時候就會想走，人為的延長生命索然無味。我已經做了我分內該做的；該走的時候到了，我會優雅地走的。

> 海倫・杜卡斯引述於她給愛因斯坦傳記作者亞伯拉罕・派斯的信件，1955 年 4 月 30 日。見派斯的《上帝難以捉摸》，477。海倫・杜卡斯自己對愛因斯坦最後時日的記述有點不同：「〔去做那個手術〕真是不莊重。我想走的時候就會走──優雅地走！」對於此記述的一則英譯版本，見卡拉普萊斯的《新愛因斯坦語錄》附錄，德文原文可見愛因斯坦檔案，39-071

仔細探查自然，你會更了解它。

> 由瑪歌・愛因斯坦引述於一封給卡爾・吉里胥的信中，1955 年 5 月 8 日。這筆新資料要感謝芭芭拉・伍爾夫。

我感到與所有活生生的人如此緊密連結，以至於個人從何開始、到哪裡結束，對我來說變得不再具體。

> 由馬克斯・玻恩引述於《我這一代的物理學》（Wiesbaden, 德國：Vieweg，1957），240。首先由赫蒂・玻恩在一封 1926 或 1927 年的信中提到，她在說愛因斯坦在說這段話時，正在生重病。

這間房子永遠不會變成朝聖者來看聖人之骨的朝聖之處。

> 回應一名學生的提問，關於他死後他的房子會如何的問題。約翰・惠勒以法文回憶，《愛因斯坦》，22；亦見於惠勒的〈導師與共鳴板〉，收於布羅克曼編輯的《我眼中的愛因斯坦》，35

我想要火化，好讓人無法來崇拜我的骨頭。

由愛因斯坦的傳記作者亞伯拉罕‧派斯引述，《曼徹斯特衛報》，1994 年 12 月 17 日。這段話很可能是愛因斯坦口述心願的再詮釋。

關於教育、學生與學術自由

組織本身無法產生智性活動，只能支持已經存在的事物。

> 給魯道夫・林得曼，1919 年 10 月 7 日，回應關於成立學生會來取代兄弟會及其「野蠻的傳統」。*CPAE*, Vol. 9, Doc. 125

不應忽視學生對特定領域的興趣，特別是因為這種興趣往往在年幼時就表現出來，與個人天賦、家庭中其他成員的先例及眾多不同情況都有關係。

> 1920。引述於莫什科夫斯基的《與愛因斯坦對話》，65

多數老師問學生的問題，是為了找出他們哪裡不懂，這是浪費時間；問問題的真正藝術，在於發掘出學生知道什麼或有能力知道什麼。

> 同上

我對貴校師生間的親密友誼感到驚訝 —— 這在德國的學校中十分少見，甚至不可能。

> 取自在紐約市立學院的一場致詞，1921 年 4 月 21 日。引用於該校刊物《校園》，1921 年 4 月 26 日，1, 2。亦見於伊利的《阿爾伯特遇見美國》，114

學習，以及對真和美的追求，是我們允許自己終生保持童心的領域。

> 獻給艾德莉安那‧恩利克斯，1921 年 10 月 22 日。愛因斯坦檔案，36-588

在物理學〔教育〕上，一開始應該只包含可以做實驗和看起來好玩的內容。

> 引自〈愛因斯坦論教育〉，《民族與神廟》週報，1921 年 12 月 3 日。文章作者不具名，引述自莫什科夫斯基的《與愛因斯坦對話》，69

學習事實對一個人並不是那麼重要。要知道事實，並不真的需要學院教育，可以從書本中學。高等教育文理學院的價值，不在習得許多事實，而是訓練心智，思考無法從教科書中學到的東西。

> 寫於 1921 年，關於湯瑪斯‧愛迪生認為學院教育無用的觀點。引用於法蘭克的《愛因斯坦傳》，185

老師最重要的技藝，是激起創造和智慧的歡愉。

> 翻譯自帕沙第納學院天文學館一面牌子上引述的箴言（德文原文為 Es ist die wichtigste Kunst des Lehrers, die Freude am Schaffen und am Erkennen zu wecken）。愛因斯坦在 1931 年 2 月 26 日敬獻該館和天文台，並發表一小段演說，演說中包含這段文字，用以銘刻在天文館內記載此事的小銅牌上，帕沙第納多數學童也參加了這場精心策劃的典禮。見《帕沙第納星報》，

1931 年 2 月 26 日，及《帕沙第納紀事報》，1931 年 2 月 27
日（感謝帕沙第納城市大學的丹・海利、雪莉・厄文和緬恩・
哈科皮揚提供參考資料及文章副本）。我們並不清楚這個句
子是否出自愛因斯坦本人，因為帕沙第納城市大學的圖書館研
究員丹・海利找到類似的句子，出自安那托爾・佛朗士所著的
《西維斯特・博拉德的罪行》第二部第四章：「教學的藝術，
就是喚醒年輕心靈自然好奇心的藝術，目的在於滿足被喚醒的
好奇」，而我發現本書初版可追溯到 1881 年。歷史上想必還
有其他人擁有同樣的想法，而且這個概念也不是源自佛朗士。
這段話也在《我的世界觀》（1934）第 25 頁中做為短語，轉
載於愛因斯坦的演講內容中；在此愛因斯坦是使用自己的文
字，或是使用來自他人但未注明來源，並不清楚，但我的感覺
是他自己的用字。亦見下一條語錄，寫於三年後。

一個老師可以傳授給學生的最有價值的事物，不是知識和
了解本身，而是對知識和了解的渴望，以及對知性價值的
欣賞，不管是藝術、科學或道德上的。

> 與前一條語錄相似，但是是為美國全國初等科學教育審議會所
> 寫，1934 年。愛因斯坦檔案，28-277

學院院長很多，但有智慧而高貴的老師很少。授課講堂多
又大，但遠比不上真心渴望真理和正義的年輕人。大自然
生產的各種事物很多，但千中選一的產品很少。

> 引自〈論學術自由〉，1931 年 4 月 28 日。見羅伊和舒爾曼的
> 《愛因斯坦論政治》，464。愛因斯坦檔案，28-151

今天也有著對社會進步、對思想的容忍和自由、在政治上更加團結的渴求,然而我們的大學生不再像他們的老師一樣,想做為人們希望和理想的榜樣。

　　同上

各個知識領域的專業化,正使得知識工作者和非專業人士之間的鴻溝更為擴大,這使得整個國家的生命力更難得到藝術與科學成就的滋養。

　　引自〈祝賀索爾夫博士〉,1932 年 10 月 25 日。轉載於《我的世界觀》,20

即使是在現代社會,仍有一些工作需要隔離的生活、也不需要太多體力和腦力。這讓人想起燈塔和燈船管理員等工作。對於想要思索科學問題、特別是數學或哲學本質問題的年輕人,難道不能把他們安置於這樣的職位嗎?擁有這種企圖心的年輕人,即使在生命中最有生產力的歲月,也很少有機會能讓自己完全不受干擾地投身於科學問題中,不管時間長短。

　　引自在皇家亞伯特廳的一場演講〈科學與文明〉,1933 年 10 月 3 日。1934 年以〈歐洲的危險－歐洲的希望〉為標題發表。見羅伊和舒爾曼的《愛因斯坦論政治》,280。愛因斯坦檔案,28-253

永遠不要把學習視為責任,而是令人羨慕的機會,能夠習

得智識的自由之美，為的是你自己的快樂，並且在將來能夠為你的學習領域帶來貢獻。

給普林斯頓大學新鮮人的刊物《丁克》的一份陳述，1933 年。愛因斯坦檔案，28-257

在地理和歷史的教學中，〔應〕培養一種對於世界上不同族群特質的同情了解，特別是對那些我們習慣稱之為「原始」的人。

引自〈教育和世界和平〉，給美國進步主義教育協會研討會的訊息，1934 年 11 月 23 日。發表於《進步主義教育》期刊 9（1934），440；轉載於《愛因斯坦自選集：對於這個世界，我這樣想》，58

在學校裡，歷史應該做為詮釋文明進步的媒介，而不是用來灌輸帝國主義勢力和軍事成效的想法。

同上

年輕的心靈因愚昧自私的教師而遭受的羞辱和精神壓迫，有可能永遠無法恢復，也往往對後來的人生產生惡毒的影響。

取自〈記憶中的保羅・艾倫費斯特〉。轉載於《愛因斯坦晚年文集》（1932），214-217。愛因斯坦檔案，5-136

在我看來，最糟的似乎是學校以恐懼、強迫和虛假的權威

為原則來執行工作，這樣的做法摧毀學童正常的情感、真誠及自信。

在紐約州立大學奧巴尼分校美國高等教育三百週年紀念慶祝的致詞，1936 年 10 月 15 日。《學校與社會》期刊 44（1936），589-592。以〈論教育〉為題發表於《愛因斯坦自選集：對於這個世界，我這樣想》，62。愛因斯坦檔案，29-080

〔教育的〕目的應是訓練出獨立行動與思考的個體，然而個體應把服務社群視為生命最高的成就。

同上，60

學校的目標應在於讓年輕人學業完成時擁有和諧的品格，而不是專業知識。

同上，64。下一段寫於十六年後的語錄，顯示事情若非如此，可能會發生什麼事。

否則，擁有專業知識的他會更像訓練有素的狗，而非和諧發展的人。

取自班哲明・范恩的訪談，《紐約時報》，1952 年 10 月 5 日。以〈培養獨立思考的教育〉為標題轉載於《愛因斯坦自選集：對於這個世界，我這樣想》，66。愛因斯坦檔案，60-723

對教學和對書籍與媒體看法的自由，是所有人完整和自然發展的基礎。

為一場大學老師舉辦、但終未實現的集會所寫的講稿，1936
年。以〈在捍衛言論自由集會上的講話〉為題發表於《愛因斯
坦晚年文集》，183-184；愛因斯坦檔案，28-333

那個真正的難題，那一直困擾歷史聖賢的難題，是這樣
的：如何使我們傳授的事物在人類的情感生活中足夠強
健，即使在一個人基本心理變化的力量之中，仍能夠持續
發揮影響？

在史瓦斯摩學院的演講，1938 年 6 月 6 日，以〈道德與情感〉
為題收錄於《愛因斯坦晚年文集》。愛因斯坦檔案，29-083

只有了解我們的鄰人、根據正義來決定我們的作為以及願
意幫助我們的人類同胞，才能帶來人類社會的持久並保障
個人安全。不管是聰明才智、發明或制度化的機構，都不
能取代教育中最重要的這個部分。

在 CBS 廣播中為猶太聯合捐募協會進行的演講，1939 年 3
月 21 日。亦見於傑榮的《愛因斯坦論以色列和錫安主義》，
141。愛因斯坦檔案，28-475

生命的學校沒有條理也沒有計畫，而學校系統依據明確的
計畫而運作……這解釋了……為何教育是如此重要的政治
工具：它有著被競爭的政治團體利用的危險，而這種危險
一直存在。

給大西洋城紐澤西教育協會的一份訊息，1939 年 11 月 10 日。

發表於內森和諾登的《愛因斯坦論和平》，389。愛因斯坦檔案，70-486

如果以為透過強制手段和責任感可以促進觀看和追尋的快樂，是非常大的錯誤……我相信，即使是一隻健康的肉食野獸 ……如果用鞭子強迫牠就算不餓也要不停地吃，也能夠除去牠的貪婪食慾。

寫於 1946 年，〈自傳筆記〉，17-19

我認為資本主義最糟的弊病，是削弱個體。我們整個教育系統都受這個弊病影響。過度的競爭心態不斷灌輸給學生，學生也為了自己未來的職業，被訓練為崇拜物質成就。

摘自〈為什麼要社會主義？〉，《每月評論》，1949 年 5 月。見羅伊和舒爾曼的《愛因斯坦論政治》，445

對一個人的教育，加上對他天賦的栽培，會試圖培養他對同胞的責任感，而不是我們現今社會中對權力與成功的頌揚。

論社會主義系統中的教育。同上，445-446

事實上，現代教學方法還沒有完全掐死神聖的好奇心和探究心，實在是奇蹟。因為除了刺激以外，這脆弱的小植物

最需要的土壤是自由；沒有自由，則必定會毀壞殆盡。

　　同上，17

教學應該是這樣的：它給予的東西會被視為珍貴的禮物，而不是困難的功課。

　　與班哲明‧范恩的訪談，《紐約時報》，1952 年 10 月 5 日。以〈培養獨立思考的教育〉為題轉載於《愛因斯坦自選集：對於這個世界，我這樣想》，66。愛因斯坦檔案，60-723

我從沒機會教更年輕的人，真可惜，我其實會想教中學生的。

　　凡托瓦引述於〈與愛因斯坦的對話〉，1953 年 10 月 17 日

透過學術自由，我了解追尋真理、發表和傳授一個人認為是正確事物的權利。這份權利也暗示著義務：一個人不應隱藏任何他認為真確的事物。很明顯的，對於學術自由的任何限制，會妨礙知識在人與人之間的傳播，並因此阻礙理性的判斷和行動。

　　取自為緊急公民自由委員會研討會所做的陳述，1954 年 3 月 13 日。引述於內森和諾登的《愛因斯坦論和平》，551。抄錄於卡恩的《愛因斯坦圖像傳記》，97。愛因斯坦檔案，28-1025

我反對考試──考試只會消減學習的興趣。學生〔在學院

中〕整個學習過程的考試不應超過兩次。我會舉行討論會，而如果年輕人有興趣且願意聽，我會頒給他們學位。

> 凡托瓦引述於〈與愛因斯坦的對話〉，1955 年 1 月 20 日

你應試著記住，一個認真奉獻的老師是來自過去的珍貴信使，也能夠護送你到未來。

> 回應一個抱怨自己老師的學生。理查茲引述於《我所認識的愛因斯坦》的後記

過去我從沒想過自己的每一個隨興評論都會被人拿去做記錄，不然我會更縮進自己的殼裡。

> 給卡爾・吉里胥，1953 年 10 月 25 日。愛因斯坦檔案，39-053

我是吸引世界上所有瘋子的磁鐵，不過我也對他們有興趣，我最喜歡的一項消遣是重建他們的思考過程。我真對他們十分同情，這也是為何我試著幫助他們。

> 凡托瓦引述，見〈與愛因斯坦的對話〉，1953 年 10 月 15 日

我的確在努力中得到滿足感，但我不認為把自己的工作成果當作「財產」來保護是合理的，那就像某些老守財奴保護自己費力攢來的幾毛錢一樣。

> 給馬克斯・玻恩，1953 年 10 月 12 日。收錄於玻恩的《玻恩－愛因斯坦書信集》，195。愛因斯坦檔案，8-231

我的科學工作是完全是受到想要了解大自然的祕密此一無可抵抗的想望所推動，沒有別的。我對正義的熱愛、盡力貢獻於人類狀態的提升，與我的科學興趣是相當獨立的。

　　給 F. 倫茨，1949 年 8 月 20 日，回覆他詢問愛因斯坦的科學動機的信函。愛因斯坦檔案，58-418

我從未允許把自己的名字出借給商業用途，即使像您這樣屬於不會誤導大眾的情況也一樣。因此，我禁止你以任何方式使用我的名字。

　　給馬文‧盧布希，他要求愛因斯坦准予使用他的名字來推銷一種治胃痛的藥，1942 年 5 月 22 日。愛因斯坦檔案，56-066

我堅信〔對一個主題或嗜好的〕愛是比責任感更好的老師——至少對我而言。

　　給菲利浦‧法蘭克的一封信件草稿，1940 年。愛因斯坦檔案，71-191

身為開始認識基礎數學的十二歲男孩，看到有可能僅靠思考發現真理，不需要外界經驗的幫助，我非常興奮……我愈來愈相信，即使是大自然，也可能透過相對簡單的數學結構來了解。

　　給普林斯頓高中的學生記者亨利‧魯索，引用於學生報《高塔》，1935 年 4 月 13 日

我還沒嚐夠知識之樹所結的果實，不過在我的行業裡，時時取食是必要的。

給馬克斯・玻恩，1919 年 11 月 9 日。玻恩的《玻恩－愛因斯坦書信集》，16；*CPAE*, Vol. 9, Doc. 162

我〔在學校時〕對歷史也沒什麼興趣。不過我認為教學方法的影響多過這個學科本身。

給兒子漢斯・阿爾伯特和愛德華，1919 年 6 月 13 日。*CPAE*, Vol. 9, Doc. 60

明明是別人以你的名字發表的言論，卻被要求公開負責，而你又無法為自己辯護時，確實是令人悲哀的情況。

引自「愛因斯坦與訪談者」，1921 年 8 月。愛因斯坦檔案，21-047

我對自己的未來有如下決定：我會立刻開始找工作，再不重要的工作都沒關係。我的科學目標和個人虛榮都不會妨礙我接受最低下的職位。

寫給未來的妻子米列娃・馬利奇，約於 1901 年 7 月 7 日，當時在找第一分工作時遇到困難。*CPAE*, Vol. 1, Doc. 114

我不在乎談論自己的工作。雕塑家、藝術家、音樂家、科學家之所以工作，是因為熱愛自己的工作。名氣和榮譽是

其次。我的工作是我的生命，而當我找到真理，便把它發表出來……反對意見不影響我的工作。

引用於《紐約之聲》，1921 年 5 月 31 日，2。亦見伊利的《阿爾伯特遇見美國》，312

關於生命

生命並不讓任何人好過。但當我們能夠從自身的不愉快限制中做出某種程度的突破，並且專注於超越生命之不幸的客觀問題時，是件幸運的事。

　　給阿德里安・福克，1919 年 7 月 30 日。*CPAE*, Vol. 9, Doc. 78

生命中最好的事情包括對相關性得到清晰的領會。一個人只有在非常慘澹而虛無的情緒中，才會否認這件事。

　　給海德薇・玻恩，1919 年 8 月 31 日。*CPAE*, Vol. 9, Doc. 97

不用付出代價的，也就沒有價值。

　　格言，1927 年 6 月 27 日。愛因斯坦檔案，35-582

把生命獻給一個想法有可能是好的，如果這個想法能豐富生命，並使一個人從自我的束縛中解放，且不至於把他推向另一個桎梏的話。科學和藝術**有可能**如此，但也有可能導致束縛或不健康的耽溺和過度細分。但若要說這些努力導致無法應付人生，我不會去辯駁。畢竟如果你沉溺其中，即使是水也可能會致命。

　　給兒子愛德華，1927 年 12 月 23 日。翻譯於奈佛的《愛因斯坦》，194。愛因斯坦檔案，75-748

假設 A 是成功的人生，那麼 A = x + y + z。x 是工作，y
是玩耍，而 z 是閉上你的嘴。

> 告訴山謬爾·J·伍爾夫的話，1929 年夏天於柏林。發表於
> 《紐約時報》，1929 年 8 月 18 日。愛因斯坦常說到一個人應
> 閉上嘴吧，例如他對於聽音樂時的評論，見「關於音樂」的章
> 節。

有時候，為一件事付出最多的人，什麼都沒得到。

> 取自與 G. S. 維雷克的訪談〈愛因斯坦的生命觀〉，《星期六
> 晚間郵報》，1929 年 10 月 26 日；轉載於維雷克的《偉大心
> 靈的窺視》，434

生命是一幅偉大的織毯，個人只是廣闊而神奇的圖像中一
條不顯眼的線。

> 同上，444

我們在地球上的處境十分奇怪。每個人來此短暫停留，不
知理由，然而有時似乎是有種神聖的目的……有件事我們
是確知的：人來到這裡是為了其他人。

> 〈我的信仰〉一文的開頭。《世紀論壇》84（1930），193-
> 194。全文及背景資料詳見羅伊和舒爾曼的《愛因斯坦論政
> 治》，226-230。本文的不同版本曾出現在不同出版品，有時
> 標題為〈我的信條〉。

只有為他人貢獻的生命，才是有價值的生命。

> 回應《青年》編輯的問題，這是紐約「威廉斯堡以色列青年」
> 的雜誌。引述於《紐約時報》，1932 年 6 月 20 日。愛因斯坦
> 檔案，29-041

只有在使其他生命更高貴而美麗時，個人的生命才有意義。生命是神聖的，亦即它具有至高的價值，其他任何價值都是附屬於它的。

> 取自〈「猶太觀點」是否存在？〉，1932 年 8 月 3 日。發表
> 於《我的世界觀》德文版（1934），89-90；轉載於《愛因斯
> 坦自選集：對於這個世界，我這樣想》，185-187

每個懷舊之情都受到今日情況的渲染，因此都是透過虛假的觀點來看的。

> 為「自傳筆記」寫於 1946 年，3

生命短暫，只有在經過多次長時間的中場休息後，一個人盡全力推動的大石才會稍微移動。

> 給漢斯・穆薩姆，1947 年 1 月 22 日。愛因斯坦檔案，38-361

一個人對客觀價值的信念，會在自身的衝突與行動中展現出來，而個人的存在正是透過這種信念而產生意義。但如果這份信念缺乏幽默的緩衝，一切就會變得難以忍受。

給約漢娜‧凡托瓦，1948 年 10 月 9 日。這是寄給她的三則格言之一。愛因斯坦檔案，87-034

只追求個人慾望滿足的人生，遲早會導致苦澀的幻滅。

給 T‧李，1954 年 1 月 16 日。愛因斯坦檔案，60-235

如果想要擁有快樂的人生，就給予它目標，而不是人或物質。

恩斯特‧史特勞斯引述於法蘭奇的《愛因斯坦 —— 世紀文集》，32

與我的性格有關的寓言故事種類眾多，而且巧妙創作的故事永無止境。正因如此，讓我更加欣賞和尊敬真誠的事物。

給比利時伊莉莎白王后，1954 年 3 月 28 日。愛因斯坦檔案，32-410

如果考慮到我在經歷納粹主義和兩任妻子之後還成功存活下來，我算是做得還不錯了。

給雅各布‧埃赫特，1952 年 5 月 12 日。愛因斯坦檔案，59-554

我沒有特別的天賦，我只是擁有熱烈的好奇。

給卡爾‧吉里胥，1952 年 3 月 11 日。愛因斯坦檔案，39-013

為了懲罰我蔑視權威，命運把我自己變成了一名權威。

給一位朋友的警語，1930 年 9 月 18 日。引述於霍夫曼的《阿爾伯特‧愛因斯坦：創造者及反叛者》，24。愛因斯坦檔案，36-598

我知道的是，仁慈的命運允許我在狂熱工作多年後，發現幾個好點子。

給荷蘭物理學家 H. A. 勞侖茲，1920 年 1 月 19 日。*CPAE*, Vol. 9, Doc. 265

關於音樂

　　愛因斯坦最喜歡巴赫、莫札特和一些義大利和英國的老作曲家；還有舒伯特，為的是他表達情感的能力。他對貝多芬則明顯沒那麼喜歡，認為他的音樂太個人和戲劇化。至於韓德爾，他覺得技巧上很好但顯得淺薄。舒曼較短的作品很吸引人，因為富原創性且感受豐富。孟德爾頌有不可輕忽的天賦但缺乏深度。愛因斯坦喜歡布拉姆斯的某些藝術歌曲和室內樂。他覺得華格納的音樂性格具有難以形容的侵略性，「所以大體上我只能懷著厭惡的心情去聽」。他認為理查・史特勞斯很有天份但過度關注於外顯效果，缺乏內在的真誠。（取自一份問卷調查的回覆，1939 年 5 月。愛因斯坦檔案，34-322）

　　愛因斯坦從六歲開始拉小提琴；1940 年代中期放棄小提琴，只彈鋼琴。根據愛因斯坦檔案的芭芭拉・伍爾夫，愛因斯坦在 1920 年到 1950 年間至少有過十把不同的小提琴。據說至少有一把琴被他叫做「琳娜」並在遺囑中把最後一把琴留給孫子伯恩哈德，而他又把琴給了兒子保羅。見法蘭克的《愛因斯坦傳》，14；格魯寧的《阿爾伯特・愛因斯坦的房子》，251。

不要放棄莫札特奏鳴曲，你爸爸也從那些曲子學會了解音樂。

> 給兒子漢斯・阿爾伯特，1917 年 1 月 8 日。愛因斯坦在十三歲時「愛上莫札特奏鳴曲」。*CPAE*, Vol. 8, Doc. 287, n. 2

日本音樂和我們的音樂之間有非常根本的不同。在歐洲音樂中，和弦和結構編排非常重要且有一定規則，但這在日本音樂中闕如，然而兩者都同樣以十三個音構成一組八度。對我而言，日本音樂是一幅情感的畫作，有著令人驚奇且立即的效果……我的感想是，它將人聲中的情感，以及鳥鳴和浪濤等觸動靈魂的大自然之聲的情感，做出風格化的表現。而這種感覺又在很大程度上得到打擊樂器的加強，因為打擊樂器不受限於音高，而且特別適合韻律上的表現……對我的腦袋來說，要把日本音樂當作一種偉大的藝術形式來接受，最大的阻礙在於它缺乏形式上的編排和建築般的結構。

> 取自〈我的日本印象〉，《改造》5, no. 1（1923 年 1 月），339。愛因斯坦檔案，36-477.1

不幸的是，不管是在性或音樂能力上的強度，我都自認不夠格接受您的善意邀請。

> 給庫爾特・辛格，1926 年 8 月 16 日，婉拒「第一屆國際性學研究大會」的音樂會邀請。愛因斯坦玩文字遊戲，因為他被邀請擔任布拉姆斯弦樂六重奏第一號（降 B 大調，作品十八號）

的其中一名小提琴手。愛因斯坦檔案，44-905

（譯注：六重奏原文為 sextet，性的英文為 sex。）

研究工作不受音樂影響，但兩者受到同樣的渴望滋養，而且它們帶來的滿足能夠互補。

> 給保羅・普拉特，1928 年 10 月 23 日。引述於杜卡斯和霍夫曼的《愛因斯坦的人性面》，78。愛因斯坦檔案，28-065

至於舒伯特，我要說的只有：放他的音樂，愛它 —— 而且閉上你的嘴巴！

> 回覆另一個關於作曲家的問題，1928 年 11 月 10 日。引述於杜卡斯和霍夫曼的《愛因斯坦的人性面》，75

對於巴赫的生平與作品，我要說的是：傾聽，演奏，喜愛，尊敬 —— 然後閉上你的嘴巴。

> 回覆 Reclams Universum 雜誌一份關於巴赫的問卷，1928 年。引用於《愛因斯坦肖像》，74，以及杜卡斯和霍夫曼的《愛因斯坦的人性面》，75。愛因斯坦檔案，28-058.1

如果我不是物理學家，或許會做音樂家。我經常以音樂來思考，我的白日夢裡都是音樂，我用音樂來看待自己的人生……我生命中大部分的歡樂來自我的小提琴。

> 取自與 G. S. 維雷克的一次訪談〈愛因斯坦的生命觀〉，《星期六晚間郵報》，1929 年 10 月 26 日；轉載於維雷克的《偉大心靈的窺視》，436

在歐洲，音樂變得距離大眾藝術和大眾的感覺太遠，而且變成像是有著自己的習慣和傳統的祕密藝術般的東西。

> 取自與印度神祕主義者、詩人暨音樂家泰戈爾的一次對談，1930 年 8 月 19 日於柏林，討論東方與西方音樂在自我表達上的可能。出自《亞洲》（1931 年 3 月），140-142

要有非常高的藝術標準，使某種偉大的想法能夠在原創音樂中體現，然後一個人才能在此之上創造變化，〔在西方，〕這種變化通常是規定好的。

> 同上

困難之處在於，真正好的音樂，不管是東方或西方的音樂，都無法分析。

> 同上

音樂家失業的整體狀況令人震驚，不過在貧窮國家不像音樂文化薄弱的民族那樣嚴重，後者的兒童不再學習樂器了。

> 給 A. 沃爾，1933 年 4 月 5 日。愛因斯坦檔案，52-305

不要讀任何新聞，找一些志同道合的人，一起閱讀過往的優秀作家，康德、歌德、萊辛，還有別的國家的經典，並享受在慕尼黑找得到的美好自然環境……讓動物陪伴。

同上。沃爾是失業的音樂家，請愛因斯坦給他一些人生指引。

莫札特的音樂是如此純粹美好，我認為它是宇宙內在之美的反映。

彼得・巴克在《私底下的愛因斯坦》（1933）的回憶。

我從六歲開始學小提琴到十四歲，但沒有碰上好老師的運氣，對他們來說音樂沒有超越機械化的練習。我真正開始學到東西是在十三歲左右，主要是因為我愛上了莫札特的奏鳴曲。

取自寫給菲利浦・法蘭克的信件草稿。愛因斯坦檔案，71-191

我聽貝多芬覺得不太自在，我覺得他太個人，近乎赤裸裸；不如給我巴赫，然後再給我更多巴赫。

取自與莉莉・佛德斯的訪談，《練習曲》，1947 年 1 月

我在現代音樂上的知識十分有限，但其中有一件事我是確定的：真正的藝術，必包含創作者本身無法遏抑的創造慾。

對歐內斯特・布洛赫致敬，1950 年 11 月 15 日。杜卡斯和霍夫曼引用於《愛因斯坦的人性面》，77。愛因斯坦檔案，34-332

我不再拉小提琴了，隨著時間過去，聽自己的演奏對我而言變得愈來愈難以忍受。

> 給比利時伊莉莎白王后，1951 年 1 月 6 日。內森和諾登引用於《愛因斯坦論和平》，554。愛因斯坦檔案，32-400

我每天都彈鋼琴，鋼琴〔比起小提琴〕更適合即興，也更適合獨奏。此外，對現在的我來說，拉小提琴已經太吃力了。

> 凡托瓦引述於〈與愛因斯坦的對話〉，1954 年 3 月 24 日

今天我在收音機上聽了莫札特的《朱庇特》交響曲。這是莫札特最好的作品。在莫札特的歌劇中，《費加洛婚禮》和《〔後宮〕誘逃》最為傑出；我不那麼喜歡《魔笛》。現代歌劇中，只有穆梭斯基的《鮑里斯‧戈東諾夫》是佳作。

> 同上，1955 年 3 月 10 日

莫札特在這裡真是寫得亂七八糟！

> 演奏莫札特的某支曲子有困難時。瑪歌‧愛因斯坦與傑米‧薩恩為《愛因斯坦在美國的日子》，139

所做的訪談中提及我先即興，如果沒效，再從莫札特尋求慰藉。但如果即興時出現某種東西，我需要巴赫的清晰結

構來繼續下去。

解釋他工作之餘如何拉小提琴來放鬆，在音響效果特別好的柏林家中廚房裡。康拉德・沃克斯曼的回憶，見格魯寧的《阿爾伯特・愛因斯坦的房子》，251。引用於埃勒斯的《親愛的赫茲！》132

關於宗教、神與哲學

　　愛因斯坦本人常這樣解釋：他的「宗教」是對宇宙的敬畏和驚嘆以及在大自然的和諧之前的虔誠謙遜，而非信仰一名能夠控制個人命運的人格化上帝，他稱此信念為「宇宙宗教」。這和所有有神論的教義不相容，因為否認有一名懲惡揚善的人格化上帝存在。愛因斯坦景仰十七世紀荷蘭猶太理性主義斯哲學家史賓諾沙，被德國浪漫主義詩人諾瓦利斯稱為「迷醉於神之人」（God intoxicated man）；由於愛因斯坦經常提到上帝，可能讓人認為他也像史賓諾莎一樣。關於愛因斯坦宗教觀更深入的討論，見雅默的《愛因斯坦與宗教》。亦見本書「雜項」章節的「神祕主義」部分。

為何你寫給我的信中說「上帝應該懲罰英國人？」我對兩邊都不熟。我只以深深的遺憾看到上帝懲罰祂那麼多孩子的無數愚蠢行徑，然而對於這些愚蠢，只有祂自己是負有責任的那位。在我看來，祂只有不存在才能免於咎責。

　　寫給一位瑞士的同事艾德加・麥爾，1915 年 1 月 2 日。*CPAE*, Vol. 8, Doc. 44

何必〔用〕長篇大論？我可以用一……句話適切描述關於猶太人的一切：榮耀你的主耶穌基督，不只透過言辭和聖歌，更是透過你所有的行為。

取自〈我對戰爭的看法〉，收錄於柏林歌德協會出版的《歌德的家園，1914-1916》，發表於 1916 年。*CPAE*, Vol. 6, Doc. 20

在閱讀哲學書籍時，我發現自己杵在那裡，像個畫作前的盲人。我只能領略歸納式的部分……哲學的推論思考超過我的能力。

給愛德華・哈特曼，1917 年 4 月 27 日。*CPAE*, Vol. 8, Doc. 330

由宗教所傳遞的超越人的概念，儘管形式上原始，我相信仍然比海克爾的唯物論更有價值。我相信，即使在今天，消滅神聖傳統仍意味著靈性和道德的破產 —— 即使神職人員的態度和行為在許多面向顯得醜陋而令人厭惡。

給喬治・馮・艾科，1920 年 1 月 14 日，拒絕被指為一元論者。恩斯特・海克爾不懈地對抗傳統宗教教義，但也因為他的優生學、種族與保守的政治思維而使許多自由思想者感到排斥；他殘酷的社會倫理觀影響了納粹。*CPAE*, Vol. 9, Doc. 260

在每個真誠探索大自然的人心中，都懷有一種宗教式的虔敬，因為在面對這些牽動自己感知的極盡細緻的織線時，他不可能認為自己是第一個構想出這一切的人。

1920 年。莫什科夫斯基引用於《與愛因斯坦對話》，46

由於我們的內在經驗是由感官印象製造與組合而成，有靈魂不依身體而存在的概念，在我看來是空洞而缺乏意義的。

> 給維也納詩人莉莉・哈爾彭－諾伊達，1921 年 2 月 5 日。引用於杜卡斯和霍夫曼的《愛因斯坦的人性面》，40。*CPAE*, Vol. 12, Doc. 7

「真」（truth）這個字的意義隨著我們處理的對象而有所不同，如經驗內容、數學命題或科學理論。「宗教上的真理」對我而言完全沒有清楚傳達任何事情。

> 這是對下面問題的回應：科學上和宗教上的真實，是否來自不同的觀點？1922 年 12 月 14 日，在一次日本雜誌的訪談中提出；《改造》5，no. 2（1923），197。轉載於《愛因斯坦自選集：對於這個世界，我這樣想》，261-262

科學研究可以鼓勵人以因果關係來思考和觀察事物，從而減少迷信。可以確定的是，在所有較抽象層次的科學工作背後，都有一種類似宗教感的信念 —— 相信世界是理性的，或說是可理解的。

> 對下面問題的回覆：既然宗教感可以推動科學發現，那麼科學發現可以加強宗教信仰並排拒迷信嗎？同上

我對上帝的了解，來自一種深刻的信念：有一個超越性的智慧，將自己顯現在可了解的世界中。用簡單的話來說，

可以稱之為「泛神論」——史賓諾沙。

　　對這個問題的答覆：你對上帝的了解是什麼？同上

對於教條式的傳統，我只能從歷史和心理觀點來看待，在其他方面對我而言都沒什麼意義。

　　對這個問題的回覆：你對「救世主」的看法是什麼？同上

我想知道上帝如何創造這個世界，我對這種或那種現象、這種或那種元素的光譜都不感興趣，我想知道的是他的想法，其他的都是細節。

　　他在柏林的學生埃絲特・薩拉曼的追憶，1925 年，於薩拉曼的〈與愛因斯坦的談話〉，《聽眾》雜誌 54（1955），370-371

試著用我們有限的方法來刺探自然的祕密，你會發現，在所有可分辨的重重關聯背後，仍有著微妙、難以捉摸而無法解釋的東西；尊敬這種超越我們了解的力量，就是我的宗教，就此而言，我是有宗教信仰的。

　　取自愛因斯坦與德國評論家阿弗列德・克爾的一次晚餐對話，由哈利・凱斯勒伯爵寫在他的日記《大都會日記》（1971），1927 年 6 月 14 日。亦引於布萊恩的《愛因斯坦的一生》，161

我無法設想一個直接影響個人行動的人格神……構成我的

宗教性的，是一種對於無上精神的謙虛景仰，這種精神在我們能夠了解的一小部分世界裡示現自己。在情感上深信，有一個無上的理性力量存在，並示現於難以理解的宇宙中，這就構成了我心目中的上帝。

給 M・謝爾，1927 年 8 月 1 日。引用於杜卡斯和霍夫曼的《愛因斯坦的人性面》，66，以及《紐約時報》在 1955 年 4 月 19 日對愛因斯坦的訃聞中。愛因斯坦檔案，48-380

我常閱讀《聖經》，但其原文仍超過我的能力範圍。

給 H・弗里德曼，1929 年 3 月 18 日，關於他缺乏希伯來文的知識。引述於派斯的《上帝難以捉摸》，38。愛因斯坦檔案，30-405

我相信史賓諾沙的上帝，祂自我顯現為這個世界有規律可循的和諧，而不是一位干涉人類命運和作為的上帝。

回答猶太拉比赫伯特・S・高德斯坦的電報，發表於《紐約時報》，1929 年 4 月 25 日。（史賓諾莎認為上帝和物質世界是無法區分的；一個人如果愈加了解宇宙如何運作，就愈接近上帝。）高德斯坦認為這個答案是愛因斯坦並非無神論者的證據。見羅伊和舒爾曼的《愛因斯坦論政治》，17。愛因斯坦檔案，33-272

每樣事物都是由……我們無法控制的力量所決定的。它決定了昆蟲也決定了星辰的命運。人類、蔬菜或宇宙間的塵埃──我們全都隨著神祕的曲調起舞，這曲調由遠方看不

見的風笛手吹奏。

取自與 G. S. 維雷克的訪談〈愛因斯坦的生命觀〉,《星期六
晚間郵報》,1929 年 10 月 26 日;轉載於維雷克的《偉大心
靈的窺視》,452

沒有人可以讀福音而不感受到耶穌的存在,他的性格在字
裡行間躍動,沒有其他神話充滿這樣的生命力。

這是對以下問題的回覆:「你接受歷史上存在的耶穌嗎?」同
上。轉載於維雷克的《偉大心靈的窺視》,448。引用於布萊
恩的《愛因斯坦的一生》,277(還有一個略微不同的版本,
在第 186 頁)。根據布萊恩的《愛因斯坦的一生》第 278 頁,
據說愛因斯坦認為這次訪談正確表達出他的觀點,其他人則認
為要十分謹慎。

我不是個無神論者,我不知是否可以把自己定義為泛神論
者,這問題牽涉太廣,我們有限的腦袋不夠用。

回應這個問題:「你相信神嗎?」同上。轉載於維雷克的《偉
大心靈的窺視》,447

我不相信道德哲學有可能建立在科學的基礎上⋯⋯對生命
及其珍貴展現的價值判斷,只能來自於靈魂對自身歸宿的
渴望。企圖把道德簡化為科學方程式,勢必會失敗⋯⋯另
一方面,較高層次的科學研究以及對科學理論的興趣,能
夠引導人類對事物做出更有意義的價值判斷,則是無庸置
疑的。

取自〈科學與上帝：一場對話〉，這是愛因斯坦、詹姆士・墨菲和J・W・N・蘇利文之間的意見交換，發表於《世紀論壇》83（1930年6月），373-379

我的見解是，科學領域中所有較為細緻精良的推論，源自一種深刻的宗教感……我也相信這樣的宗教性……是我們這個時代唯一富創造力的宗教行為。

同上

關於宇宙的本質，有兩種不同的概念：(1) 世界是依人而存的整體；(2) 世界是獨立於人的現實。

取自與印度神祕主義者、詩人暨音樂家泰戈爾的對談，1930年夏天。發表於《紐約時報雜誌》，1930年8月10日

我無法在科學上證明真理應被視為獨立於人類，但我如此堅信……如果有一種現實是獨立於人類的，那麼也會有一種真理是對應於這種現實的……問題起自到底有沒有一種獨立於我們意識的真理……打比方來說，如果沒有人在這間房子裡，那張桌子仍應在它現在的位置。

同上

一個人如果徹底相信因果律運作的普遍性，便不可能去設想有一個干涉事件運作的主體存在……這樣的人對於以恐懼為基礎的宗教沒有價值，對社會或道德宗教也沒什麼

用。對他而言，一個會進行獎賞和懲罰的神是無法想像
的，理由很簡單，因為人的行為是受外在與內在需求而決
定的，因此在上帝眼中他不可能負有責任，至少不會比一
個無生物對自己的運動所負的責任更多……一個人的道德
行為所根據的，應該是同情心、教育以及社會關係，完全
不需要宗教基礎。人如果必須受限於對死後懲罰或獎賞的
恐懼與期待，的確就太可悲了。

> 取自〈宗教與科學〉，《紐約時報雜誌》，1930 年 11 月 9 日，
> 1-4。轉載於《愛因斯坦自選集：對於這個世界，我這樣想》，
> 36-40。亦見於《柏林日報》，1930 年 11 月 11 日。本書採用
> 的英譯版本來自《愛因斯坦自選集：對於這個世界，我這樣
> 想》，36-40，其譯者選擇不採用《紐約時報雜誌》的版本。

人類做過的和想過的每件事，都和滿足深刻需求、緩和痛
苦有關，一個人如果想要了解宗教運動和其發展，就要把
這件事常記於心。感受和渴望是人類所有行動和創造背後
的力量，無論表面上看起來有多崇高都一樣。

> 同上

宇宙宗教感的開始，在歷史發展的早期，也就是在大衛的
《詩篇》和一些《先知書》中便已經顯現。在佛教中，尤
其是我們從叔本華美妙的文字中所了解，更強烈含有此種
宗教感的元素。

> 同上

314

對於完全沒有這種〔宇宙宗教〕感覺的人，要向他們闡明這種感覺是很困難的……每個時代的宗教天才都因此種宗教感而與他人區分。這樣的宗教感沒有教條，也沒有依人的形象而產生的上帝；也因此不會產生以教條為中心的教會……在我看來，藝術和科學最重要的功能就是喚醒這種感覺，並在回應呼喚的人心中保持這種感覺的活力。

論「宇宙宗教」，一種對大自然的和諧與美的崇敬，成為許多物理學家的共同信仰。同上

我將稱之為宇宙宗教感，這很難向不曾體驗過的人講述清楚，因為其中並不包含一名擬人化的上帝；一個人會感受到人類慾望和目標的空虛，也會感受到大自然和思想世界中透露出的高貴和美妙秩序。

同上

我堅信，宇宙宗教體驗是科學研究背後最強烈也最高貴的驅動力。

同上

我無法想像一會獎賞和懲罰自己創造物的上帝，且其意圖是以我們自己為範本的 —— 簡言之，這樣的上帝只是人類缺陷的反映。我也無法相信個體在身體死後仍能存在，雖然軟弱的靈魂會因恐懼或荒唐的自大而做如是想。對我來

説，這些已經足夠：去思索意識生命欲將自己推向永恆的神祕，去反思我們只能依稀感知的宇宙美妙結構以及謙虛地試著了解大自然化現的智慧——即使只有極端微小的一部分。

> 取自〈我的信仰〉，《世紀論壇》84（1930），193-194。轉載於羅伊和舒爾曼的《愛因斯坦論政治》，229-230。不同翻譯版本亦見於其他地方，包括本書較早版本。

我們能體驗的最美的事物是神祕，這是所有真正藝術和科學的源頭。對這種情緒陌生的人、無法暫停腳步感受奇妙與驚嘆的人，和已死之人沒有兩樣：他的眼睛是閉著的。對生命之謎的洞察，配合上恐懼，也同時使宗教誕生。要了解對我們而言不可能理解的事物確實存在，並展現為最高的智慧及最耀眼的美，而我們遲鈍的感官僅能粗略領會——這份知識，這種感受，是真正宗教性的中心。以這種意義來説，而且也只以此種意義來説，我屬於擁有忠誠宗教信仰之人。

> 同上

我們必不能忘記，對抗軍國主義的最勇敢鬥士，來自宗教團體，來自桂格教派。

> 給亨利・巴布斯，1932 年 6 月 17 日。愛因斯坦檔案，34-546

316

哲學像是一名母親，生出所有其他科學，賦予它們的存在。因此，一個人不應輕蔑她的赤裸與貧窮，卻應期望她唐吉軻德般的理想將在她的孩子身上續存，並因此不會陷入庸俗主義之中。

> 給布魯諾・威納瓦，1932 年 9 月 8 日。引用於杜卡斯和霍夫曼的《愛因斯坦的人性面》，106。愛因斯坦檔案，52-267

人類的思想、感受和行動都不是自由的，而是如同星辰運行般，受到因果關係的束縛；我們應時刻不忘此事，並依此而做為。

> 取自給美國史賓諾莎學會的一份陳述，1932 年 9 月 22 日。愛因斯坦檔案，33-291

如果一個人剪除《先知書》和基督教最初教導之後所有多出來的東西，尤其是神職人員教的那些東西，得到的便是能夠治癒所有人類社會疾病的教義。

> 為羅馬尼亞的猶太期刊《我們的重生》所做的一份陳詞，1933 年 1 月。發表於《我的世界觀》；轉載於《愛因斯坦自選集：對於這個世界，我這樣想》，184-185

制度性宗教如果決定動員追隨者的善意與精力來對抗愈加流行的非自由主義（illiberalism），或許多少能夠重拾上次大戰中失去的尊重。

引述於《紐約時報》，1934 年 4 月 30 日。在兄弟日的廣播。
也引用於派斯的《愛因斯坦當年寓此》，205

在深刻的科學心靈中，你找不到沒有絲毫宗教感的人。但
這不同於幼稚之人的宗教性。對後者來說，上帝是讓人期
望得到其關愛、害怕受到其懲罰的對象；類似於孩童對父
親感受的昇華。

取自〈科學的宗教精神〉。發表於《我的世界觀》（1934），
18；轉載於《愛因斯坦自選集：對於這個世界，我這樣想》，
40

科學家著迷於普遍存在的因果關係……他的宗教感的表
現，是對於和諧自然律的狂喜；自然律顯示出如此超越的
智慧，相較之下，人類所有的系統性思考與作為都成了瑣
碎的殘影……無疑的，這與古今所有宗教天才的著迷體驗
十分相似。

同上

人類生命的意義是什麼？甚或所有生命的意義是什麼？對
此問題懷有一個答案，也就意味著一個人是懷有宗教信仰
的。你問：那麼，提出這個問題有意義嗎？我回答：認為
自己的生命甚至所有生物的生命都無意義的人，不僅不快
樂，也很難說他適合擁有生命。

發表於《我的世界觀》（1934）；轉載於《愛因斯坦自選集：對於這個世界，我這樣想》中的〈生命的意義〉，11

每個人都可以為了服務他人而成長，這種成長無法由上帝的威嚇來促成，只能以激發人性中最好的那面來達成。

取自《全景透視》雜誌 24（1935 年 8 月）的一次訪談，384, 413

宇宙中凡是屬於上帝與善的，都必須先自我完成，再透過我們來表達。我們不能袖手旁觀，只讓上帝去做所有事。

取自一次對話，由阿爾傑農‧布萊克記錄，1940 年秋天。愛因斯坦不允許這次對話公開發表。愛因斯坦檔案，54-834

〔宗教領域〕相信這樣的可能：存有世界的規則是理性的，也就是說，是可以用理性來了解的；我無法想像有哪個真誠的科學家不具有這種深刻的信念。

取自〈科學、哲學與宗教〉，為 1940 年於紐約舉行的一次研討會所寫，該研討會討論科學、哲學和宗教的進展如何影響美國民主；由「科學、哲學與宗教以及其與民主生活方式的關係研討會」在 1941 年發表。轉載於《愛因斯坦自選集：對於這個世界，我這樣想》，〈科學與宗教〉，44-47。愛因斯坦檔案，28-523

一個有宗教信仰的人是虔誠的，意思是他深信超越個人的目標與理想之重要，而那些目標既不需要也不存在著理性

的基礎。

　　同上。見《愛因斯坦自選集：對於這個世界，我這樣想》，45

缺乏宗教的科學是跛足的，缺乏科學的宗教是盲目的。

　　同上。見《愛因斯坦自選集：對於這個世界，我這樣想》，
　　46。愛因斯坦不見得總是原創，這段話或許是借用康德的「缺
　　乏直覺的觀念是空洞的，缺乏觀念的直覺是盲目的」。有些科
　　學家並不贊同愛因斯坦這份感性，為數或許還不少；例子可
　　參考戴森的〈為卡拉普萊斯的新愛因斯坦之書寫前言〉，491-
　　502

現今宗教和科學主要衝突的來源，在於人格神的概念。

　　同上。見《愛因斯坦自選集：對於這個世界，我這樣想》，47

我們的心之所嚮和價值判斷，都因猶太－基督教傳統而有
了最高原則。力量渺小的我們幾乎不可能達成那樣崇高的
標準，但我們的抱負與價值仍因此有了明確的基礎……國
家和階級的神化，更不用說是個人的神化，在此都沒有存
在的餘地。借用宗教性的說法：難道我們不全都是天父的
孩子？

　　同上。見《愛因斯坦自選集：對於這個世界，我這樣想》，43

只有個人才被賦予靈魂。

　　同上。意指靈魂並不會被賦予階級或國家。

宗教導師致力追求道德良善時，勢必要有足夠的精神高度，足以放棄來自人格神的教條。讓人投以恐懼與希望的人格神，在過去把太多權力交付在神職人員手中了。

> 同上，48

不管是誰，只要經歷過成功推進〔科學〕領域的深刻體驗，都會對理性能夠化為現實的力量感到深深的尊敬。

> 同上，49

在我看來，人類的靈性演化愈是進展，愈可以確定的是：通往真正宗教性的道路並不在於對生命的恐懼、對死亡的恐懼以及盲目的信仰，而是透過對理性知識的追求。

> 同上

由於宇宙的此等和諧，我於是能以我有限的人類心靈看到神，然而卻還有人說神不存在。不過真正讓我憤怒的是，那些人還拿我來支持他們的論點。

> 對德國反納粹外交人員暨作者胡伯圖斯所說的話，時間約1941年。引述於他的著作《朝向遠岸》（中文書名暫譯，英文書名 *Towards the Further Shore*）（倫敦，1968），156。由於此評論，愛因斯坦便和無神論切割了；見雅默的《愛因斯坦與宗教》，97

然後有狂熱的無神論者，他們無法容忍異己的程度和宗教

狂熱者並無二致，而這種無法容忍的來源是一樣的……兩者都是聽不見天上的音樂的生物。

> 給一位不知名的人，1941 年 8 月 7 日，回應他一篇研討會文章〈科學、哲學與宗教〉（1940）所得到的反應。對許多讀者來說，愛因斯坦反對一個「人格化」的神，即表示他完全否定神的存在，因為「除了人格神以外別無其他的神」。見雅默在《愛因斯坦與宗教》（92-108）中的討論。愛因斯坦檔案，54-927

很有可能，我們是能夠做出比耶穌更了不起的事，因為聖經裡關於他的描寫有著詩意的描繪。

> 引述於赫爾曼斯的〈與愛因斯坦的談話〉，1943 年 10 月。愛因斯坦檔案，55-285

我們腦中形成的想法，全都脫離不了五官〔意即，沒有一種想法是由神啟發的〕。

> 同上

我不會認為哲學和理性本身在可見的未來將成為人類的方針，不過仍會是少數中選之人最美的庇護所。

> 給克羅齊，1944 年 6 月 7 日。引述於派斯的《愛因斯坦當年寓此》，122。愛因斯坦檔案，34-075

於是我抵達……一種深刻的宗教性，然而這卻在十二歲時

戛然而止。閱讀了大眾科學讀物後，我很快便了解到聖經中大部分的故事不可能是真的……從這份經驗中產生了對所有權威的懷疑……這種態度從此不曾在我身上消失。

為〈自傳筆記〉寫於 1946 年，3-5

在遙遠的那邊有個廣大的世界，獨立於我們人類而存，像個巨大而永恆的謎題般轟立在我們面前，而我們的查驗和思考可以對它稍做探觸。對那個世界的思索於我像是一種解放般的招喚，而我很快便注意到，有許多我所尊敬和景仰的人，透過把自己奉獻於此，尋得了內在的自由與安定。

同上，5

我的看法接近史賓諾沙：崇敬大美，而對於秩序與和諧之邏輯上的簡單性，我們僅能謙遜且不完美地領略。我相信，我們必須滿足於自己不完美的知識和了解，且要明白價值觀和道德義務完全是人自身的問題。

給馬加拉納，1947 年 4 月 26 日。引用於霍夫曼的《阿爾伯特·愛因斯坦：創造者及反叛者》，95。愛因斯坦檔案，58-461

較可能與科學發生衝突的是……宗教傳統中的象徵性內容……因此真正的宗教若要存續，避免此類衝突是非常重要的；事實上，引發這類衝突的主題，在真正的宗教追求

上並不是那麼重要。

> 取自給紐約市自由牧師俱樂部的聲明。發表於《基督徒記錄週報》，1948 年 6 月；以〈宗教與科學能不能和平共處？〉為標題轉載於《愛因斯坦自選集：對於這個世界，我這樣想》，49-52

雖然科學成果的確與宗教或道德考量完全獨立，然而在科學上達到創造性成就的那些人，卻都充滿了真正的宗教情懷，他們相信我們的宇宙是完美的，也相信宇宙對我們知識上的理性奮鬥會有所回應。

> 同上

一個人是整體的一部分，這個部分存在於局限的時間和空間中，而我們把這個整體稱為「宇宙」。人所體驗的自己以及自己的思考和感覺，是與其他部分分離的 —— 這類似於一種意識上的錯覺。把自己從這種錯覺中解脫，是真實宗教的一個題目。不是去滋養，而是嘗試克服這種錯覺，是達到相當程度心靈平靜的途徑。

> 給羅伯特・馬可斯，這位悲傷的父親在幼子死亡後向愛因斯坦尋求慰藉之語，1950 年 2 月 12 日。收錄於卡拉普斯的《親愛的愛因斯坦教授》，184。愛因斯坦檔案，60-424

關於上帝，我的立場屬於不可知論者。我相信，要清晰意識到使生命提升而更加高貴的重要道德原則，並不需要一

位律法制定者的存在，尤其不需要一位根據獎懲來運作的律法制定者。

> 給 M・伯科維茨，1950 年 10 月 25 日。愛因斯坦檔案，59-215

真實的本質是理性的，可以透過人類的理性思考而了解──對於這樣的信念，我找不到比「宗教性」更好的表達方式。如果這種感覺消失，科學立刻就會墮落為缺乏啟發性的經驗主義。

> 給莫里斯・索羅文，1951 年 1 月 1 日。發表於《愛因斯坦給索羅文的書信集》，119。愛因斯坦檔案，21-474

單是不相信一名人格神，完全稱不上是哲學。

> 給 V・A・阿爾托寧，1952 年 5 月 7 日，關於他認為信仰一名人格神好過無神論。愛因斯坦檔案，59-059

我的感受是宗教性的，因為我總是意識到：要更深刻地了解宇宙的和諧，也就是我們嘗試找出的「自然律」，人類心智總是不足的。

> 給碧翠絲・弗勒利希，1952 年 12 月 17 日。愛因斯坦檔案，59-797

有一名人格神的想法，對我而言相當怪異，也顯得天真。

> 同上

假設有一個我們無法察覺的存有⋯⋯無法幫助我們了解這個可以察覺的世界中為人所知的秩序。

> 給 D・阿爾巴，這位美國愛荷華州的學生問：「什麼是神？」1953 年 7 月 21 日。愛因斯坦檔案，59-085

我不相信個體的永生，而我相信道德完全是人類自己的問題，背後並沒有一位人類之上的權威存在。

> 給一位浸信會牧師 A・尼柯生，1953 年 7 月。引用於杜卡斯和霍夫曼的《愛因斯坦的人性面》，39。愛因斯坦檔案，36-553

上帝一詞對我來說不過是人類弱點的表現和產物，聖經則是許多傳說的選集，這些傳說雖有價值卻仍相當原始甚至幼稚。無論解釋得多麼優美，沒有一種詮釋可以改變〔我的〕這種想法。

> 給哲學家艾立克・古特金，1954 年 1 月 3 日。更多內容可見「關於猶太人、以色列、猶太教和錫安主義」章節。這封手寫的半頁信件在 2008 年 5 月 15 日倫敦的布盧姆斯伯里拍賣會以十七萬英鎊（四十萬四千美元）賣出，是愛因斯坦單件信件的最高記錄，是拍賣前估計的二十五倍。《紐約時報》，2008 年 5 月 17 日。愛因斯坦檔案，33-337
>
> （譯按：本信在 2018 年 12 月 4 日由紐約佳士得再度拍出，成交價達兩百八十九萬美元。）

如果上帝創造了世界，那麼讓這個世界容易被我們了解必然不是他的主要考量。

給大衛·波姆，1954 年 2 月 10 日。愛因斯坦檔案，8-041

我認為教友派是擁有最高道德標準的宗教社群。據我所知，他們從未做出惡質的妥協，也一直根據本身的良知為引導。特別是對於內在生活，他們的影響在我看來十分有益且有效。

> 給澳洲的 A·查波，1954 年 2 月 23 日。收錄於內森和諾登的《愛因斯坦論和平》，511。愛因斯坦檔案，59-405

我並不信仰一名人格神，我一向清楚表達且從未否認這件事。如果我身上有某種可以稱為宗教性的東西，那是對於科學可以顯示出的世界結構的無限崇敬。

> 給一名景仰愛因斯坦的人，對方詢問愛因斯坦的宗教信仰，1954 年 3 月 22 日。引用於杜卡斯和霍夫曼的《愛因斯坦的人性面》，43。愛因斯坦檔案，39-525

我並不試圖想像一名上帝；只要我們能以並不充分的感官來欣賞世界，那麼驚嘆於世界之結構已經足夠。

> 給 S·弗萊施，1954 年 4 月 16 日。愛因斯坦檔案，30-1154

一個人的道德有多高，要看的不是他的宗教信仰，而是他從大自然接收到什麼樣的情感衝動。

> 給修女瑪格麗特·哥納，1955 年 2 月。愛因斯坦檔案，59-830

所有哲學不都像是在蜂蜜上寫字嗎？乍看時非常美妙，再看時就全都消失了，只留下一灘蜜漬。

> 羅森塔爾－施奈德回憶於《現實與科學真理》，90

只要你向神祈禱並提出要求，就不是一個虔誠的人。

> 出自與里奧・西拉德的對話，時間不詳，引用於史賓塞・R・沃特和格特魯德・韋斯・西拉德編輯的《里奧・西拉德：對於事實，他的版本》（美國麻州劍橋：MIT 出版，1978），12。略有不同的版本見於雅默的《愛因斯坦與宗教》，149，此處的引用來源顯示為「寫」給西拉德，可能有誤；經過詳盡搜尋，我們仍無法在檔案庫中找到含有這段話的書信。感謝西拉德研究者基恩・丹南解決這個長久以來的謎團。

真正讓我感興趣的，是神是否可能以不同方式創造出這個世界；換句話說，也就是邏輯上簡單性的要求是否容許某種程度的自由。

> 由愛因斯坦的助理恩斯特・史特勞斯引述，有關神在設計這個世界時是否有任何選擇。見吉里胥的《光明之時，黑暗之時》，72。智慧設計創造論的信仰者認為這段陳述表示愛因斯坦支持智慧設計者的存在，並不了解愛因斯坦是透過比喻，去思考在符合邏輯的情況下是否有可能形成不只一種宇宙。

我們〔對神和世界〕一無所知，我們所有的知識都只有小學生的程度。或許我們以後會知道得比現在多一點，但事物的真正本質，我們將永遠不會明瞭。

取自與哈伊姆・切諾維茨的一場訪談，《岡哨》，時間不詳

Pagagoyim。

> 愛因斯坦為天主教追隨者所取的名字，也就是追隨教宗（*papa*）的非猶太人（*goyim*）。德文中 *Papagei* 是鸚鵡，根據愛因斯坦檔案管理者芭芭拉・伍爾夫的看法，愛因斯坦是在玩文字遊戲，影射教宗追隨者只是像鸚鵡學舌般模仿教宗所言。這個字也讓人想起莫札特在歌劇《魔笛》中的捕鳥人帕帕基諾和帕帕基娜。感謝 *CPAE* 前編輯暨愛因斯坦學者約翰・斯塔切爾給予我們這則珍貴語錄，他是由愛因斯坦的祕書海倫・杜卡斯得知的。

當我檢驗自己和我的思考方式時，可以趨近這樣的結論：比起吸收絕對知識的才能，想像力的天賦對我具有更深的意義。

> 類似前面引用的「想像比知識更重要」（1929）。這是一位朋友在愛因斯坦百歲誕辰慶祝時的回想，該活動的日期為 1979 年 2 月 18 日。引述於萊恩的《愛因斯坦與人文學科》，125

一般成年人從來不會去想時空問題……相反的，我的發育如此緩慢，直到成年後才開始去想時間和空間。然後我更加深入研究這個問題，比任何成人或小孩更甚。

> 諾貝爾獎得主詹姆斯・法蘭克的回想，關於愛因斯坦相信會去反思時空問題的，通常是小孩而非成人。引用於吉里胥的《阿爾伯特・愛因斯坦與瑞士》，73

要躲過讚美的腐蝕效果，唯一的方法是繼續工作。

> 林肯・巴涅特引述於〈在愛因斯坦的百年紀念，他的精神留存
> 於普林斯頓〉，史密森尼學會，1979 年 2 月，74

我幾乎不用文字思考。想法先出現，之後我或許會試著用文字表達出來。

> 1916 年與心理學家馬克斯・魏德邁的對話。取自魏德邁的
> 《生產性的思考》（紐約：Harper，1945），第 184 頁注腳

就我個人來說，接觸藝術作品時，讓我體驗到最高程度的愉悅。它們帶給我的快樂是如此強烈，無法從其他來源取得。

> 1920 年。由莫什科夫斯基引用於《與愛因斯坦對話》，184。
> 根據上下文的脈絡，愛因斯坦在這裡指的只有文學。

想像比知識更重要，知識是有限的，想像包含全世界。

> 這是針對以下問題的回答：「比起你擁有的知識，你更信賴自
> 己的想像力嗎？」摘自維雷克的訪談〈愛因斯坦的生命觀〉，
> 《星期六晚間郵報》，1929 年 10 月 26 日；轉載於維雷克的
> 《偉大心靈的窺視》，447

無疑的，我的職業生涯並不是憑一己的意志決定，而是由許多無法控制的因素決定的，主要是大自然為生命所需而設計的那些神祕腺體所掌控。

關於自由意志和決定論的討論。同上。轉載於維雷克的《偉大心靈的窺視》，442

雖然我試圖在思想上不偏頗，但我的直覺和傾向屬於歐洲人。

引述於倫敦的《每日快報》，1933 年 9 月 11 日。亦見於霍頓的《科學的進步》，126

憎恨的箭矢也曾瞄準過我，但從來不曾真正射中，因為它們不知怎麼的屬於另一個完全與我無關的世界。

為喬治·許萊伯的《肖像畫與自畫像》（Boston: Houghton Mifflin，1936）所寫的陳述。轉載於《愛因斯坦晚年文集》，13。愛因斯坦檔案，28-332

如我這類型的人的存在本質，正在於他「想什麼」及「怎麼想」，而不是他做了什麼或遭遇了什麼。

寫於 1946 年，〈自傳筆記〉，33

耕耘艱深的知識、研究神所創造的大自然，兩者都是我的天使，將給予我慰藉、力量和毫不妥協的嚴謹，帶領我突破此生所有困難。

寫給愛因斯坦女友瑪麗的母親寶琳·溫特勒，1897 年 5 月。*CPAE*, Vol. 1, Doc. 34

我從不去想未來，未來很快就到了。

格言，1945-46。根據《牛津字典幽默語錄》（第二版，2001），這段語錄來自 1930 年在郵輪比利時號的訪談；他有可能是日後回憶，然後以較晚的日期安插在愛因斯坦檔案裡。愛因斯坦檔案，36-570

關於科學與科學家、數學與科技

　　愛因斯坦最為人所知的是他的相對論。在早期論文中，他稱之為「相對性原理」（relativity principle）。最早使用「相對論」（theory of relativity）一詞的人是馬克斯・普朗克，他在 1906 年用這個名稱來描述勞侖茲－愛因斯坦的電子運動方程式；後來，艾倫費斯特的一篇文章也沿用普朗克的說法，愛因斯坦本人在 1907 年回應這篇文章時，終於使用了「相對論」一詞。然而接下來數年間，愛因斯坦在文章標題裡仍持續使用「相對性原理」，這是因為當時仍在發展中的想法還不能稱為「理論」，只能用「原理」稱之。到了 1915 年，愛因斯坦開始把他 1905 年處理空間和時間的理論稱為「狹義相對論」，以便與他關於重力的新理論「廣義相對論」區分開來。參見斯塔切爾等人所著的《愛因斯坦的奇蹟年》（中文書名暫譯）（*Einstein's Miraculous Year*, 101-102）；以及弗爾森的《愛因斯坦傳》（208-210）。

　　諸如此類的例子，以及無法成功偵測地球相對於「光介質」的運動，引出以下推測：電動力學和力學現象上的特

性，並不符合絕對靜止的概念，倒是應該認為，在所有力學方程式適用的坐標系中，電動力學與光學的定律應也適用；這點已在第一級微量中證明過了。

　　這段話鋪陳了愛因斯坦企圖在狹義相對論中發展的基本想法。見〈論運動物體的電動力學〉，發表於 1905 年的《物理年鑑》。*CPAE*, Vol. 2, Doc. 23。

$$E = mc^2.$$

　　能量等於質量乘以光速的平方。這個「質能不滅」的陳述開啟了原子時代的大門，雖然當時愛因斯坦並無預感也無先見。它最初以如下形式出現：「如果一個物體以輻射的形式釋放能量 L，其質量會減少 L/V^2。」最早出現在〈物體的慣性是否依賴其包含的能量？〉一文中，發表於《物理學年鑑》。本文的英譯版可見於斯塔切爾等人所著的《愛因斯坦的奇蹟年》。注意愛因斯坦選用字母 L 來代表能量，且至少沿用到 1912 年的〈狹義相對論手稿〉（見 *CPAE*, Vol. 4, Doc. 1），他在手寫稿中把編號 28 和 28' 的這兩個方程式的 L 劃掉，以 E 取代。見該手稿的複製版，喬治·布拉齊樂、薩夫拉基金會和以色列博物館共同出版，出版地為耶路撒冷（[1996], 119, 121）；以及《愛因斯坦全集》。有趣的是，拉爾夫·貝爾連恩也告訴我，遲至 1922 年 1 月的一篇手稿中，也發生同樣的情況（見 *CPAE*, Vol. 7, Doc. 31, p. 259）。

　　這個方程式由狹義相對論推導而來，而狹義相對論在核能的研究與發展上扮演了決定性的角色。物質可以轉換為巨大的能量（也就是當一個粒子從一個原子中釋放時，會轉變為能量），這說明了大自然的一個基本關係。這個理論也為空間和時間帶

來新的定義。然而，質能轉換的直接實驗證據卻等了二十五年，在核能反應的研究中才得到證實；而時間膨脹則要等到1938 年才得到直接證實。

（注：下面的六則語錄並不符合時間順序，但我仍放在這裡，因為它們反映出愛因斯坦的思考逐漸邁向 1905 年狹義相對論的過程。）

如果一個人追逐一道光線呢？……如果騎在一束光上呢？……如果一個人跑得夠快，是否光就完全不會動了？……「光的速度」是什麼？如果光速是相對的，光速的值卻不與其他運動中的物體呈現相對關係。

> 取自愛因斯坦與心理學家馬克斯・魏德邁在 1916 年的一次談話，當時愛因斯坦試著解釋他狹義相對論形成的思考過程。見魏德邁的《生產性的思考》（1945；轉載於 Harper，1959），218。

我一直不能了解：相對論的概念和問題明明與實際生活相距甚遠，為何卻在那麼廣大的群眾間，一直維持著如此踴躍甚而熱烈的回響。

> 取自菲利浦・法蘭克的《愛因斯坦傳》序文，約 1942 年。亦見羅伊和舒爾曼的《愛因斯坦論政治》，130。愛因斯坦檔案，28-581

我在十六歲時就觸及的這個悖論，經過十年的思索之後，得出如下原理：如果我以速度 c（真空中的光速）追一束

光，我應該會觀察到這束光 —— 在空間中震盪的電磁場
—— 是靜止的……從一開始，在直覺上對我而言便很清楚
的是，對這名觀察者而言，所有事物據以運作的定律，都
與相對地球而言靜止的觀察者是相同的。

> 為〈自傳筆記〉寫於 1946 年，53

透過建構於已知事實之上，我窮究各種可能性，試圖找出
真正的定律。但我嘗試愈久、愈是窮究各種可能性，就愈
相信：只有找出一種形式普遍的原則，才能讓我們得到確
定的結果；我眼前看到的例子是熱力學。

> 同上

狹義相對論的誕生要感謝馬克士威的電磁場方程式；反過
來說，也只有在狹義相對論之下，電磁場方程式才能以令
人滿意的方式理解。

> 同上，63

狹義相對論只是整個必要發展的第一步，我是在此理論架
構下盡力描繪重力後，才清楚了解此事。

> 同上

狹義相對論從最初的想法到論文的完成，經過了五至六週
的時間。

給卡爾・吉里胥，1952 年 3 月 11 日。愛因斯坦檔案，39-013

我通向狹義相對論的直接途徑，主要在於相信在磁場中運動的導體所誘發的電動勢（electromotive force）不是別的，正是磁場。

> 這是在 1952 年 12 月 9 日慶祝阿爾伯特・邁克生百年誕辰時讀出的訊息，地點在凱斯研究所。見斯塔切爾等人的《愛因斯坦的奇蹟年》，111。愛因斯坦檔案，1-168

根據這裡的假定，從一個點狀來源放出的一道光的傳播中，能量的分布在愈來愈大的空間中並不是連續的，而是由數量有限的能量粒子組成，能量粒子的位置限制於空間中的點，移動時不會分裂，且只能以完整單位被吸收或產生。

> 取自〈關於光的產生和轉化的一個啟發性觀點〉，1905 年 3 月。見斯塔切爾等人的《愛因斯坦的奇蹟年》，178。有些人認為這是二十世紀物理學家所寫下的最具革命性的句子；見弗爾森的《愛因斯坦傳》，143。*CPAE*, Vol. 2, Doc. 14

我們不再能說同時性（simultaneity）的概念是「絕對」的；從某個特定座標系觀察到的同時發生的兩個事件，如果從相對於此系統運動的系統觀察時，就不再是同時的。

> 取自〈論運動物體的電動力學〉（1905），斯塔切爾等人的《愛因斯坦的奇蹟年》，130。*CPAE*, Vol. 2, Doc. 23

我已經完全解決了這個問題，我的解決方法是分析時間的概念。時間無法定義為絕對，而時間和單一速度之間有無法分離的關係。

> 1905 年 5 月對米歇爾・貝索所說，談的是他即將發表的〈論運動物體的電動力學〉中有關電動力學裡的相對性原理，後來即稱為狹義相對論。愛因斯坦在 1922 年 12 月 14 日於京都演講時回顧此事。見《今日物理》（1982 年 8 月），46

〔我將寄給你〕四篇論文。〔第一篇〕處理光的輻射和能量特性，非常有革命性……第二篇透過擴散方式和中性物質稀釋溶液的黏滯性來決定原子的真實大小。第三篇證明，假設熱的分子理論、物體的數量級是 1/1000mm，當懸浮在液體中時，必然已經會有因熱運動（thermal motion）造成的觀察得到的隨機運動……第四篇論文現在只是大概的草稿，是關於運動物體的電動力學，採用了一個修改過的空間與時間理論。

> 給康拉德・哈比希特，1905 年 5 月；在此愛因斯坦讓他預先窺見「奇蹟之年」（*annus mirabilis*）的來臨——二十六歲的愛因斯坦共發表了五篇重要論文，把物理學推向新紀元。對這些論文的呈現與討論，見斯塔切爾等人的《愛因斯坦的奇蹟年》。*CPAE*, Vol. 5, Doc. 27

我也想到電動力學論文的又一個推論。相對性原理與馬克士威的方程式合起來，要求著質量做為一個物體內含有能

量的直接量度；光轉換質量……這個想法令人驚奇又有魅力，但我不知道上帝是否正在發笑，並牽著我的鼻子團團轉。

給康拉德・哈比希特，1905 年夏。*CPAE*, Vol. 5, Doc. 28

由此我們可以得到結論，位於地球赤道的擺輪時鐘，比起位於南極或北極且其他條件都相同的同種時鐘，會走得慢一點點。

取自〈論運動物體的電動力學〉。原為德文版的〈運動物體的電動力學〉，《物理年鑑》17（1905），891-921。見 *CPAE*, Vold. 2, Doc. 23。這是愛因斯坦引介狹義相對論的論文。根據布拉克斯堡維吉尼亞州立理工學院榮譽教授古德的來信，愛因斯坦忽略了他應指出這裡假定了極地觀察者的參考座標系。在其他慣性參考座標系，在赤道的人的時鐘似乎比在極地的人的時鐘慢，這是「至少在某些時候如此」，但不必然「總是如此」，這似乎是愛因斯坦在此要表達的。解釋上的疏忽（也有可能是錯誤）導致物理學家赫伯特・丁格產生誤解，花了許多年時間以錯誤的論點反對狹義相對論。

我們所有涉及時間的判斷，都是關於同時發生的事件的判斷。例如，如果我說：「火車在七點抵達此處」，這表示：我的手錶的時針指著數字七，和火車的抵達，是同時發生的事件。

同上

(1) 在兩個相對於彼此等速運動的座標系間，適用於其中一個物理系統的狀態改變的定律，對另一個系統也適用。
(2) 在「休止」座標系中運動的每一道光束，不管是從靜止或運動中的力量中發射的，都會以固定速度 c 運動。

> 同上。根據利奧波德·英費爾德《愛因斯坦傳》，24，這是相對論立論的基礎。

到目前為止我們對於相對性原理（也就是物理定律不受參考系統的運動狀態影響的假定），只應用到「非加速」（nonaccelerate）參考系統上。我們是否能夠想像，相對性原理也能應用到彼此相對加速的系統？

> 出自〈相對性原理和由此得出的結論〉（1907）的第 5 部分第 17 節的第 1 段，奠定 1915 年廣義相對論的基礎工作。*CPAE*, Vol. 2, Doc. 47

拜我把相對性原理引介到物理學的幸運想法之賜，你——和其他人——現在對我的科學能力過度高估了，高到讓我相當不自在的程度。

> 給阿爾諾德·索末菲，1908 年 1 月 14 日。*CPAE*, Vol. 5, Doc. 73

一個物理學理論只有在其架構是由最根本的基礎構成時，才能令人滿意。最終，相對論令人滿意的程度是很低的，打個比方，就像波茲曼認為熵（entropy）是一種可能性之

前的古典熱力學一樣。

　　同上

有幸能夠為科學的進步做出一些貢獻的人，不應讓〔誰最先提出某種想法的〕爭論減損了他們對尋常工作獲得成果的喜悅。

　　給約翰內斯‧斯塔克，1908 年 2 月 22 日。由於斯塔克在 1907 年 12 月《物理學期刊》上的論文中把物質和能量間的相對關係歸功於馬克斯‧普朗克，沒有提及愛因斯坦，因此幾天前愛因斯坦表達了些許不滿。見 *CPAE*, Vol. 5, Doc. 88，以及 Doc. 70, n. 3

科學成就和個人品質似乎並不總是相等的，我看重和諧平衡的人格遠勝於機巧的算術師或實驗主義者。

　　給雅各布‧勞布，1910 年 3 月 16 日，讚美勞布的上司阿弗烈德‧克萊納。*CPAE*, Vol. 5, Doc. 199

量子理論愈成功，看起來就愈可笑。如果非物理學家能夠追蹤這個怪事的發展，真不知他們會如何發笑！

　　給海因里希‧桑格，1912 年 5 月 20 日，反映出愛因斯坦早期對量子理論缺乏信心。*CPAE*, Vol. 5, Doc. 398

只要「相對論」所根據的兩個原理仍是正確的，它就是正確的。而既然這兩個原理看來仍是正確的，目前的相對論

所呈現出的應是一種重要的進步，我不認為它拖累了理論物理學的發展！

> 取自〈回應 M・亞伯拉罕的評論〉，1912 年 8 月。*CPAE*, Vol. 4, Doc. 8

我現在完全專心處理重力問題……有一件事是確定的：我過去從未為一件事花費如此大的心神，而且直到現在我才對數學產生莫大的尊敬，才感受到數學較為微妙的部分……是如此令人享受！相較於目前的問題，原始的相對論就像兒戲一樣。

> 給阿爾諾德・索末菲，1912 年 10 月 29 日，指出他在發展廣義相對論時在高等數學上的困難，而友人馬塞爾・格羅斯曼幫了他的忙。*CPAE*, Vol. 5, Doc. 421

我找不出時間寫信，因為我現在忙著處理了不得的東西。我日夜驅策自己的腦袋，努力近一步深入過去兩年逐漸發現的東西，那東西代表著物理學基礎問題前所未有的進展。

> 給艾爾莎・洛文塔爾，1914 年 2 月，關於他重力理論的一項延伸研究，其中第一階段在此前半年發表。*CPAE*, Vol. 5, Doc. 590

大自然只讓我們看到獅子的尾巴，但我毫不懷疑有這隻獅子存在，即便牠的體型大到讓我們無法一眼看到全貌。我

們只能以牠身上的蝨子的角度來看牠。

給海因里希‧桑格，1914 年 3 月 10 日，談論的是他在廣義相對論上的研究。*CPAE*, Vol. 5, Doc. 513

相對性原理大致上可以這樣描述：一名觀察者看到的自然律，與他的運動狀態是相互獨立的……透過相對性原理加上真空中光速不變的結果，只要透過純粹的演繹，就可以得到現在所稱的「相對論」……其重要性在於它達成了每個普遍的自然律都必須滿足的條件，因為這個理論告訴我們自然現象是這樣的：自然律和觀察者的運動狀態是相互獨立的，而對觀察者來說，現象與空間和時間是分不開的。

《福斯日報》，1914 年 4 月 26 日。*CPAE*, Vol. 6, Doc. 1

一個理論學家迷失的方式有兩種：

1. 惡魔以錯誤的假說牽著他的鼻子走 —— 這種情況他值得我們同情。
2. 他的論證錯誤而差勁 —— 這種情況他活該挨打。

給 H‧A‧勞侖茲，1915 年 2 月 3 日。*CPAE*, Vol. 8, Doc. 52

一個人不應追求容易達成的目標，而應該培養出一種直覺，辨認出他透過最大的努力勉強可以達成的目標。

給前學生沃特‧達倫巴赫，1915 年 5 月 31 日，在給予他一項關於電機工程計劃的建議時提到的。*CPAE*, Vol. 8, Doc. 87

在專業上，科學家和數學家具有絕對的國際思維，且對於他們住在敵國的同儕，會小心避免對他們不友善；另一方面，歷史學家和哲學家多數是沙文主義的急性子。

　　給 H・A・勞侖茲，1915 年 8 月 2 日，談及柏林的氛圍，不過愛因斯坦所說的是德國受歷史形勢所塑造的一種特殊心態。*CPAE*, Vol. 8, Doc. 103

就我個人經驗所及，這個理論和它所有相關事物讓我經歷到的人性悲慘簡直是前所未有的，但我不在意。

　　給海因里希・桑格，1915 年 11 月 26 日，關於廣義相對論被接受的情況。*CPAE*, Vol. 8, Doc. 152

這個理論是無與倫比的美麗。然而，只有一位同行真正了解〔並使用〕它。

　　同上。這位同行是大衛・希爾伯特。

真正了解它的人，將很難逃脫這個理論的迷人。

　　取自〈重力場方程式〉，1915 年 11 月，這篇論文運用黎曼的曲率張量（curvature tensor），更進一步確立了廣義相對論。*CPAE*, Vol. 6, Doc. 25

請一定要好好看看，這是我一生中最有價值的發現。

　　給阿爾諾德・索末菲，1915 年 12 月 19 日，指的是上述論文中的方程式。*CPAE*, Vol. 8, Doc. 161

對物理學家來說，一個概念只有在有可能找出它是否能運用於實際的例子時才存在。

> 這句話出現在愛因斯坦為更廣大的讀者所寫的《論狹義與廣義相對論》（1916；在德國是 1917 年出版）（見 *CPAE*, Vol. 6, Doc. 42）。英文版轉載於《相對論：狹義與廣義相對論》。這是他對同時性的絕對本質之假定的評論（見 *CPAE*, Vol. 9, Doc. 316, n. 3）。亦引用於紀堯姆寫給愛因斯坦的一封信中，1920 年 2 月 15 日

指引出更為包容廣闊的理論，而本身在這些理論之中繼續潛存，這就是一個物理理論最美好的命運了。

> 取自《相對論：狹義與廣義相對論》，78

相對論僅僅是我們科學幾百年演化中的又一步，我們的科學保存了過去發現的各種交互關係，深化其意義，並添加新的交互關係。

> 取自〈相對論的基本概念〉，寫於 1916 年 12 月之後。*CPAE*, Vol. 6, Doc. 44a, 附於 Vol. 7 之中

物理學家的至高任務〔Aufgabe〕，是得到具有普遍性的基本定律，在這些定律之上，宇宙可以透過純粹的演繹而建立起來。要抵達這些定律，並沒有邏輯性的道路；只有建立在深切經驗之上的直覺，才有可能達成。

> 取自〈研究的動機〉，為慶祝普朗克六十歲生日時進行的演

講，1918 年 4 月。轉載於《愛因斯坦自選集：對於這個世界，我這樣想》，〈研究的原理〉。*CPAE*, Vol. 7, Doc. 7

讓一個人得以從事這樣的工作的心智狀態……類似於虔誠的教徒或戀愛中的人；每日的努力並非來自刻意或安排，而是直接源於內心。

同上，227

至於他的研究主題……物理學家必須嚴格自我限制：他必須滿足於描述那些可以帶到我們經驗範圍內的最簡單事件；所有複雜程度更高的事件，若要以理論物理學家要求的細緻精確性與邏輯完美度來重建，都會超過人類智性的力量。

同上

我相信叔本華所說，將人導向藝術和科學的最強烈動機，是從日常生活令人痛苦的粗糙與無望的沉悶中逃脫，從人自己易變慾望的桎梏中逃脫……精細淬鍊過的性格，會渴望從個人的生命逃向客觀感知與思考的世界。

同上

科學思考的主要動力，並非一個人必須努力達成的外在目標，而是思考的歡愉。

給海因里希・桑格，約於 1918 年 8 月 11 日。*CPAE*, Vol. 8, Doc. 597

對我而言，假說是一個陳述，其「真實性」是暫時假定的，但其「意義」卻必得超越任何懷疑。

給愛德華・維騰，1918 年 9 月 25 日。*CPAE*, Vol. 8, Doc. 624

大自然很少交出她偉大的祕密！

給海因里希・桑格，1919 年 6 月 1 日，關於他對相對論更進一步的探討。*CPAE*, Vol. 9, Doc. 52

量子理論給我的感覺與你的非常接近。對於它的成功，我們真的該感到羞愧，因為其成功有如耶穌會格言：「不要讓你的左手知道你的右手在做什麼」。（譯按：Let not thy left hand know what thy right hand doeth，原義為施人恩惠時不要炫耀。）

給馬克斯・玻恩，1919 年 6 月 4 日。收錄於玻恩的《玻恩－愛因斯坦書信集》，10。*CPAE*, Vol. 9, Doc. 56

講授量子理論不該由我來做，雖然我花了很多功夫，卻沒有得到什麼洞見。

給沃特・達倫巴赫，約於 1919 年 7 月 1 日。*CPAE*, Vol. 9, Doc. 66

親愛的媽媽，今天我有令人高興的消息。H・A・勞侖茲
發電報給我，〔亞瑟・愛丁頓帶領的〕英國遠征隊真的確
認了太陽造成的光線偏折。

> 給寶琳・愛因斯坦，1919 年 9 月 27 日。*CPAE*, Vol. 9, Doc.
> 113。有些作者主張亞瑟・愛丁頓在整理他的實驗結果時捏造
> 數據。愛丁頓為了證實廣義相對論而到普林西比島進行的日蝕
> 遠征觀測，然而在十六張照相底片中，他丟棄了其中三分之二
> 看似支持牛頓而非愛因斯坦的底片。有些研究者認為愛丁頓用
> 來計算星光移動的數學式也是有偏誤的。不過無論如何，後
> 來其他人得到更清晰的結果並支持愛因斯坦的正確性，愛丁頓
> 也就得到澄清。對於這個議題的討論，見丹尼爾・肯尼菲克的
> 〈從 1919 年日蝕測試相對論〉，《今日物理》，2009 年 3 月，
> 37-42。

狹義相對論的最重要結果，是關於有形物質系統的慣性質
量。很明顯的，一個系統的慣性必須視其能量含量而定，
而這直接導致慣性質量就是潛能的概念。質量守恆的原理
失去獨立性，而變得與能量的守恆結合。

> 取自受《泰晤士報》（倫敦）邀請而寫的〈什麼是相對
> 論？〉，1919 年 11 月 28 日。*CPAE*, Vol. 7, Doc. 25

當我們說我們了解了一組自然現象，意思是我們找到一個
含括這些現象的建構式理論。

> 同上

如果這個國家的天文台和天文學家願意撥出一部分的設備和勞力，我相信我們不需動用特別公款，也可以有效推動廣義相對論的研究。

> 給德國教育部長康拉德・漢尼許，1919 年 12 月 6 日，在他接到通知說國庫已為廣義相對論研究保留十五萬馬克之後。*CPAE*, Vol. 9, Doc. 194

我相信光譜線的紅移是相對論具有絕對說服力的結果，如果證明了這個效應不會在自然界中發生，則整個理論都必須被捨棄。

> 給亞瑟・愛丁頓，1919 年 12 月 15 日。*CPAE*, Vol. 9, Doc. 216

〔一個研究者〕順應事實的方式，是靠直覺挑選出基於公理的可能理論。

> 取自〈物理學的歸納與演繹〉，《柏林日報》，1919 年 12 月 25 日。*CPAE*, Vol. 7, Doc. 28

關於經驗科學的誕生，我們可以得到的最簡單圖像，是依循歸納法。個別的事實被挑選出來、集中在一起，因此它們之間的規律關聯變得清晰。藉由把這些規律集合在一起，我們還可以達到其他更為普遍的規律，直到最後建立起一個包含所有可得事實的相當均質的系統……然而……以這種方式形成的科學知識，很難有重大進步。如果一個研究者要進行研究時缺乏既有的觀點，他如何從最複雜經

驗的龐大豐富中挑選出足夠簡單的事實，透過規律來顯示
這些簡單事實間的連結呢？

　　同上

我們對大自然的了解之所以能有真正重要的進展，是來自
於與歸納法幾乎完全相反的方法。從龐雜的事實中直覺選
取精髓，讓科學家得到一個或數個基本定律的假設。從
這些定律，他推衍出自己的結論，……然後可以和經驗
比對。基本定律 ── 公理 ── 和結論合起來，形成所謂
的「理論」。每個專家都知道，自然科學中最重要的進
展……是從這種方式中產生的，且其基礎都含有這種假設
性的特徵。

　　同上

一個理論的「真實性」無法被證明，因為一個人不可能知
道其結論是否會與未來的經驗相衝突。

　　同上

當我們有兩個理論，且兩者都與眾多事實相容，那麼除了
研究者的直覺以外，沒有其他條件可以決定哪個理論勝過
另一個。因此我們可以了解，為何明瞭兩種理論和事實的
眾多聰明科學家，仍可能各自熱情追隨相反的理論。

　　同上

那麼我不得不憐憫我們親愛的上帝，這個理論依然是正確的。

> 回答博士生伊爾莎・羅森塔爾－施奈德在 1919 年的問題：如果同年廣義相對論沒有得到亞瑟・愛丁頓和法蘭克・戴森的實驗證實，愛因斯坦會做何反應。引用於羅森塔爾－施奈德的《現實與科學真理》，74

為什麼我們要偏好等速運動的座標系統？任何運動都應該容許，大自然才不關心我們的參考系統。

> 同上，91

〔建構式理論〕從相對簡單的基本形式出發，試圖解釋較為複雜的現象……〔另一方面，原理的理論是〕基於對自然過程一般特性的實際發現，從這些原理得以衍生出以數學方法產生的條件，且個別的自然過程或其理論模型也必須符合這些原理。

> 愛因斯坦對兩類科學理論的整理，1919 年；他認為建構式理論更為重要，雖然兩者各有其優點。〈什麼是相對論？〉*CPAE*, Vol. 8, Doc. 26

〔光譜〕問題可能還需要一些時間才能完全解決，但我對相對論的概念很有信心；一但消除所有誤差來源（間接光源），勢必能得到結果。

> 給保羅・艾倫費斯特，1920 年 4 月 7 日，關於廣義相對論。*CPAE*, Vol. 9, Doc. 371

當概念不再確實地與經驗連結時，就變得空洞。它們就像在社會中往上爬的人，不僅對自己的出身感到羞恥，還想加以否認。

給漢斯・賴辛巴赫，1920 年 6 月 30 日。*CPAE*, Vol. 10, Doc. 66

這個世界是個無與倫比的蠢蛋之家，現在每個司機和每個服務生都在爭論相對論是不是對的，然而他們的主張取決於自己所屬的政黨。

給馬塞爾・格羅斯曼，1920 年 9 月 12 日，表達他對廣義相對論得到如此廣泛興趣的驚訝。因為多數人並不了解愛因斯坦的理論，使得他變成更加神祕的人物，後來他又把這些大眾反應稱作「相對論馬戲團」。*CPAE*, Vol. 10, Doc. 148

我內心相信，科學發展最主要在於滿足對純粹知識的渴望。

1920 年，莫什科夫斯基引用於《與愛因斯坦對話》，173

「發現」一詞本身是令人惋惜的，因為「發現」等同於「開始意識到已經存在事情」；這連結到證據，而證據不再有「發現」的特質，卻是在最後的分析中達到「發現」的途徑⋯⋯發現實在不是一個具有創造性的活動。

同上，95

知識中還未被揭露的面向給予研究者一種感覺，很類似孩童希望能夠像成人般操控事物的那種經驗。

同上，46

我快要受夠相對論了！就算是相對論，被它占據如此多心神之後，也可能變得乏味。

給艾爾莎·愛因斯坦，1921 年 1 月 8 日。*CPAE*, Vol. 12, Doc. 12

數學定律只要指涉現實，就不必然；只要必然，就不指涉現實。

取自〈幾何與經驗〉，1921 年 1 月 27 日於柏林的普魯士科學院的演講。收錄於愛因斯坦的《相對論拾零》（紐約：Dover，1922；1983 年再版），28。（在本書的 1996 年版，我採用了菲利浦·法蘭克的用法，把「數學定律」寫成了「幾何學」，並錯把來源指為法蘭克的《愛因斯坦傳》，177。感謝一名捷克讀者指正。）

數學之所以在所有科學之上享有特殊待遇的一個理由，在於數學定律是絕對必然而無爭議的，而所有其他科學領域的定律，在某種程度上都是可以爭議的，且隨時都有被新發現的事實擊潰的危險。

同上，27

事實上，我們有可能視〔幾何學〕為物理學中最古老的一支……如果沒有幾何學，我也沒有辦法建立相對論。

> 同上，32-33

上天以他自己想要的方式為之，而且不會聽人指示。

> 給阿爾諾德·索末菲，1921 年 3 月 9 日，愛因斯坦給他看一個補充廣義相對論的方程式，但不確定此方程式在物理學上的價值。*CPAE*, Vol. 12, Doc. 89

有文化或知識的人不會對我的理論有任何敵意。即便是反對這個理論的物理學家，也是受政治動機所驅策。

> 引述於《紐約時報》，1921 年 4 月 3 日，1, 13。亦見伊利的《阿爾伯特遇見美國》，30

沒有每位奠定先前定律的物理學大師的發現，相對論的想法不可能形成，也沒有立論的基礎……立下基礎，讓我能夠建立理論的四位物理學家是伽利略、牛頓、馬克士威以及羅倫茲。

> 引述於《紐約時報》，1921 年 4 月 4 日，5。亦見於伊利的《阿爾伯特遇見美國》，41-42

務實的人不用〔為相對論〕煩惱；然而，從哲學觀點來看，它的確有其重要性，因為它改變了時間和空間的觀

念，而這在哲學推論與觀念上是必要的。

> 同上

對一名在黑板上的觀察者來說，在周邊的時鐘走得比中間的時鐘要慢。現在已知對於在圓盤上的觀察者來說，它必然走得較慢，因此得到這樣的結論：只要有重力場 —— 在此是一個特例 —— 不同位置的時鐘便會以不同的速度行走。

> 取自 1921 年 4 月 20 日在紐約市立學院的演講。《紐約時報》，1921 年 4 月 21 日，12。亦見於伊利的《阿爾伯特遇見美國》，108

不管到哪裡，都有人問我這個問題，真是荒唐。只要是受過足夠科學訓練的人，都可以懂得這個理論。裡面沒有任何驚奇或神祕的成分，對於受過這類訓練的心智來說這是很簡單的，而且在美國這樣的人很多。

> 取自與《芝加哥論壇報》的訪談，發表於 1921 年 5 月 3 日，第 1、3 版，回應「是否真的只有十二個人懂得相對論」的問題。亦見於伊利的《阿爾伯特遇見美國》，147

上帝很微妙，但並不惡毒。

> 原本是以德文述說，對象是普林斯頓大學數學教授奧斯沃德·維布倫，1921 年 5 月，當時愛因斯坦在普林斯頓進行一系列授課，他聽說了克里夫蘭的戴頓·C·米勒的一個實驗結果，如果是正確的，會與他的重力理論衝突；但那實驗結果最後發

現是錯的。由於這段評述，有人說愛因斯坦的意思是大自然以微妙的方式隱藏她的祕密，也有人說他的意思是大自然很調皮，但不會屈服於詭計。這裡的翻譯因為亞伯拉罕‧派斯而廣為人知，但德文原文的「raffiniert」難以翻譯，其他可能的翻譯則不像「微妙」那麼好聽：狡猾、棘手、詭計多端、狡詐。

銘刻在瓊斯館 202 室教職員休息室火爐上方的石頭上（該建築本來名為芬恩館，後來普林斯頓大學新建的數學館命名為芬恩館後，該館便改名為瓊斯館）。這句話以不同的翻譯版本廣為流傳，例如派斯的《上帝難以捉摸》；法蘭克的《愛因斯坦傳》，285；以及霍夫曼的《阿爾伯特‧愛因斯坦：創造者及反叛者》，146

我改變主意了。或許上帝真的是惡毒的。

稍後在普林斯頓給華倫泰‧巴格曼和彼得‧伯格曼，意思是上帝讓我們相信自己已了解了某事，然而實際上卻差得很遠。見巴格曼的〈與愛因斯坦共事〉，收錄於《有一點不可思議》，哈利‧沃爾夫編（Adison-Wesley，1980），480-481。

現在來看「相對論」這個詞，我承認這是個不幸的名字，給予哲學上誤解的空間。

給 E‧希默，1921 年 9 月 30 日，關於普朗克對他的理論所用的詞彙，愛因斯坦雖不滿意，這個名字卻留下來。愛因斯坦自己會傾向「不變量理論」（theory of invariants），他認為這名稱對於內容或許不是最好的描述，但對方法卻是更準確的描述。見霍頓的《科學的進步》，69, 110, 312, n. 21。愛因斯坦檔案，24-156

我建立在牛頓之上，我沒有廢棄他。所以，只有經過錯誤的詮釋，我的理論才會在我的意圖和許可之外，以一種浪漫的方式造成這種誤解，還要強迫它去面對這種誤解。讓我們別再談論政治考量，或者某些人想要拉上關係的其他原理。

取自與奧爾多·索拉尼的訪談，《訊使報》，1921 年 10 月 26 日。*CPAE*, Vol. 12, Appendix G

科學所發展出的洞見與方法，對實用目的上的作用是間接的，而且往往只服務未來的世代；但如果我們忽略科學，往後便會缺少科學工作者，而他們寬闊的視野和判斷能夠創造新的經濟利基或適應新的挑戰。

取自〈德國科學的困境〉，《新自由報》（維也納），1921 年 12 月 25 日。*CPAE*, Vol. 7, Doc. 70

相對論是純粹的科學，不關宗教的事。

回應坎特伯雷大主教藍道爾·托馬斯·戴維森有關「相對論對宗教的影響」的問題，1921 年倫敦。引用於法蘭克的《愛因斯坦傳》，190

不用嫉妒從業中的理論物理學家，因為自然之母 —— 或更精確地說，實驗 —— 不僅態度堅硬，而且對他的工作通常也不是友善的裁判。她從來不會對一個理論說「是」，只會在最好的狀況下說「也許」，而多數狀況只會直接

說「不」。如果一項實驗證實某個理論有效，仍是「也許」；反之則是「不」。

> 可能是借用一種常見說法在玩遊戲：當一個女人說「不」時，她的意思是「也許」。取自〈對金屬超導性的理論評論〉，收錄於《1904-1922 年來登大學物理實驗室》，1922 年 11 月 11 日（Leiden: Ijdo，1922），429。（感謝約瑟夫·伊利給我這條珍貴的語錄。）

在原始文獻中追蹤理論的演變，總是會有迷人之處；比起由許多現代人以精準語言對最終結果所做的系統性呈現，這樣的研究往往為一個主題提供更深的洞見。

> 取自愛因斯坦論文日文版的前言，以德文寫成，日期記為 1922 年 12 月 12 日，發表於 1923 年 5 月

那時我坐在伯恩的專利局辦公室，忽然間想到：如果一個人自由落下，他不會感到自己的重量。我非常震驚，我對這個簡單的想法留下深刻印象，這把我推向重力的理論。

> 取自他在京都的演講，1922 年 12 月 14 日。由小野義正翻譯為英文，發表於 1982 年 8 月的《今日物理》，取自石原純的筆記。

要描述物理學定律卻不提及幾何學，就像是要描述我們的想法卻不用文字一樣。

> 同上

相對論表明：自然律的闡述不應限定於特定座標，因為座標系並不符合任何實在的東西。一個假設定律的簡單性，應只根據其共變形式來判定……自然律從未也仍未有優先選擇的座標系……相對論主張，不管對任何系統，大自然的通則都是一樣的。

> 取自《物理學年鑑》69（1922）的一篇文章，438。愛因斯坦檔案，1-016

把博士學位給這個年輕人吧，就算有了物理學博士學位，他也不會做出什麼壞事！

> 給保羅・朗之萬，約 1922 年，催促他接受路易・德布羅意公爵的博士論文，該論文主張物質可以用粒子／波動雙重性質來考慮，就如光一樣。引用於布倫・阿特列的《數學與蒙娜麗莎》（Washington, D.C.: Smithsonian Books，2004）。感謝湯姆・吉爾布給我這條寶貴的語錄，也感謝阿特列寄書給我。這個故事在物理學家之間廣為流傳，但我在愛因斯坦給朗之萬的所有信件中都找不到記錄，有可能不是真實事件。與此事最接近的是 1924 年 12 月 16 日的一封信（愛因斯坦檔案，15-377），信中他寫到德布羅意「揭開偉大面紗的一角」，其理論與他當時的研究工作相符合，且他會與其他人討論這個題目。德布羅意在 1923 年的筆記中引入自己的理論，在 1924 年 11 月 25 日進行論文口試（愛因斯坦該信件的三週之前），並在 1925 年發表於《物理年鑑》ser. 10, vol. 3。後來發現，這個理論在數學上同等於海森堡的理論，而根據美國物理協會的網站，愛因斯坦並不信服海森堡的理論。

在整合理論（integrated theory）的追尋上，對於有兩個本質上完全相互獨立的的場的假設，是令理智無法滿意的。

> 取自他遲來的諾貝爾演說，寫於 1923 年 6 月 11 日，在 1923 年 7 月於哥特堡演說。這段陳述預示了愛因斯坦終其一生對重力和電磁力的統一場論的追尋，見《1921-1922 年諾貝爾獎》。愛因斯坦檔案，1-027

在技術上達到某種水準後，科學傾向在美學、適應性和形式上與藝術銜接，最偉大的科學家同時也是藝術家。

> 1923 年的評述。由阿齊巴德・漢德森回溯於《德罕晨報》，1955 年 8 月 21 日。愛因斯坦檔案，33-257

一個人愈是要探索量子，最好愈是不讓人知道。

> 給保羅・艾倫費斯特，1924 年 7 月 12 日，表達自己對於量子理論的挫折感。愛因斯坦檔案，10-089

我對科學的興趣基本上一直都集中在對原理的研究……我發表的論文很少，也是由於同樣的情況；想要掌握原理的強大需求，讓我大部分時間都耗在毫無斬獲的追求。

> 給莫里斯・索羅文，1924 年 10 月 30 日。發表於《愛因斯坦給索羅文的書信集》，63。愛因斯坦檔案，21-195

有些人對基本物理學的洞見〔Prinzipienfuchser〕有很好的嗅覺，而有些人有了不起的技能〔Vituosen〕 ……我們

三人〔愛因斯坦、波耳、艾倫費斯特〕都屬於前者，沒什麼技能上的天份。因此遇上傑出的技能天才如玻恩或德拜時，結果就是灰心；不過從相反方向來說，也是一樣的。

> 給保羅・艾倫費斯特，1925 年 9 月 18 日。引用於弗爾森的《愛因斯坦傳》德文版，552。愛因斯坦檔案，10-111

量子力學確實氣勢鼎盛，但內心有個聲音卻告訴我，這還不是那個真相。這理論產出了很多東西，但還沒引領我們更接近「上帝」的祕密。無論如何，我深信祂不玩骰子。

> 給馬克斯・玻恩，1926 年 12 月 4 日。收錄於玻恩的《玻恩－愛因斯坦書信集》，88。愛因斯坦檔案，8-180。這段話的最後一句有一個流行的版本：「上帝不和宇宙玩骰子」。

牛頓的微分法只有到量子理論中才變得不適用，嚴格的因果關係也捨我們而去，不過這還沒有最後定論。

> 在牛頓的兩百歲誕辰紀念時給英國皇家學會的信，1927 年 3 月。轉載於《自然》119（1927），467。愛因斯坦檔案，1-060

所有的物理學理論，不管數學上的表達方式如何，都必須要能簡單敘述到兒童都能了解的程度。

> 取自 1927 年的一次談話；路易・羅布德意回溯於《微觀物理學的新觀點》，巴黎，1956 年。（英譯版由 New York: Basic Books 出版，1962，184）亦見於克拉克的《愛因斯坦：生平紀事》，344

我花了許多日夜思索，現在最棒的成果已經在我眼前，凝結成七頁的論文，題目是「統一場論」。

> 給米歇爾·貝索，1929 年 1 月 5 日。翻譯於奈佛的《愛因斯坦》，351。愛因斯坦檔案，7-102

我對年輕一代物理學家在量子力學上的成就，以及他們對該理論的真實深度的信心懷有最高的敬意；但我相信它在統計定律（statistical laws）上的限制將會是暫時的。

> 取自他在 1929 年 6 月 28 日接受普朗克獎章時的演說，引用於《研究與進展》5（1929），248-249

所有科技成就的主要來源，是敲敲補補和深思熟慮的研究者的神聖好奇心和玩樂的驅力以及發明家那創造性的想像力。

> 取自於柏林舉辦的德國廣播展的開幕廣播，1930 年 8 月 22 日。弗里德里希·赫內克記述於《自然科學》48（1961），33。愛因斯坦檔案，4-044

不假思索地使用科學和科技的奇蹟，對其了解的程度有如吃草的牛對植物學的了解程度，這樣的人實在應該自己感到羞恥。

> 同上

直到我們的時代之前，不同國家的人對彼此的認識幾乎完

全來自報紙每天映照出的扭曲形象。廣播節目以鮮活的方式讓人互相認識……並因此幫助消除互不相容之感,那種感覺很容易轉為不信任和敵意。

同上

科學家在亨利‧龐加萊稱之為「理解的歡愉」中得到獎賞,而非他的發現能有什麼樣的應用。

取自〈一場蘇格拉底式對話〉,為愛因斯坦、愛爾蘭作家詹姆士‧墨菲和科普作家 J‧W‧N‧蘇利文的意見交換,時間可能為 1930 年。引述於普朗克《科學何去何從》一書的後記,211。這場對談的一部分也以〈科學與上帝:一場對話〉為題發表於《世紀論壇》83(1930 年 6 月),373-379

獨裁意味著各方面的箝制,並從而導致愚昧;科學只有在言論自由的環境中才能蓬勃發展。

取自〈科學與獨裁〉,收錄於《審理獨裁》,奧托‧福斯特‧德巴塔利亞編,亨特利‧帕特森譯(London: George G. Harrop,1930),107。這兩句話便是這部合輯中此篇文字的全文。愛因斯坦檔案,46-218

一切科技進展最重要的目標,必須是對人類和其命運的關切……因此我們心智的創造物才會是對人類的祝福,而非詛咒。在你的圖表和方程式中,永遠不要忘了這點。

取自一次演說,題目是〈科學與幸福〉,地點是帕沙第納的加

州理工學院，1931 年 2 月 16 日。引用於《紐約時報》，1931
年 2 月 17 日。愛因斯坦檔案，36-320

這輝煌的應用科學，明明節省勞力且讓生活更便利，但為
何帶給我們的快樂卻很少？簡單的答案是：我們還沒學會
如何善用。

　　指科技。同上

相信有一個獨立於觀察者的外在世界是所有自然科學的基
礎；然而，因為外在世界或「物理真實」的資訊只能透過
感官間接得知，我們只能藉著推測的方法來了解這個世
界。由此可知，我們對真實的概念永遠不會是最終結論。

　　取自〈馬克士威對物理真實觀念演化的影響〉，收錄於《詹
　　姆士・克拉克・馬克士威紀念文集》（Cambridge, U.K.:
　　Cambridge University Press，1931）。亦見《愛因斯坦自選集：
　　對於這個世界，我這樣想》，266

於是偏微分方程以女僕的身分進入理論物理學，然後逐漸
變成情婦。

　　同上。《愛因斯坦自選集：對於這個世界，我這樣想》，268

我相信目前把物理學公理運用到人類生活的風潮，不僅完
全錯誤，也應受譴責。

關於所謂的「相對論世界觀」，以及物理學在不適當領域的濫用。同上；亦由洛倫・葛蘭姆引用於霍頓和艾卡納的《愛因斯坦：歷史與文化的觀點》，107

科學做為已經完成而存在的事物，是我們人類所知最為客觀、與個人無涉的事物；科學做為正在形成的事物與目標，則和人類所有作為一樣，既主觀又受心理影響。

取自對加州大學洛杉磯分校學生的演講，1932 年 2 月。收錄於《宇宙的建構者》（Los Angeles: U.S. Library Association，1932），91

難以否認的是，所有理論的最高目標，是讓無法更加簡化的基本元素盡可能簡單又少，但又不失去根據經驗來適當呈現的能力。

取自〈理論物理學的方法〉，牛津大學史賓塞講座，1933 年 6 月 10 日。這裡引用的是牛津大學出版社的版本。在通篇演講中，「簡單」、「最簡單」、「簡單性」等字眼重複出現。轉載於 1954 年《愛因斯坦自選集：對於這個世界，我這樣想》，272 頁的版本略有不同。這句話有可能是更廣為流傳的另一句話及其變形的原型：「凡事應該力求簡單，但不能過度簡單。」（Everything should be made as simple as possible, but not simpler.）後面這個版本出現在 1977 年 7 月號的《讀者文摘》，當然不應照單全收。出現於 1938 年 10 月號《讀者文摘》有一篇文章，在標題中使用了「簡單性」一詞來描述愛因斯坦其人其事；而那篇文章正好又有許多不符愛因斯坦人生經歷的錯誤。

大自然是最簡單數學概念的實現,目前為止我們的經驗認
證了這種想法。我相信,透過純粹的數學建構,我們可以
找出相互連結的概念和定律,這會為我們帶來了解自然現
象的鑰匙。

同上。《愛因斯坦自選集:對於這個世界,我這樣想》,274

〔科學〕發展的原理存在於數學。

同上

一個人多年來在黑暗中焦急追尋那自己能感受到卻無法表
達的真理,其中的強烈渴求,反覆的信心與懷疑,直至清
晰領悟與了解,實不足為外人道矣。

取自在格拉斯哥大學的演講,1933 年 6 月 20 日。發表於《簡
述廣義相對論的起源》;轉載於《我的世界觀》,138;以及
《愛因斯坦自選集:對於這個世界,我這樣想》,289-290

使人提升且充實的並不是科學研究的成果,而是在創造性
與開放性的智力活動中,為了了解真實而展現的奮鬥。

取自〈善與惡〉,1933 年。發表於《我的世界觀》(1934),
14;轉載於《愛因斯坦自選集:對於這個世界,我這樣想》,
12

他〔數學家〕不顯現什麼內心的線索,數學家通常如此;
他們邏輯性地思考,但缺乏自然的人性連結。

給史蒂芬・懷斯，1934 年 6 月 9 日。愛因斯坦檔案，35-150

同時有兩種互相獨立的空間結構存在 —— 即度規的重力場
（metric-gravitational field）和電磁交互作用的結構 —— 對
理論家來說是無法容忍的。我們不得不相信，這兩種場必
然都符合一個統一的空間結構。

取自〈空間、以太以及場論的物理學〉，收錄於《科學短文
集》（1934），74。亦見於《愛因斯坦自選集：對於這個世
界，我這樣想》，285

〔把物質轉換為能量的可能性〕就像是在一個只有幾隻鳥
的國度中，試圖在黑夜中亂槍打鳥。

在 1935 年一次記者會中的評論，是原子分裂成功的三年之
前。引用於《文學文摘》，1935 年 1 月 12 日。亦引用於內森
和諾登的《愛因斯坦論和平》，290，並指出對此論點應謹慎
以對。

我自己對於寫大眾性的東西沒什麼動力，因為對於自己生
命所剩時光裡共存的世代，我感到十分陌生。我寧可埋首
於基本的科學問題，尤其是那些在我看來十分遠離目前流
行的問題，我不認為以統計為基礎可以成功建立起物理
學。

給伯特蘭・羅素，1935 年 1 月 27 日。愛因斯坦檔案，33-161

一般大眾對於科學研究的細節或許只能了解到某種程度，但至少可以留下一個重要的印象：人的思維是可信的，自然律是普遍的。

> 取自〈科學與社會〉，1935 年。轉載於《愛因斯坦論人道主義》，13。愛因斯坦檔案，28-342

科學研究根據了這個假設：所有事件，包括人類活動，都由自然律決定。

> 給菲莉絲‧萊特，1936 年 1 月 24 日。愛因斯坦檔案，52-337

科學只不過是日常思考的精緻化。

> 取自〈物理與真實〉，《富蘭克林研究所期刊》221，no. 3（1936 年 3 月），349-382。轉載於《愛因斯坦自選集：對於這個世界，我這樣想》，290

科學的目標，從一方面來說，是對於諸多感知經驗間的所有關係，盡可能達成「完整」的了解；另一方面，則是使用「最少的根本概念和關係」，來達成這個目標。

> 同上，293

每當一個了不起的優美概念被證實為與現實和諧時，都是一種祝福。

> 給佛洛伊德，1936 年 4 月 21 日，關於佛洛伊德的思想。愛因斯坦檔案，32-566

我們 —— 羅森先生和我 —— 把我們的文章寄給你們時，並未授權你們在刊行前交給其他專家看，我看不出有任何理由要遵從你們不具名專家的指教 —— 並且也是錯誤的意見；因上述理由，我考慮在其他地方發表這份論文。

> 給《物理評論》的編輯。這篇文章是〈論重力波〉，和內森・羅森共同撰寫，後來發表於《富蘭克林研究所期刊》223（1937），34-54。愛因斯坦檔案，19-087

我仍然為與十年前同樣的問題所苦，我在一些小事上得到成果，但仍未能達成真正的目標，儘管有時看似伸手可及。這雖艱難卻令人感到值得：艱難是因為這個目標超過我的能力，感到值得是因為這讓人忘卻日常生活的干擾。

> 給歐托・尤利烏斯伯格，1937 年 9 月 28 日。愛因斯坦檔案，38-163

我仍然熱情地工作，雖然我智力工作的產物大多早夭於希望的墓園中。

> 給海因里希・桑格，1938 年 2 月 27 日。愛因斯坦檔案，40-105

物理概念是人類心智的自由產物，而不是像看起來那樣，由外在世界所決定。

> 取自《物理學的演化》（1938），與利奧波德・英費爾德合著

根據相對論，質量和能量間沒有本質上的區分。能量具有質量，質量代表能量。我們現在有了一條守恆定律而不是兩條，也就是質能守恆定律。

　　同上，208

如果不相信以我們的理論架構有可能理解現實，不相信我們的世界具有內在的和諧，就沒有科學；這樣的信念已是也將永遠是所有科學創造的原動力。

　　同上，313

目前為止關於原子分裂得到的結果，並不能證實此過程中的原子能釋放具有經濟實用性。然而，過去實驗得到的反面結論，並不會減損物理學家對這個重要議題的好奇心。

　　為《紐約時報》做的陳述，1939 年 3 月 14 日。見施韋伯的
　　《愛因斯坦和歐本海默》，45

科學嘗試把我們混亂歧異的感官經驗對應到合理統整的思想系統，在這個系統中，個別經驗必須以獨特且使人信服的方式對應到理論結構……感官經驗是給定的，但詮釋這些經驗的理論是人為的。這是……假設性的，永遠不會是最終答案，也永遠要受到質疑和挑戰。

　　取自〈理論物理的根本〉，《科學》（1940 年 5 月 24 日），
　　487-492。轉載於《愛因斯坦自選集：對於這個世界，我這樣
　　想》，323-335

370

我們所謂的物理學是由自然科學構成,而自然科學以測量為基礎,其概念和命題可用數學公式來闡述。

同上

科學家一直企圖〔在物理學的不同分支之間〕尋求一個統一的理論基礎……所有的概念和個別領域間的關係都有可能以邏輯過程推導出來。我們所說的尋找整個物理學的基礎,就是這個意思。相信能夠達成這個終極目標的信念,一直是驅使研究者熱情奉獻的泉源。

同上

你無法像愛一匹馬那樣地愛一部車,馬和機器不同,會呼應人類的情感;而機器則無關人的感覺……機器使我們的生活缺乏人性,使我們的某些品質受到阻礙,製造出無關個人情感的環境。

取自阿爾傑農‧布萊克記錄的一場對談,1940 年秋。愛因斯坦不允許這次對談內容的發表。愛因斯坦檔案,54-834

雖說科學的目標是找出規則,以了解事實間的關聯並預測事實,但這不是唯一的目標。它也在設法減少相互依賴的基本概念的數量,在繁複的世界中追尋理性的統合,科學達到它最重要的成功。

取自〈科學、哲學與宗教〉,由「科學、哲與宗教以及其與民

主生活的關係」研討會發表，紐約，1941 年。轉載於《愛因斯坦自選集：對於這個世界，我這樣想》，48-49

科學概念和科學語言具有超越國家的特質，是因為它是由所有時代不分國家最優秀的頭腦所建立的……他們創造的精神工具帶來技術革命，而技術革命在上個世紀徹底轉換了人類的生活。

取自〈科學的共通語言〉，《科學的進步》2，no. 5（1941），109-110。轉載於《愛因斯坦自選集：對於這個世界，我這樣想》，336-337

要偷看上帝手中的牌很難，但要說他會和世界玩骰子……是我絕對不會相信的。

給康乃爾·蘭佐斯，1942 年 3 月 21 日，表現出他對量子理論的反應，量子力學與相對論的對立之處，在於觀察者可以影響現實，事件確實會隨機發生。引用於霍夫曼的《阿爾伯特·愛因斯坦：創造者及反叛者》第十章；法蘭克的《愛因斯坦傳》，208, 285；以及派斯的《愛因斯坦當年寓此》，114。愛因斯坦檔案，15-294。這段話有一個我喜歡的變形，是一位猶太拉比寄給我的：「上帝不和宇宙擺爛」。據說物理學家尼爾斯·波耳曾對愛因斯坦說：「別再告訴上帝該做什麼了！」

我從來就不了解，相對論的概念和處理的問題明明和實際生活相距甚遠，為何卻得到廣大群眾歡欣甚至熱情的接受。

寫於 1942 年 10 月。做為前言發表於法蘭克的《愛因斯坦傳》德文版，1979 年

我們對科學的期待變得對立，你相信上帝擲骰子，我相信客觀存在的世界，其中有完整的定律和秩序⋯⋯我堅信如此，但我希望未來會有人找到比我輩更為實際的方法，或說更為實質的立論基礎。就算量子理論初步展現出巨大的成功，也沒能讓我相信骰子遊戲，雖然我很清楚意識到我們較年輕的同儕把這解釋為老化的結果。

給馬克斯・玻恩，1944 年 9 月 7 日。收錄於玻恩的《玻恩－愛因斯坦書信集》，146。愛因斯坦檔案，8-207

科學家難免受偏見所害⋯⋯而〔科學的〕歷史與哲學背景知識帶給人⋯⋯不受偏見影響的獨立性⋯⋯在我看來，這種由哲學洞見帶來的獨立性，區分出一個人僅是工匠或專家，或是真正的真理追尋者。

給羅伯特・桑頓，1944 年 12 月 7 日。愛因斯坦檔案，56-283

從伽利略以來，整個物理學史見證了理論物理學家的重要功能，他們是基本理論構思的來源。在物理學中，先驗架構和實驗事實同樣重要。

取自和赫爾曼・外爾共同寫給高等研究院的備忘錄，1945 年初，在研究院教授職的兩位候選人沃夫岡・包力和羅伯特・歐本海默之間，他們推薦理論學家包力。包力拒絕了這個職位，

而歐本海默（後來在 1946 年受邀擔任院長）則接受了。引用於瑞吉斯的《愛因斯坦的辦公室給了誰？》，135

我最初發展的相對論並未解釋原子論和量子現象，也不包含電磁和重力場現象的數學表述。這顯示相對論最初的表述並不是一種定論……其表達方法仍在演化的路上……我給予自己的任務，也是現在花最大心血進行的工作，是解決重力和電磁學理論間的二象性，納入同一個數學形式中。

取自與阿弗烈德‧斯特恩的訪談，《當代猶太紀錄》8（1945年 6 月），245-249

我不是實證主義者，實證主義認為無法觀察的事物就不存在。這個概念無法以科學證實，因為對於什麼事物是人「可以」或「不能」觀察的，不可能做出有效的確認。你只能說「只有我們觀察的東西才存在」，而這顯然是錯的。

同上

我把自己的身體和靈魂都賣給科學 —— 從「我」和「我們」逃避到非人的「它」。

給赫爾曼‧布洛赫，1945 年 9 月 2 日。引用於霍夫曼的《阿爾伯特‧愛因斯坦：創造者及反叛者》，254。愛因斯坦檔案，34-048.1

一個科學人永遠也不會了解，為何某些見解只因為寫在某本書中就要相信；〔再者，〕他也永遠不會相信自己努力的成果就是最終結論。

> 給 J・李，1945 年 9 月 10 日。愛因斯坦檔案，57-061

一個理論，如果在其基本的方程式中明顯含有非基本常數，必然會是由邏輯上互相獨立的不同小部分構成的；但我深信，要對這個世界達成理論上的了解，不需要如此醜陋的構成。

> 給伊爾莎・羅森塔爾－施奈德，1945 年 10 月 13 日。取自給他過去在柏林的學生的一封長信，討論大自然中的通用常數（universal constant）以及與現實的關係。見羅森塔爾－施奈德的《現實與科學真理》，32-38。愛因斯坦檔案，20-278。在 1949 年 4 月 23 日的另一封信中，他說自己的評述並非絕對，而是基於直覺的臆測（同上，40）。

一群人可以組織起來，對已被發現的事物加以應用，但不可能做出新發現。只有自由的個體能夠做出發現⋯⋯你可以想像一群有組織的科學家做出像達爾文那樣的發現嗎？

> 取自與雷蒙・斯文的訪談〈愛因斯坦論原子彈〉，第一部分，《大西洋月刊》，1945 年 11 月

身為科學家，從理性和邏輯分析的角度來看，我相信大自然是一個完美的結構。

給雷蒙德・班納森，1946 年 1 月 31 日。愛因斯坦檔案，56-505

我相信道德標準之所以令人可厭地下滑，肇因於人類生活的機械化和去人性化 —— 這是科學與科技的災難性副產物，都是我們的錯！

給歐托・尤利烏斯伯格，1946 年 4 月 11 日。愛因斯坦檔案，38-228

在世界誕生時 —— 如果有這回事的話 —— 上帝創造了牛頓運動定律及所需的質量和力，這就是全部；除此之外的每件事物，都是透過適當數學方法的演繹而發展出來的。

為〈自傳筆記〉寫於 1946 年，19

一個理論的前提愈簡單、能連結的不同事物愈多、適用性愈廣，這個理論也就愈高竿。

同上，33。愛因斯坦常提到簡單假說的價值，相信這在未來可能會成為理論表現的基本特徵，就像輻射釋放和吸收的例子。見 CPAE, Vol. 6, Doc. 34；亦見收錄於本書末尾「被認為是愛因斯坦所言」的另一段引句，可能是此一想法較差勁的另種說法，以及上面 1933 年 6 月 10 日的語錄。

〔古典熱力學是〕我所相信的唯一普遍的物理理論，在其基本概念的架構中，它永遠不會被推翻。

同上

法拉第－馬克士威二人與伽利略－牛頓二人有著驚人的內在相似性：兩組人的第一人都直覺地掌握關係，而第二人都準確地闡述這些關係並加以量化。

同上，35

即使是大膽無畏、直覺優越的學者，在詮釋事實時也可能受害於概念上的偏見。此偏見……來自於此種信念：事實本身便可以也應該產生科學知識，並不需要自由不受限的概念架構。

同上，49

大自然的構成方式，讓邏輯性地鋪陳這些確定性的定律成為可能，而這些定律中只有理性而完全確定的常數能存在──而非那種數值可以改變，以避免理論崩潰的常數。

同上，63

物理學是一種概念上的嘗試，意圖了解一種與觀察者相互獨立的現實，這是我們談論「物理現實」時所指的意思。

同上，81

如此複雜的方程式，如重力場的方程式，只有透過找到完全或幾乎完全決定這些方程式的邏輯上簡單的數學條件時，才能成立。

同上，89

如果以實用目的為導向，科學將停滯不前。

> 回覆海外通訊社提出的問題，1947 年 1 月 20 日。引用於內森和
> 諾登的《愛因斯坦論和平》，402。愛因斯坦檔案，28-733

事實上，我從不相信物理學的基礎可以由以統計為本質的定律所構成。

> 未發表草稿，評論馬克斯・玻恩的文章〈愛因斯坦的統計理
> 論〉，為席爾普的《阿爾伯特・愛因斯坦：哲人－科學家》而
> 寫，1947 年 3 月。引用於斯塔切爾的《愛因斯坦從 B 到 Z》，
> 390。愛因斯坦檔案，2-027

如果上帝對慣性系統感到滿足，就不會創造重力。

> 對亞伯拉罕・派斯所說，1947 年。見派斯的《雙洲記》，227

我相信這是天賜的廣義相對論的一般化。不幸的是惡魔也參與其中，因為這些〔新的〕方程式無法解決。

> 關於他近期把廣義相對論一般化，以成為統一場論的努力。
> 同上

當事情可以這樣處理或那樣處理時，我不喜歡；事情應該是：不是這樣就無法處理。

> 對理論的一般性看法。同上

我們所說的關於真實世界的任何事，必然是假設性的，而且是人類心智的建構。因為我們能直接得到的，都只是感官知覺……一直以來，「真實世界存在」之概念，在物理學中是根本的。缺了這種概念的話，心理學和物理學之間便失去了界線……現代的發展並沒有改變這件事。

　　給大衛・霍蘭德，1948 年 6 月 25 日。愛因斯坦檔案，9-305

讓一般大眾有機會認識科學研究的努力和結果，不管是在經驗上或智性上，都是非常重要的。僅由少數專家在他們的領域中取出各別的結果、加以闡述和應用，是不夠的。把知識限制於少數人，會使人民的哲學精神遲鈍，並導致靈性貧乏。

　　取自為林肯・巴涅特的《相對論入門》所寫的前言，1948 年 9 月 10 日（第二版 New York: Bantam，1957），9

數學對社會科學而言是有用的工具，但是在解決實際的社會問題上，最重要的因素是目標和動機。

　　取自與密爾頓・詹姆斯為《且尼錄》所做的訪談，1948 年 10 月 7 日；這是賓夕法尼亞州立且尼師範學院的學生報紙，回答數學能否成為解決社會問題的有用工具的問題。愛因斯坦檔案，58-013 到 18-015

在我的科學工作中，我仍被同樣的數學難題困住，這些問題一直讓我無法肯定或否定廣義相對場論（general

relativistic field theory）……我無法解決；它將被遺忘，然後再被重新發現。

> 給莫里斯・索羅文，1948 年 11 月 25 日。發表於《愛因斯坦給索羅文的書信集》，105, 107。愛因斯坦檔案，21-256, 80-865

我相信量子力學的方法在原則上並不是令人滿意的方法；然而……我完全無意否認這個理論代表著一種重要的、某方面來說是決定性的物理知識的進步……其基礎將會被鞏固，或被更全面的基礎所取代。

> 取自〈量子力學與現實〉，《辯證法》，1948 年。愛因斯坦檔案，1-151

有些科學家拿來一塊木板，尋找最薄的部分，然後在容易鑽洞的地方鑽一大堆洞，我對這樣的科學家沒有耐性。

> 由菲利浦・法蘭克回溯於〈愛因斯坦的科學哲學〉，《現代物理評論》21, no. 3（1949 年 7 月），349-355

所有科學的最大目標，是透過最少量假說或公理的邏輯演繹，來涵蓋最大多數的經驗事實。

> 引用於林肯・巴涅特的〈愛因斯坦新理論的意義〉，《生活》雜誌，1950 年 1 月 9 日

追求了解的熱情一再地導致這種幻覺：人類不用仰賴任何經驗基礎，只透過純粹的思考，就能理性地了解這個客觀

世界——說穿了，這就是形上學。我相信每個真正的理論家都是一種溫和的形上學家，不管他自認是多麼純粹的「實證主義者」。

取自〈廣義重力理論〉，《科學人》182, no. 4（1950 年 4 月）。見《愛因斯坦自選集：對於這個世界，我這樣想》，342。愛因斯坦檔案，1-155

根據廣義相對論，抽離任何物理內容的空間概念是不存在的。空間的物理現實是透過場來呈現的，其分量是四個獨立變量——空間和時間座標——之連續函數（continuous function）。

同上，348

我們的努力求知，在本質上，是要盡可能廣納人類經驗的龐雜多樣，又要透過基本假定來尋求簡單性和經濟性。由於我們科學知識的原始，要說這兩個目標可以共存並進，是一種信仰問題。要是沒有這種信仰，我也不會對知識的獨立價值懷著強烈而不可動搖的信念。

取自〈致義大利科學促進學會的賀信〉，《影響》（聯合國教科文組織），1950 年秋。亦見《愛因斯坦自選集：對於這個世界，我這樣想》，357

一個人或許不會認為「〔宇宙〕擴張的開始」必然意味著有一個數學意義上的奇點（singularity）存在。我們只需

要明白,〔場域〕方程式或許不會持續到那個〔場和物質密度非常高的〕範圍。然而,這種考慮並不改變以下事實:從現在已經存在著發展出來的星星和星系來看,世界最早真的有一個開始。

取自《相對論的意義》(1950)的〈第二版附錄〉,129

統一場論被迫退場了,要用數學解釋實在太困難,我再努力也沒辦法驗證。這種狀況無疑會持續許多年,最主要的原因在於物理學家對邏輯哲學的論證缺乏了解。

給莫里斯·索羅文,1951 年 2 月 12 日。出版於《愛因斯坦給索羅文的書信集》,123。愛因斯坦檔案,21-277

如果一個人不用藉此餬口,科學是一件美妙的事情。人應該用自己能力所及的工作來養活自己;只有當我們不用對任何人負責時,才能在科學工作上找到快樂。

給一名加州的學生 E·霍查佛,1951 年 3 月。引用於杜卡斯和霍夫曼的《愛因斯坦的人性面》,57。愛因斯坦檔案,59-1013

世界的進步,並不完全仰賴科學知識,而在於人類傳統和理想的實現。

給約翰·克蘭斯頓,1951 年 5 月 16 日。愛因斯坦檔案,60-821

在漫長人生中我學到一件事：我們所有的科學，對現實的測量，都是原始而幼稚的 —— 然而這也是我們擁有的最珍貴的東西。

給漢斯·穆薩姆，1951 年 7 月 9 日。愛因斯坦檔案，38-408

在追尋真理的科學家體內，有某種像是清教徒的自制的東西：他與所有引起衝動或情緒化的事物保持距離。

取自為菲利浦·法蘭克的《相對論：一個較豐富的真理》的前言（London: Jonathan Cape，1951），9。愛因斯坦檔案，1-160

西方科學的進展基於兩個偉大的成就：希臘哲學家（在歐幾里德幾何學中）發明的形式邏輯系統，以及（文藝復興時代）發現透過有系統的實驗，有可能找出因果關係。

給 J·S·斯威澤，1953 年 4 月 23 日。愛因斯坦檔案，61-381

沒有人可以明確地肯定或否定〔統一場理論〕，是因為以下事實：對於如此複雜非線性系統的方程式之解法的不屈從於特定解，沒有辦法可以確認；甚至有可能永遠沒有人知道答案。

給莫里斯·索羅文，1953 年 5 月 28 日。發表於《愛因斯坦給索羅文的書信集》，149。愛因斯坦檔案，21-300

在科學工作中，即使是非常有天賦的人，要達成某種具有

真正價值的成果，機會是非常小的……出路只有一條：把大部分時間獻給……與你的性格相容的務實工作，然後把剩下的時間拿來研究。所以即使沒有繆思的祝福，你也能夠……過著正常且和諧的生活。

> 給印度的 R・別第，他不確定應追求什麼樣的畢生職志，1953 年 7 月 28 日。引用於杜卡斯和霍夫曼的《愛因斯坦的人性面》，59。愛因斯坦檔案，59-180

現在科學家問我一大堆關於我新理論的問題……兩個月來，我的同行一個個跳進來試圖改進它；但我絕對相信它已經無法再改了，我對這個理論已經研究了夠久，才得到這個結果。

> 在他統一場論最新的方程式以第四版的《相對論的意義》附錄形式發表後所說的話。凡托瓦引用於〈與愛因斯坦的對話〉，1953 年 10 月 16 日

人類的特質可能包含著愚昧，還記得大家對電流和看不見的波有多懷疑嗎？科學仍處於嬰兒期。

> 取自 1954 年之前的一次對話。安東尼娜・瓦倫丁回溯於《愛因斯坦的戲劇》（New York: Doubleday，1954），155

奇怪的是，過去看似無害的科學，現在卻演變成讓每個人發抖的夢魘。

給比利時伊莉莎白王后，1954 年 3 月 28 日；引用於惠特羅的
《愛因斯坦其人與成就》，89。愛因斯坦檔案，32-410

毫無疑問的是，如果我們回顧狹義相對論的發展，1905 年
時的情況的確成熟到足以讓它成形了。

給卡爾・吉里胥，1955 年 2 月 19 日。愛因斯坦檔案，39-069

要說〔古典〕場論既能解釋物質的原子結構和輻射，又能
解釋量子現象，看來值得懷疑。多數物理學家對此會肯定
地說「不能」，因為他們相信量子問題原則上已經透過其
他方法解決了。然而無論答案如何，或許萊辛那令人安慰
的說法仍然適用：「比起掌握真理，更珍貴的是對真理的
追求。」

這是愛因斯坦最後的科學書寫，關於量子理論，1955 年 3 月，
大約在他過世前一個月。為《瑞士大學報》所寫；轉載於吉里
胥的《光明之時，黑暗之時》；亦由派斯引述於法蘭奇的《愛
因斯坦——世紀文集》，37。愛因斯坦檔案，1-205

自從數學家入侵後，我就不懂相對論了。

顯然是故作俏皮的說法。由卡爾・吉里胥引述於《愛因斯坦》
（Zurich: Europa-Verlag，1960），46

當我要評判一個理論時，我會自問：如果我是上帝，是否
會以這種方式來處理這個世界。

對他的助理班納許·霍夫曼所說。見哈利·沃爾夫編，《有一點不可思議》（Reading, Mass.: Addison-Wesley，1980），476

真正奉獻於實質世界知識進展的人……從來不會為了實用目的而工作，更不用說是軍事目的了。

同上，510

我對量子問題的思考，已經是對廣義相對論的一百倍了。

奧托·斯特恩的回溯。派斯引述於法蘭奇的《愛因斯坦——世紀文集》，37

就算在最糟的情況下，我還是能夠了解上帝或許創造了一個沒有自然律的世界，也就是一團混沌。但如果要說存在著具有絕對解答的統計定律，也就是一種迫使上帝對每個問題擲一次骰子的定律，我是非常不能認同的。

詹姆斯·法蘭克的回溯。C·P·史諾引述於法蘭奇的《愛因斯坦——世紀文集》，6

根據相對論，質量和能量都是同樣的東西的不同表現，這對一般人來說是較為陌生的概念。進一步說，$E = mc^2$，能量等於質量乘以光速的平方，顯示非常少的質量可以轉變成非常大的能量……質量和能量實際上是相當的。

對觀眾的朗讀；《新星》拍攝的愛因斯坦傳記，美國公共電視播出，1979 年

物理學本質上是直覺和具體的科學；數學只是個工具，用來表達掌管現象的定律。

> 莫里斯・索羅文引述於《愛因斯坦給索羅文的書信集》的〈引言〉，7-8

和漂亮的女孩一起坐在公園長椅上，一小時就像是一分鐘，但坐在發燙的爐子上，一分鐘就像是一小時。

> 愛因斯坦對祕書海倫・杜卡斯如此說明相對論，讓她用來回覆記者和一般大眾。引述於薩恩的《愛因斯坦在美國的日子》，130

用科學方法來描述所有事情都是可能的，但這樣毫無道理，那會變成無意義的描述 ── 就像你用波壓（wave pressure）的變化來描述貝多芬交響曲一樣。

> 馬克斯・玻恩引述於《我這一代的物理學》（Braunschweig: Vieweg，1966）

科學家自己犯錯時就像株含羞草，而發現別人犯錯時就像隻咆哮的獅子。

> 引述於埃勒斯的《親愛的赫茲！》，45

我從來不曾從我的科學工作上取得任何道德價值。

> 曼菲德・克萊恩斯的回憶。引述於米歇摩爾的《愛因斯坦：一個人的肖像》，251

只有在數學和物理學，透過自修，我大為超越學校課程，還有哲學在學校課程裡的教學。

給亨利・柯林，1955 年 2 月。引用於霍夫曼的《阿爾伯特・愛因斯坦：創造者及反叛者》，20。愛因斯坦檔案，60-046

這種「思想世界」（Gedankenwelt）的發展，在某種意義上是從「驚奇感」延伸而來。在我四、五歲，父親給我看一個指南針，那時我便經驗了本質上相同的「驚奇感」。

寫於 1946 年，〈自傳筆記〉，9

我在數學這個領域的直覺不夠強，不足以清楚區分根本重要的……和其他或多或少可以捨棄的大量知識。然而，在此之上，我對大自然知識的興趣也無可計量地強烈得多。……在這個領域中，我很快就學會從許許多多堆積在腦中、使人分心的事物之中，分辨出能夠導引至根本重要的事物。

同上，15-17

第五章

關於愛因斯坦

愛因斯坦早年詩集

我了解文字在翻譯時可能會喪失許多意義，詩尤其如此，而在本書中收錄愛因斯坦細緻德文詩的翻譯，或許是個錯誤；然而有些人仍希望我把愛因斯坦的創作收錄進來。這裡蒐集的譯文來源各異，其中有許多聽起來或許不順，但讀者仍可以藉此略為感受愛因斯坦的詩人天份（或天份上的限制）。他多數詩文的韻律和押韻方式，與德國經典圖文書〈馬克思與莫里茨〉的作者威廉‧布希相似，多數帶有頑皮的幽默，可惜不是所有的譯文都有此種效果。在愛因斯坦檔案中，詩句、詩和滑稽詩的數量有幾百則，多數沒有標題，常常代替信件寄給朋友或附加於照片或明信片。如果英譯者名字已知，我會加以注明。

無論我去何處，無論駐留何處，
總有一幅我的照片展示該處。
放在桌面上，或在廳堂上，
繫在頸子上，或吊在牆上。
男男女女，玩著奇怪的遊戲，
熱烈懇求：「請簽名。」

面對這個飽學之士，他們不聽他的辯解，
只堅持索取他的塗寫。

有時，在這些喝采的圍繞之中，
聽到的東西令我疑惑，
令我在腦中迷霧暫消的片刻，想著：
莫非不是他們，而是我瘋了。

> 獻給柯尼莉亞·伍爾夫，1920 年 1 月。收於杜卡斯和霍夫曼
> 的《愛因斯坦的人性面》，73-74

散布在這兒那兒的一點科技
可引起各處思想家的興趣
因此我率先冒昧思考：
我倆將可產下一顆蛋

> 附在給魯道夫·戈德施密特一邀請合作的信中，1928 年 11
> 月。英譯者為亞倫·維納，收錄於奈佛的《愛因斯坦》，43。
> 愛因斯坦檔案，31-071

男人和女人們，不論年紀
請在這些紙頁留下你的痕跡。
但不要像是
路邊談天的隨興語氣；
要以流暢的線條安排你的字句
就像偉大詩人的精心設計。

開始吧，將憂慮擺到一旁
你的字句將永駐此堂。

> 愛因斯坦在卡普特住處的客人簽名簿的前言，1930 年 5 月
> 4 日。英譯者為亞倫・維納，收錄於奈佛的《愛因斯坦》，
> 306。愛因斯坦檔案，31-067

修長的枝條與成串的細葉
無一能逃過她的凝視。
迎著令人愉悅的友人身影
微笑，而仍是一株垂淚之柳。

> 給愛因斯坦眾多女性朋友之一埃瑟爾・米查諾斯基，1931 年 5
> 月 16 日。愛因斯坦檔案，84-103

心念任務，手持煙斗
無憂船長頂天立地。
咧嘴微笑，眼神銳利
無一事物逃脫注意。
他仔細留意船與大海
他的水手服從指令
無憂船長從容佇立
明察周遭一切動靜。

> 約寫於 1932 年。英譯者為亞倫・維納，收錄於奈佛的《愛因
> 斯坦》，28。根據愛因斯坦檔案的芭芭拉・伍爾夫所說，該船
> 長的本名是「Trauernicht」（英譯版採用 Carefree）。愛因斯

坦檔案，31-099

（譯注：德文 Trauernicht 為「沒有憂愁」之意，英文 Carefree
也有無憂無慮之意。）

無論是誰讓夏娃的女兒

進入他的黑暗之心

都為見不著她而悄悄飛過的日子

感到遺憾

> 給埃瑟爾·米查諾斯基，1932 或 1933 年。愛因斯坦檔案，
> 84-108

信箱堆滿千封信

新聞傳遍他事蹟

於此他又能奈何？

靜坐盼望孤獨居。

> 寫於 1934 年。英譯者為亞倫·維納，收錄於奈佛的《愛因斯
> 坦》，16。愛因斯坦檔案，31-161

所有朋友都在騙我

──請別再幫我增加家人！

現實已經夠我受了

我已經認真承擔很久了。

然而這也不錯，如果發現

我還擁有強壯的心智

足以順便多生一個蛋 ── 只要

別人沒有搞錯的話。

Ａ‧愛因斯坦，一名繼父

> 寫於 1936 年，愛因斯坦在聽到自己有個私生子的謠傳之後寫
> 給朋友亞諾斯‧普萊施。翻譯版來自海菲爾德和卡特的《愛因
> 斯坦的私生活》，93-94。愛因斯坦檔案，31-178

郵差日日送信來

教人驚嚇好大疊。

嗚呼為何沒人想

他以一人對萬軍。

> 寫於 1938 年。由彼得‧巴克引用於奈佛的《愛因斯坦》，
> 373。愛因斯坦檔案，31-215

即使有人深愛演奏

他的小提琴，不分日夜

毫不遮掩卻是不對

否則聽者只會訕笑以對。

如你拉琴卯足全力 ──

這當然是你的權利 ──

那麼請把窗戶緊閉

免得鄰居抱怨連連。

> 給埃米爾‧希爾布的詩，1939 年 4 月 18 日（我的英譯）。愛
> 因斯坦檔案，31-279

辯證唯物主義的智慧

經過無盡汗水與努力

以得到小如沙粒的真理？

愚蠢之人莫過於勞苦之後發現

我們注定遵從黨的路線。

而那些膽敢表達懷疑的人

很快就會被敲破腦袋。

因而我們更加努力教育自己

以大膽精神擁抱和諧。

> 寫於 1952 年。在同一張紙上，愛因斯坦潦草寫下諷刺性的格言：「馬克思－恩格斯學院的銘文：人類權威不存在於追求真理者的領域。試圖扮演統治者的，將引來諸神的嘲笑」；見羅伊和舒爾曼的《愛因斯坦論政治》，457。這條格言在本書「關於人類」一章中引自不同來源，有不太一樣的翻譯。愛因斯坦檔案，28-948

我多麼愛此尊貴之人！

令我難以言表。

然而，我憂心，他將獨自佇立

無人見得他的孤光。

> 關於猶太哲學家史賓諾莎。愛因斯坦檔案，33-264

我不信任「我們」這個簡單的詞彙，因為：

沒有另一人可以說他是我。

所有協議背後都有某種不對勁

所有表面的和諧都臨近深淵。

> 引用於杜卡斯和霍夫曼的《愛因斯坦的人性面》，100

無論是誰寫出恐怖的神話

將被關入我們最嚴酷的牢房。

但如果誰膽敢說出真實話語

我們會把他的靈魂打入地獄。

> 彼得·巴克引述於奈佛的《愛因斯坦》，285

我看身邊的猶太人

令我感受不到快樂。

然而當我看到其他人

我又歡喜身為猶太人。

> 愛因斯坦檔案，31-324。英譯者為約瑟夫·艾辛格。引用於奈佛的《愛因斯坦》，321

　　下面幾首詩是為他最後的女性密友約漢娜·凡托瓦所寫，時間約於 1947 到 1955 年。英譯者是我（請多包涵）。德文原文及不同的英譯版本可見於《普林斯頓大學圖書館紀事》65, no. 1（2003 年秋）。

我獨坐，週六晚
筆記本和燈相伴。
我煙斗，擱桌上
夜深便該睡覺去！

沉思煩惱無助益
她説漢娜已出去。
瑣事的確得要辦
對她想必不好玩。

我是最笨拙的人
一定會大大跌跤。
如果沒有你幫一把
我必陷入大大絕望。

2-8-4-2-J 有什麼用
如果寂靜決定逗留？
每天我獨自在家勞碌
沒了電話只能嚐孤兒之苦。
〔寫於電話壞掉的日子。〕

愛因斯坦沒說過的

　　過去十五年間，在本書較早的版本中，有一些人給我的語錄是被收錄在本章節的。我感謝他們的幫忙，並已將其中一些語錄各自放入適當的章節中。至於下面的語錄，有許多我仍在尋找正確出處。有些聽起來很真實，有些出處存疑，還有一些無疑是假造的，是那些想借用愛因斯坦的名字來讓某事或某想法的可信度提高的人所作。在網路上、月曆上、含有來源不詳語錄的小冊子上，這樣的例子可以找到幾百個，不過在此我只納入好奇的讀者寄送給我的例子。

並非愛因斯坦所言

國際法只存在於國際法教科書中。

> 實際上是艾胥雷・蒙塔古在他與愛因斯坦的訪談中所說。見蒙塔古的〈與愛因斯坦的對話〉，《科學文摘》，1985 年 7 月

教育，是一個人即使忘掉所有在學校學的事情後，仍留著的東西。

愛因斯坦並不是第一個這樣說的人，但他認同這個想法。他在《愛因斯坦晚年文集》的〈論教育〉章節中引用了這段話，並指其出處為不知作者的「智慧小語」。類似的句子也出現在亞倫·班奈的《四十年的歲月》、收錄於《牛津字典幽默語錄》（2001），或許還有其他地方。

有兩件事令我敬畏——頭上的星空以及內在的道德宇宙。

這段話是康德名言的不精確版本。原版為「有兩樣事物，當我們愈是經常思索，便愈能讓心靈充滿歷久彌新的讚嘆與敬畏：我頭上的星空以及我內在的道德法則」，《實踐理性批判》，162。

無線電話不難了解。普通電話像是一隻非常長的貓，你在紐約拉扯牠的尾巴，牠就會在洛杉磯喵喵叫；無線電話是一樣的道理，只是沒有貓。

根據愛因斯坦檔案的芭芭拉·伍爾夫所說，這是一個猶太人的老笑話，在許多書裡都可找到。

瘋狂的意思是同樣的事情做了一遍又一遍，期待不一樣的結果。

出處是麗塔·梅·布朗的小說《猝死》，68。感謝芭芭拉·伍爾夫提供來源。

我們只用了百分之十的大腦。

> 這個迷思常常被人提出，而且本身是錯誤的。已經有一些文章
> 專門討論這主題，也有些讀者把文章寄給我。參見麥可·布蘭
> 德和葛雷絲·A·利邦德的〈遺失的 90% 人類大腦〉，www.
> chicagoflame.com，2008 年 1 月 15 日

年輕時，我最大的夢想是成為地理家；然而在海關工作
時，我深入思考這個問題，結論是這個科目太過困難。雖
然不太情願，但我轉向物理學做為替代。

> 寄給我這條語錄的是美國南達科他州地理學系的一員，他說這
> 條語錄在許多地理學系裡很流行。但愛因斯坦在專利局（而非
> 海關）工作時顯然已經是個物理學家，所以那時把地理學當作
> 未來的可能職業已經有點晚了。

有可能是愛因斯坦所言

凡事應該盡可能簡單，但不能過於簡單。

> 這句話引起最多爭論；它出現在 1977 年 7 月的《讀者文摘》，
> 但沒有出處記錄。這條語錄似乎人人皆知，但沒有人知道真
> 正來源。它似乎也有幾個變化版本，最常見的是「一個『理
> 論』應該盡可能簡單，但不能過度簡單。」在科學與哲學中有
> 條規則稱為「奧坎簡化論」，也稱為「精簡原則」（principle
> of parsimony），意思是如無必要，毋增實體。這被解釋為當
> 有幾個理論相互競爭時，較簡單的優先於較複雜的，或者要解
> 釋未知現象時，要優先考慮已知的。或許有人誤把奧坎簡化論

歸於愛因斯坦所言，然而這種說法的存在實際上已經比我們想的時間更早六百年以上（奧坎的威廉生存年代約為 1285-1349年）。牛頓也是精簡理論的支持者，他寫道：「大自然喜歡簡單性，而非複雜冗餘的原因。」最可能的情況是，這段話是把愛因斯坦其他關於簡單性的陳述重新轉換，那些語錄在本書中可以找到。而愛因斯坦如果真的說了這句話，當然不能按字面上的意思來理解。

為了國際間的溝通，透過國際語的幫助來增加國際了解不僅必要，而且不證自明；世界語是國際語言最好的解答。

這段話或許是真的，但我找不到出處。世界語組織「國際世界語協會」在 1921 年成立於布拉格。1923 年，愛因斯坦在卡瑟爾接受該協會的榮譽會長職位，所以他可能真的曾做出這段評述，這也與他對於世界政府的理想互為補充。納粹和史達林都禁止世界語，德國的支持者被送進集中營。

再多的實驗都不能證明我是對的；但一個實驗就可以證明我是錯的。

這可能是把〈歸納與演繹〉文中表達的意義換句話說，1919年 12 月 25 日，*CPAE*, Vol. 7, Doc. 28

我們面對的重要問題，不能以我們製造問題時同樣程度的思維來解決。（一個較不優雅的變形：我們目前為止的思考方式所造就的今日世界有其問題，不能以我們製造出這些問題時的思考方式來解決。）

這是另一個常受質疑的語錄。這有可能是他 1946 年一條語錄的變形，原版是「如果人類要繼續存活並提升到更高層次，就必須要有新型態的思考方式」或「過去的思考和做法並沒有避免世界大戰；未來的思考必須預防戰爭」（見本書「關於和平、戰爭、原子彈和軍隊」一章）。見羅伊和舒爾曼的《愛因斯坦論政治》，383

在那樣的時刻，一個人想像自己立足於一顆渺小行星上的某處，懷著驚嘆，注視著那冰冷但深邃動人之美，那難以理解的永恆。生與死匯合為一，演變與永恆皆盡消失，唯有存在。

心理學家狄巴克・喬布拉引用於《不老的身心》（1993），280，無出處

沒有其他事物能像素食的演化那樣有益人類健康並提高人類在地球存活的機會。

這或許是根據愛因斯坦給赫爾曼・胡特的信中所言（見「素食主義」的語錄）加以變化的版本。

直覺之心是神聖的禮物，理智之心是忠實的僕人；我們創造出一個稱頌僕人而忘卻禮物的社會。

我們的知識主要存在於該知識領域的詳細詞彙中。

在科學裡，個人的工作與科學上的前人和同輩之人如此緊緊相繫，因此簡直像是整個世代而非個人的產物。

在人性與科技的所有衝突中，人性終將勝出。

可能不是愛因斯坦所言

天才和愚蠢間的差異，在於天才有其極限。（變化：有兩件事是沒有極限的：宇宙和人類的愚蠢；而關於宇宙我比較不確定。）

> 類似福樓拜寫給莫泊桑的「人類的愚蠢沒有極限」，1880 年 2 月 19 日。感謝塞西爾・卡卡莫提供此出處。

要透過輪盤賺錢的唯一方法，是趁莊家不注意的時候把錢偷走。

> 一名澳洲讀者提供，這位讀者記得在某處讀到愛因斯坦曾拜訪賭場的故事，並對輪盤的運作機制表現出興趣；我個人無法確認這個故事。

如果我能記得這所有粒子的名字，那我早成為植物學家了。

> 據說出自〈科學、哲學與宗教〉，但我在《關於這個世界，我這樣想》中轉載的這篇演說中沒有找到這樣的句子。

如果你認為聰明是危險的，試試看無知。

> 類似德瑞克・伯克的「如果你認為教育昂貴，試試看無知」。見《蘭登書屋韋氏語錄大典》（1998）

複利比相對論複雜。（變化：宇宙中最強大的力量是複利。十九世紀最重要的發明是複利。）

> 受到許多經濟學家以及一些財經網站引用，包括墨基爾引用於《普林斯頓旁觀者報》，1997 年 5 月。感謝史蒂芬・費爾德曼告訴我不同變化版本。

最難了解的事情是所得稅。（變化：世界上最難了解的事情是所得稅。相對論很簡單；美國國內稅收法典很難。準備報稅表比相對論還複雜。）

> 收錄於 M・傑克森的《麥克米倫商業與經濟語錄》（1984），未包含引用出處。

如果蜜蜂絕跡了，人類只剩下四年可活：沒有蜜蜂，就沒有授粉，沒有植物，沒有動物，沒有人類。

> 根據網站 www.snopes.com，這條語錄從 1994 年左右開始出現，當時蜂農在布魯塞爾進行抗議，一本由法國蜂農全國聯盟散發的小冊中有這條語錄。比較可能的情形是他們改寫愛因斯坦在 1951 年 12 月 12 日寫給學童的信（見本書「關於兒童和寫給兒童」章節）。

占星學本身是門科學，含有啟發人心的知識，我從中學到許多令我受用的事情。地球物理證據顯示恆星和行星對地球產生的力量，這是為何占星學就像人類的生命靈藥。

> 這裡是一個絕佳的例子，顯示有人編造某些句子並謊稱是愛因
> 斯坦所言，增加某些想法或目的的可信度。對於這個迷思的詳
> 細駁斥，見丹尼斯‧哈梅爾的〈終結愛因斯坦支持占星家的騙
> 局〉，《懷疑探索者》31, no. 6（2007 年 11/12 月），39-43

愛因斯坦的「工作守則」：

1. 從混亂中找出簡單。

2. 從不和諧中找出和諧。

3. 困難之中藏有機會。

> 第一條「守則」或許是愛因斯坦多次提到的簡單性價值的變化
> 形式。關於第二條守則，我找到羅馬詩人兼諷刺作家賀拉斯的
> 《書信集》I, xii.19 中的「不和諧中的和諧」。第三條守則恐
> 怕已經通用很久了。

如果一個想法乍看並不荒唐，就沒有發展的希望。

我對每個人說話的方式都一樣，無論他是大學校長或清道
夫。

一個理論的真實性存在你腦中，不在你眼中。

這個世界需要英雄，而他最好是像我這樣無害的人，而不
是像希特勒那樣的惡人。

「我一點都比不上愛因斯坦。」愛因斯坦謙遜地說。

常識就是在十八歲之前得到的偏見之總和。

當被問到他和一般人有何不同時,愛因斯坦回答:「當被要求在麥稈堆中尋找一根針時,一般人會一尋找直至找到一根針;我則會把所有的針都找出來。」

以身作則不是影響他人的主要方法,而是唯一方法。

複利是世界第八大奇蹟。(變化:複利是史上最偉大的數學發現。複利是人類最偉大的發明,因為它讓財富得以可靠且系統化的累積。複利是宇宙間最強大的力量。)

並不是我聰明,而是我思考問題比較久。

邏輯讓你從 A 抵達 B;想像則讓你無處不去。

時間之所以存在,唯一的理由是為了讓事情不要一口氣全部發生。

要擁有更好的生活,我們必須對自己如何生活持續做出選擇。

除非有東西移動,不然什麼都沒發生。

除非你可以把一件事向你的祖母解釋清楚,不然就不算真的了解。

男人與女人結婚時希望她永遠不會改變,女人與男人結婚時希望他們會改變,因此雙方都注定會失望。

男人如果能夠一邊親吻一個漂亮女孩一邊平安駕駛，表示他沒有全心親吻。

官僚主義是所有完美成果的死亡。

決心一：我將為上帝而活。決心二：如果沒其他人這麼做，我還是會這麼做。

生命是要親自活過的謎題，而不是要解決的問題。

知識的唯一來源是經驗。

玩耍是研究的最高形式。

個體性是由皮膚製造的幻象。

並非所有算數的東西都是可以計數的，並非所有可以計數的東西都算數。

經驗才是知識；其他的都是資訊。

第一眼看起來不瘋狂的點子就沒有希望。

未來的宗教將會是宇宙宗教……佛教呼應了這個說法。

生命始於意外的可能性，相當於一整部字典誕生於印刷廠爆炸的可能性。（變化：這個萬分精準的宇宙來自盲目機會的想法，和一間印刷廠爆炸而所有鉛字落下時形成完整無缺的字典的想法一樣可信。）

如果事實不符合理論，就改變事實。

要活過你的生命只有兩種方法：一是認為奇蹟完全不存在，一是認為每件事物都是奇蹟。

當光的圓圈變大，黑暗的圓周也變大。

科學運作做為整體，可以找到真理，並引領人正確了解宇宙，但實際的科學研究卻充滿錯誤與人類弱點的痕跡。

最低層次的覺知是「我知道」，然後是「我不知道」、「我知道我不知道」、「我不知道我不知道」。

聰明的不同程度是「小聰明、有才智、優秀、天才、簡單」。

死亡意味著一個人不能再聽莫札特。

愛因斯坦的謎題

有五間房子，分別漆上五種不同顏色。每間房子中住了一個人，國籍各不相同。這五個人分別喝某種飲料、從事某種運動、養某種特定的寵物。每個人的寵物、運動、和飲料都各不相同。養魚的是誰？線索如下：

1. 英國人住在紅色屋子裡。
2. 瑞典人養狗。

3. 丹麥人喝茶。

4. 綠色房子在白色房子的左邊。

5. 綠色房子的主人喝咖啡。

6. 玩足球的人養鳥。

7. 黃色房子的主人玩棒球。

8. 正中央那間房子的主人喝牛奶。

9. 挪威人住第一間房子。

10. 玩排球的人住在養貓的人的隔壁。

11. 養馬的人住在玩棒球的人的隔壁。

12. 玩網球的人喝啤酒。

13. 德國人玩曲棍球。

14. 挪威人住在藍色屋子的隔壁。

15. 玩排球的人有一個喝水的鄰居。

要解開這個問題，先畫一個表格：一欄列出五間房子，而五列分別代表國籍、房子顏色、飲料、運動、寵物。解答（不要偷看！）：養魚的是德國人，他住在第四間屋子（綠色），喝咖啡、玩曲棍球。

> 據說是愛因斯坦小時候設計的問題，但實際上不是。雖然據稱只有 2% 的人能得到正確答案，但耐心和毅力似乎是解答的關鍵。因為這被認為是愛因斯坦設計的，所以我在此為了趣味而收錄這份謎題。網路上還可以找到許多版本。這個版本大致上取自傑瑞米‧史坦葛倫的著作《愛因斯坦的經典謎題》。

他人眼中的愛因斯坦

隨著阿爾伯特・愛因斯坦博士的逝去，世界也失去了最偉大的科學心靈，人類失去最具道德良知和最能啟迪人心的人物，猶太人失去最忠誠的兒子。

> 山謬爾・貝爾金，葉史瓦大學校長，1955 年。引用於卡恩的《愛因斯坦圖像傳記》，121

告訴我，他如果說好時我該怎麼辦。我必須給他這個職位，不可能不；但如果他接受的話，我們就麻煩大了。

> 大衛・班古里昂對納馮所言，於 1952 年 11 月以色列赴美大使阿巴・埃班受指示邀請愛因斯坦擔任以色列總理一職之後。引用於霍頓和艾卡納的《愛因斯坦：歷史與文化的觀點》，295

很長一段時間，我一直想著有多少……事情……把我們兩人聯繫起來。我的妻子得之於你，因而包括我的兒子和孫子也是；我的工作得之於你，還有因此而得的避風港之寧靜……以及在艱困時期的財務安定。我的科學成果得之於你，如果不是你的友誼，我永遠也不會達成……而我這邊，我是你 1904 和 1905 年的聽眾。因為幫忙編輯你在量子上的文章，我減損了你一部分的榮耀。

米歇爾・貝索給愛因斯坦，1928 年 1 月 17 日。引用於傑瑞
米・伯恩斯坦的〈自由評論〉，《紐約客》雜誌，1989 年 2
月 27 日。愛因斯坦檔案，7-101。愛因斯坦介紹貝索認識他後
來的妻子，也推薦貝索擔任他在瑞士伯恩專利局多年的職位。

當他覺得某事很有趣時，他的眼睛愉快閃耀，他的笑容真
心開懷……他隨時歡迎有趣的事情。

阿爾傑農・布萊克，1940 年。愛因斯坦檔案，54-834

你知道，愛因斯坦不是個猶太復國主義者，而我請你不要
把他變成一個猶太復國主義者，或試圖把他和我們的組織
連在一起……愛因斯坦有社會主義傾向，覺得自己親近猶
太勞工和工人。〔他〕……常口出天真之言，而那些話並
不受我們歡迎。

庫特・布魯門菲德，《有關猶太復國主義的戰爭》（Stuttgart:
Deutsche Verlagsanstalt，1976），65-66。引用於傑榮的《愛因
斯坦論以色列和錫安主義》，25

透過阿爾伯特・愛因斯坦的成就，人類的視野大為擴展，
同時我們的世界圖像也達到以往未曾夢想過的統一與和
諧。這種成就的背景，是由全世界世世代代的科學家創造
的，而其完整的影響只能由未來的世代窺見。

物理學家尼爾斯・波耳。引用於愛因斯坦的訃告，《紐約時
報》，1955 年 4 月 19 日。

對我們這些有幸與他相識的人來說，他高貴人格的記憶，永遠會是帶來啟發與力量的活泉。

尼爾斯・波耳於 1955 年在愛因斯坦過世後所說。引用於卡恩的《愛因斯坦圖像傳記》，122

現在他不再言語，但對那些曾親耳聽過的人來說，他的聲音將延續一生。

赫蒂・玻恩，物理學家馬克斯・玻恩的妻子，也是愛因斯坦的好友。收錄於玻恩的《良心的奢侈》（Munich: Nymphenburger，1969）。他們的兒子古斯塔夫・玻恩引用於《玻恩－愛因斯坦書信集》，vi

就算沒有寫下任何關於相對論的文字，愛因斯坦仍會是歷史上最偉大的理論物理學家。

物理學家及好友馬克斯・玻恩。引用於霍夫曼的《阿爾伯特・愛因斯坦：創造者及反叛者》，7

像蘇格拉底一樣，他早知道我們一無所知。

馬克斯・玻恩在愛因斯坦死後所言。引用於克拉克的《愛因斯坦：生平紀事》，415

他把現今的量子力學視為一個有用的中間階段，介於傳統的古典物理學和一個基於廣義相對論並完全未知的「未來的物理學」之間……在那裡，傳統的物理現實概念和決定

論將再次完好運作。因此他並不是把統計性的量子力學視為錯誤，而是「不完整」。

　　馬克斯・玻恩，見《玻恩－愛因斯坦書信集》，199

〔愛因斯坦〕一次又一次地讓我驚奇，也激發我的熱情——我看到他在討論中能夠實驗性地改變視角，暫時採取相反立場，以全新的角度來看待整個問題，毫不費力。

　　作家與編輯馬克斯・布洛德，他與愛因斯坦在布拉格成為朋友。收於布洛德的《爭議的人生》（Munich，1969）。亦見於弗爾森的《愛因斯坦傳》，283

他對自己的名聲總是幽默看待並且自嘲。

　　愛因斯坦家的友人湯瑪斯・巴克，出現在 A&E 電視公司播出的愛因斯坦傳記中，VPI 公司，1991

這裡的聰明男孩都研究數學，
阿爾伯特・愛因斯坦鼓勵他們向學。
雖然他生活起居一切從簡，
我們祈求上帝他的頭髮能夠修剪。
取自《普林斯頓歌曲集》（一直編彙到 1968 年的年度歌曲集）之中的〈系歌〉，實際時間不詳。感謝特雷弗・利普斯科姆提供資訊。
他的確是一位偉大的智者，但在此之上，當許多文明價值似乎處於存亡關鍵時，他更是人類良知的柱石。

帕布羅‧卡薩爾斯給卡爾‧吉里胥。引用於法蘭奇的《愛因斯坦》，43。愛因斯坦檔案，34-350

在二十世紀的人物之中，他驚人地融合了卓越的才智、直覺和想像力，這些力量鮮少同時結合於一個單獨的心智中，但發生時，便會被人稱為天才。難得的是這名天才出現在科學領域，畢竟二十世紀的文明是以科技為優先的。

惠特克‧錢伯斯，《時代》雜誌的封面故事，1946 年 7 月 1 日

他們因每個人都可以了解我而對我喝采，但他們對你喝彩是因為沒有人可以了解你。

卓別林邀請愛因斯坦觀賞《城市之光》在 1931 年 1 月於洛杉磯的首映會，這是在首映會之後所說。見弗爾森的《愛因斯坦傳》，457

他不高的顴骨看似特別寬，他的膚色是不帶油光的淺褐色，感性的大嘴上方是薄而黑的鬍子，有點鷹鈎鼻，引人注目的褐色眼珠散發深邃而柔和的光芒，他的嗓音很吸引人，有如大提琴的明亮音域。

來自愛因斯坦的學生路易斯‧查萬。引用於馬克斯‧弗洛季格的《阿爾伯特‧愛因斯坦在伯恩》（1972），11-12

〔愛因斯坦的逝去〕是人類正道的損失，他的科學貢獻是劃時代的，他深愛科學與人類……他為了和平、民主和自

由的理想奮鬥不懈，中國人民以最深沉的哀傷悼念這位傑
出的科學家及人類和平的偉大鬥士。

中國物理學會會長周培源，《人民日報》（北京），1955 年 4
月 21 日。引用於胡大年的《愛因斯坦在中國》，144

阿爾伯特・愛因斯坦將我抱在臂彎裡
大衛・克拉威爾　作

儘管當時我父母並不知曉。
而如果我當時知，哪怕只有細微如
分子的程度，
我必然沒有說話。沒有人知道他是誰，
當然，除了
愛因斯坦本人以外，他被我小小的魅力
所吸引。
他萬分著迷於我止不住的笑，
在娃娃車裡流不停的口水
那是週日午後的普林斯頓——我母親喜歡
開車前往，在那裡
隨性漫步，沉浸流連。而我那
擅長旅行的父親
深深著迷於我母親，因此即使
必須一再不辭辛勞而來，遠從紐澤西的

海芳庭村（Highfalutinsville），
他總是在那裡，永遠乘車
隨行
我後來總算聽到的是，愛因斯坦在地上
跪著
穿著運動衫、皺皺的卡其褲，還有運動鞋，
拔著雜草——
「專注忘我」，後來我父親會這樣說，
神情讚佩。
愛因斯坦自有他的科學，在莫瑟街 112 號，
那間不起眼的
白色房子蒔花弄草，
拉小提琴
精準地隨著他最愛的錄音
演奏至夜深。
在那裡他會見了羅素、
哥德爾，還有
包立，這些聞名的聚會從哲學探索轉為
烈酒，終至高等數學。
然而就在那個歷史性的週日，我人生中
第一個春天，
愛因斯坦本人迎接沒沒無聞
如我母親與父親之人。

這位二十世紀的巨人抱起了我

輕輕逗弄

聊說童語，在那午後漸逝的陽光下

直到最後，管他是不是

天才，我再也受不了，我

伸出小手一把抓住

他狂野的理論之髮。而那

結束了

我們文明友好滿溢著的

特殊的普林斯頓十分鐘。

當愛因斯坦在僅僅六週後過世，每份

報紙刊登著他的照片，忽然間

我父親無法置信：「那不就是那個園丁

逗弄不停

小寶貝的那位？這裡說他是愛因斯坦，那位

改變了我們對時間和空間的看法的人！」

而那對他來說，到底意味著

什麼？我父親

不是愛因斯坦，但他也對時間和空間

想了很多，

知道在他的一生，不管對時間或空間

都會繼續想下去。

多年間，我父母都未曾說過一字關於

那天的事，彷彿
如果把那記憶説出，便會
把事情變得不太恰當 ——
他們不是喜歡吹噓的人 ——
而不是歡慶那次
美妙而好運的週日外出，就像
在科學史上或在那些經典故事中，不可思議的
美好意外
我們忍不住要回顧，尋求它們無法驅散的神祕
力量。因此現在讓我
這麼説：阿爾伯特・愛因斯坦將我抱在臂彎裡
在他過世之前。
遲早我們都將試圖
以我們自己顛三倒四的相對論
自我辯解到粒子的程度
我家中的某人 —— 我母親或我父親，
也可能是我 ——
至少必須美化某些
最後終於發生的
事實：
我母親十分驚恐
因為我拉扯可憐的愛因斯坦的頭髮，然後她
放棄了，

嘆氣說道：「是時候該走了。」以表明一切

沒有惡意，

而他很愛因斯坦地說了類似「是的，但什麼是

時間？──」

我父親誤會了問題

以為自己有答案

所以，他當下便說：「五點。」就在我還

沒能明白過來時，

因為我那時還太小，幾乎還不了解

任何事情，

忽然間每個人都迅速回到各自

不確定的未來，

彷彿這整件事情不曾真的

發生過，然後不一會兒

已經過了五十年，而我，那個還活著的人，

唯一留下的

故事人物，告訴我自己：是的，那發生過。不，沒發生

過。

不，發生過。

這首詩首次發表於 2006 年夏季號的《喬治亞評論》。感謝朱迪斯・梅伊寄給我這首詩。經大衛・克拉威爾同意轉載。

他的眼睛幾乎永遠是濕潤的；即使在大笑時他也會擦去一滴眼淚……他的溫柔語調和響亮笑聲間的對比非常強烈……每次當他提出一個自己喜歡的觀點或聽到讓他開心的事情時，便會爆出大笑，在房內盪出回聲。

> 取自 I・伯納德・科恩的〈愛因斯坦的最後訪談〉，1955 年 4 月。發表於《科學人》，193, no. 1（1955 年 1 月），69-73；轉載於羅賓遜的《愛因斯坦：百年相對論》，212-225

愛因斯坦的偉大在於他從更真實的觀點為我們呈現這個世界，並幫助我們更清楚地了解自己和周遭宇宙間的關係。

> 諾貝爾物理學獎得主阿瑟・康普頓。引用於卡恩的《愛因斯坦圖像傳記》，88

我能夠欣賞他的頭腦之清晰，資訊之廣博以及知識之深度……一個人可以把最大的希望放在他身上，視他為未來最重要的理論家。

> 瑪麗・居禮，在一封給皮埃爾・外斯的信中，1911 年 11 月 17 日。引用於霍夫曼的《阿爾伯特・愛因斯坦：創造者及反叛者》，98-99

只要想到在短短數年間便達成如此影響深遠而又極度原創的成就，就不可能不感到讚嘆與敬佩。

> 路易・德布羅意公爵，他是法國科學院的終身祕書，直至過世。引用於卡恩的《愛因斯坦圖像傳記》，121

你光是在這裡出現，就破壞了全班對我的尊敬。

> 愛因斯坦七年級的老師約瑟夫‧德根哈特博士對他說的話，這位老師曾預測他會「永遠一事無成」。在一封給菲利浦‧法蘭克的信件草稿中，1940 年。愛因斯坦檔案，71-191，在草稿中愛因斯坦也說自己希望離開學校，到義大利和雙親會合。關於同一主題更多內容，亦可見 *CPAE*, Vol. 1, lxiii

愛因斯坦博士對人類了解自然的貢獻，超越我們今天的評估能力；只有未來的世代才能完全了解這些貢獻的重要性。

> 哈羅德‧達茲，普林斯頓大學校長，1955 年。引用於卡恩的《愛因斯坦圖像傳記》，122

教授從來不穿襪子，即使羅斯福總統邀請他去白宮時，他也沒穿襪子。

> 愛因斯坦的祕書海倫‧杜卡斯。菲利普‧霍爾斯曼在法蘭奇的《愛因斯坦 ── 世紀文集》中也有相同的追述，27

愛因斯坦那麼常談到上帝，讓我懷疑他其實是個經過偽裝的神學家。

> 作家弗里德里希‧迪倫馬特，《愛因斯坦：一場演講》，12

在仔細研究照相底片後，我會說他們毫無疑問確認了愛因斯坦的預測。對於光的偏轉與符合愛因斯坦的重力定律，

已經取得非常確定的結果。

> 英國皇家天文學家法蘭克・戴森爵士，在 1919 年 5 月愛丁
> 頓的遠征確認了愛因斯坦廣義相對論之後。《天文台》32
> （1919），391

科學家愛因斯坦博士和猶太人愛因斯坦呈現出完美的和
諧；這些考慮，加上他對歐洲猶太人災難的深刻情感……
解釋了他提倡且支持以色列復國的熱情。

> 阿巴・埃班，1950 年代以色列赴美大使。引用於卡恩的《愛
> 因斯坦圖像傳記》，92

在這裡只有愛**你**的人，而不只是愛你大腦皮質的人。

> 好友保羅・艾倫費斯特給愛因斯坦的信中，1919 年 9 月 8 日

〔愛因斯坦是〕大自然的奇蹟之一……〔也是〕簡單與微
妙、強韌與柔和、正直與幽默以及深刻與真誠的不凡交
織。

> 馬丁・克萊因引用於《量子理論的一課》（North Holland，
> 1986），329

有才智的女性不吸引他；出於同情，他受到從事勞力工作
的女性所吸引。

> 愛因斯坦的第二任妻子艾爾莎・愛因斯坦對哈伊姆・魏茲曼迷
> 人的妻子薇拉・魏茲曼所說。引用於《新巴勒斯坦》，1921

年 4 月 1 日，1。事實上，愛因斯坦曾與幾位有才智的女子過
從甚密。

上帝在他身上放入許多如此美麗的東西，而我覺得他很
好，即使生命在各方面帶給他消磨與艱困。

> 艾爾莎·愛因斯坦寫於給赫爾曼·斯特雷克夫妻的信中，1929
> 年。引用於弗爾森的《愛因斯坦傳》，429

做為一個天才的妻子並不是件理想的事；你的生活不屬於
自己，卻似乎屬於所有其他人。我每天的每一分鐘幾乎都
給了我丈夫，而那相當於給予公眾。

> 艾爾莎·愛因斯坦。在她過世兩天後引用於她的訃告，《紐約
> 時報》，1936 年 12 月 22 日

哦，我丈夫用一個舊信封的背面來做這件事！

> 艾爾莎·愛因斯坦在美國加州威爾遜山天文台聽到招待者向她
> 解釋巨大望遠鏡是用來找出宇宙形狀之後的反應。貝內特·瑟
> 夫在《試著阻止我》一書中描述這件事。亦見於《佛里歐幽默
> 趣聞集》（2005）

他唯一放棄的工作計畫或許是我；他試著給我意見，但很
快就發現我太頑固而他只是在浪費時間。

> 漢斯·阿爾伯特·愛因斯坦，《紐約時報》，1973 年 7 月 27
> 日。引用於派斯的《愛因斯坦當年寓此》，199

他非常喜愛大自然；他不在意大山，但喜歡柔和而色彩繽紛、可以讓人振作精神的環境。

漢斯·阿爾伯特·愛因斯坦。引用於惠特羅與伯納德·海斯的訪談，收錄於惠特羅的《愛因斯坦其人與成就》，21

他常告訴我，他生命中最重要的事物包括音樂。每當他覺得一件事情快要行不通，或工作上遇到困難時，他會在音樂裡尋求慰藉，通常也會解決他所有的困難。

同上

他的工作習慣有些奇怪……即使很吵鬧，他也可以躺在沙發上，拿起筆和紙，墨水瓶看來有點危險地放在靠背上，然後如此全神貫注在問題上，連背景噪音都不再是干擾，反而變成刺激。

馬雅·愛因斯坦。見 *CPAE*, Vol. 1, lxiv

你知道我曾和阿爾伯特在同一間醫院嗎？我被允許多見他兩次，和他聊幾個小時……我一開始還認不出他 —— 他因痛楚和貧血而變了那麼多，但他的性格完全沒變。他……完全清楚自己的狀況；他如此平靜地 —— 甚至有些幽默地 —— 談到醫生，把自己的終局視為如此自然的現象而等待著。如同他一生走來時的無畏，他謙遜而安靜地面對死亡。

瑪歌·愛因斯坦寫於給赫蒂·玻恩的信中，1955 年 4 月之
後。見玻恩的《玻恩－愛因斯坦書信集》，229

和他一起乘著風帆時，你會覺得他是那麼自由自在。他體
內擁有某種如此自然而強烈的東西，因為他自己就是大自
然的一部分……他航海的樣子就像是奧德修斯。

瑪歌·愛因斯坦，1978 年 5 月 4 日與傑米·薩恩的訪談，收
錄於薩恩的《愛因斯坦在美國的日子》，132

他對二十世紀知識大幅拓展的貢獻無人能比。

艾森豪總統在愛因斯坦過世時的發言。引述於《紐約時報》的
愛因斯坦訃告，1955 年 4 月 19 日

考量他的種族背景，本局不建議不經審慎調查便在機密性
事務上任用愛因斯坦博士，因為來自他背景的人似乎不太
可能在如此短時間內便轉變為一名忠誠的美國公民。

美國聯邦調查局的建議，FBI 不知道愛因斯坦曾去信警告羅斯
福總統關於德國建造原子彈的可能。理查·許瓦茲引用於《愛
西斯》80（1989），281-284。亦見羅伊和舒爾曼的《愛因斯
坦論政治》，59

像愛因斯坦這樣的例子，讓我們不得不感到：一個人本身
的單純性和其傑出理論的簡單性，的確有一種內在的必要
連結。只有如此單純的人，才有可能產生這樣的想法。

紐約莎拉勞倫斯學院的亨利・洛里・芬奇，1970 年 6 月。取
自他為莫什科夫斯基的《與愛因斯坦對話》撰寫的前言，xxiii

他對體格的興趣和對物理學的興趣一樣高。

　　一名觀眾在福斯新聞上聽到，約 2006 年 7 月

　　（譯注：此處的「體格」physiques 和「物理學」physics 有諧
　　音之妙。）

愛因斯坦的談話經常結合了不冒犯的笑話與犀利的揶揄，
因此有些人不知道該笑還是感到受傷……這種態度常常令
人感覺是鋒利的批評，有時甚至會產生譏誚的印象。

　　菲利浦・法蘭克，於法蘭克的《愛因斯坦傳》，77

過去總是帶點兒波希米亞氣息的他，開始過起了中產階級
的生活……住在一間有如典型柏林富裕家庭模樣的房子
裡……進去時……會發現愛因斯坦在那裡仍像是個「外國
人」一樣──在中產階級家庭裡的波希米亞客人。

　　同上，124

他很開朗、自信而有禮，對心理學的了解和我對物理學的
了解差不多，因此我們有場愉快的談話。

　　佛洛依德，在 1926 年某次到訪柏林時與愛因斯坦見面。寫於
　　給 S・費倫齊的信中，1927 年 1 月 2 日，收錄於《佛洛依德全
　　集》，恩斯特・瓊斯編（已絕版）

〔我已經寫完〕瑣碎又無趣的所謂與愛因斯坦的討論。

> 佛洛依德給馬克斯・艾丁格，1932 年 9 月 8 日，有關 1933 年
> 由國際聯盟出版的佛洛伊德和愛因斯坦間的書信《為什麼要戰
> 爭？》同上，175

當然我一向知道你對我的尊敬只是「出於禮貌」，而且你
並不怎麼信服我的主張……我希望等你到我的年紀時，會
成為我的門徒。

> 佛洛伊德給愛因斯坦，1936 年 5 月 3 日，回覆愛因斯坦給佛
> 洛依德八十歲生日的恭賀信。收錄於《佛洛伊德書信集》，恩
> 斯特・L・佛洛伊德編（New York: Basic Books，1960 年）。
> 愛因斯坦檔案，32-567

愛因斯坦小提琴演奏就像是伐木工人在鋸木頭。

> 一位職業小提琴家沃特・弗里德里希的評論。引用於赫內克的
> 《親見愛因斯坦》（Berlin，1978），129

當然，他老人家現在幾乎同意所有事情。

> 宇宙學家喬治・伽莫夫。寫在愛因斯坦 1948 年 8 月 4 日來信
> 的底下，愛因斯坦在信中寫到伽莫夫的某個想法或許是對的。
> 收錄於弗德烈克・芮因斯編輯的《宇宙學，核熔合及其他》
> （Boulder: University Press of Colorado，1972），310

人類失去了最優秀的兒子，他的頭腦向外直抵宇宙盡頭，
而心靈卻滿溢著對世界和平與幸福的關懷，為的不是做為

抽象概念的人類，而是為了每個地方的平凡男女。

以色列‧高德斯坦，美國猶太人大會主席。引用於卡恩的《愛因斯坦圖像傳記》，122

我想那是他的尊敬之情。

普林斯頓大學教堂的主任牧師恩斯特‧戈登，被問及他如何解釋愛因斯坦能夠結合卓越才智與單純人格時所做的答覆。引述於理查茲的〈追憶〉，收錄於《我所認識的愛因斯坦》

在提升貴國與我國關係上，您的到訪〔英格蘭〕比任何單一事件帶來更多實質結果，您的名字在我國就是一股力量。

霍爾丹爵士，1921 年 6 月 26 日。*CPAE*, Vol. 12, Doc. 159

他的非凡之處在於一方面意圖抹除自我 —— 如果可能的話，另一方面又受到明確的天才之力所驅使，這種力量完全占據此人，使他片刻不得歇息。

霍爾丹爵士。引用於《泰晤士報》（倫敦），1921 年 6 月 14 日

愛因斯坦喚起的思想革命更勝於哥白尼、伽利略或甚至牛頓本人。

霍爾丹爵士。引用於卡恩的《愛因斯坦圖像傳記》，10

有人告訴我，在書中每引入一條方程式，都會讓銷售量減半。因此我決定不要放入任何方程式。然而，最後我還是放入一條方程式，也就是愛因斯坦的著名方程式 $E = mc^2$。我希望這不會嚇跑半數的潛在讀者。

> 史蒂芬・霍金，霍金的《時間簡史》（London: Bantam，1988年），vi

夸克，奇妙與迷人魅力

愛因斯坦不是英俊小生

沒人叫他小阿爾

他嘴上留著長長的鬍子，顏色是黃色

我不相信他有女朋友

有個東西他忘了加入

那個關於時間和空間和相對性的理論

這就讓事情一清二楚

他的成績不比你我傑出

他不知道

夸克，奇妙和迷人魅力

夸克，奇妙和迷人魅力

夸克，奇妙和迷人魅力

我有個危險的相好

要是被人發現就大事不妙

有些時候我們相約

在沒人發現的角落見面

我們對喋喋不休感到無聊

也對別人臉色沒有興趣

但現在一切都沒有相對關係了

因為我們發現自己在太空中的黑洞裡面

然後我們談著

夸克，奇妙和迷人魅力

夸克，奇妙和迷人魅力

夸克，奇妙和迷人魅力

哥白尼有那些文藝復興女孩

迷戀他的望遠之鏡

伽利略有個名字

讓他的聲望仰之彌高

難道這些天文學家都沒發現

當他們凝視深邃黑暗

女孩在愛人身上尋找的

是迷人魅力，奇妙和夸克

然後我們談著

夸克，奇妙和迷人魅力

夸克，奇妙和迷人魅力

夸克，奇妙和迷人魅力

英國搖滾樂團「鷹族雄風」1977 年的歌詞。感謝特雷弗‧利普斯科姆給我這則資訊。©1977 Anglo Rock, Inc. 經允許轉載。

尚未處以絞刑。

希特勒執政時一本官方照片集「全民公敵」中，寫於愛因斯坦照片下方的文字，1933 年。懸賞金額約兩萬馬克。見薩恩的《愛因斯坦在美國的日子》，17

愛因斯坦之深刻的本質在於他的簡單性；而他的科學之本質在於藝術性 —— 也就是他那非凡的美感。

班納許‧霍夫曼於《阿爾伯特‧愛因斯坦：創造者及反叛者》，3

當事情變得很明顯〔我們無法解決某個問題〕，愛因斯坦會安靜地站起來，並以他古怪的英文說：「我要想一下。」說完便來回踱步或繞圈子走，同時一直用指頭繞著一撮長長的白髮。

班納許‧霍夫曼的回溯，引用於惠特羅的《愛因斯坦其人與成就》，75

他是全世界所知最偉大的科學家，然而如果我必須用一個字眼來描述阿爾伯特‧愛因斯坦的本質，我會用「簡單性」。

班納許・霍夫曼〈我的朋友，阿爾伯特・愛因斯坦〉一文的開頭。《讀者文摘》，1968 年 1 月

「偉大的親戚」。

愛因斯坦在 1931 年 2 月 28 日拜訪美國大峽谷，在搭乘火車從加州返回紐約時，美國霍皮族原住民對他如此稱呼。（譯注：Relative 同時有「親戚」和「相對」的意思。）追述於 A&E 電視公司播出、VPI 公司製作的愛因斯坦傳，1991 年。弗爾森亦指出此事，《愛因斯坦傳》，640

時光流逝

我們生活的日子和年代

有理由令人憂心

包括速度和新的發明

還有像是第四向度那樣的東西。

而我們稍感煩悶

對於愛因斯坦先生的理論。

所以我們有時必須腳踏實地

放鬆舒緩解除憂慮。

無論有什麼還沒證明

或有什麼樣的進步

生命中的簡單事實

不能被排除。

你一定要記得

一個吻就是一個吻，一聲嘆息就是一聲嘆息。

這是根本不變的事實

即使時光流逝

> 取自赫爾曼‧霍普菲德作詞作曲的〈時光流逝〉，此曲由於
> 英國的同名長青電視劇（茱蒂‧丹契女爵主演）及電影《北
> 非諜影》（1942）而聲名大噪。前三段關於愛因斯坦的歌詞
> 卻幾乎沒有人知道。（©1931 [Renewed] Warner Bros. Inc. All
> rights administered by WB Music Corp. 版權所有。經 Alfred
> Publishing Co., Inc., Los Angeles 允許使用。）

愛因斯坦給予妻子至深的照顧與關懷，但在死亡即將來臨
的氣氛中，愛因斯坦保持平靜，持續工作。

> 利奧波德‧英費爾德談到愛因斯坦在妻子艾爾莎的心臟與腎臟
> 病進入末期時，愛因斯坦如何面對。見英費爾德的《追尋》，
> 282

愛因斯坦的偉大在於他無比的想像力，他以驚人的頑強，
用想像力探尋他的問題。

> 同上，208

一個普林斯頓的同事問我：「如果愛因斯坦不喜歡聲名大
噪而想要多點隱私，那為什麼他……留長髮、穿奇怪的皮
外套、不穿襪子、不穿吊帶、不打領帶？」答案很簡單，

就是節制需求；透過這種節制，反而增加了他的自由。我們受到千百種事物的束縛……愛因斯坦試圖把那些事物減少到最少，長髮減少理髮的需要，沒有襪子也沒關係，有一件皮夾克便可多年不用操心外套的問題。

同上，293

對愛因斯坦而言，生命是有趣的戲劇，他只以些微的興趣觀賞，未曾被愛憎等悲劇性情緒所撕扯……愛因斯坦高度密集的思想是朝向外在的現象世界的。

英費爾德，《愛因斯坦》，123

如果愛因斯坦在你的聚會中走進來，被人介紹是「愛因斯坦先生」，而你對他一無所知，你仍會被他吸引：明亮的眼睛、害羞與溫和的氣質、令人愉快的幽默感、把老生常談轉變為智慧的能力……你會覺得眼前這個人不會人云亦云……他相信你告訴他的話，是因為他有種善良，因為他希望能以仁慈待人，也因為相信比不相信要容易得多。

同上，128

愛因斯坦的英文相當簡單，大約包含三百個字彙，發音十分怪異。

見利奧波德・英費爾德的《與愛因斯坦一起生活》（Vienna: Europa Verlag，1969），73。翻譯版本見於奈佛的《愛因斯坦》，35

在邏輯和思考方面，愛因斯坦對每個人都相當了解，但對
於掌握情緒則困難得多。對他來說，要想像與自己生命無
關的衝動和感覺並不容易。

> 同上，54。翻譯版本見於奈佛的《愛因斯坦》，372

$E = mc^2$ 是性別化的方程式嗎……？或許是。讓我們假設，
相對於其他對我們不可或缺的速度，這條方程式賦予光速
特權。在我看來，指出這條方程式可能帶有的性別化本質
的，倒不直接在於被用於核子武器，而是在於把優先性賦
予最快的速度。

> 取自女性主義者露絲・伊瑞葛來的文章〈科學主題是否受到性
> 別化？〉，《海巴夏：女性主義哲學期刊》2, no. 3（1987），
> 65-87。引用於法蘭西斯・韋恩的《胡言亂語如何征服世界：
> 現代妄想簡史》（London: Fourth Estate，2004），88

愛因斯坦的注意力完全不在我們吃的通心粉上。

> 俄國物理學家 A・F・喬飛，於某次在愛因斯坦柏林家中一邊
> 晚餐一邊討論共同研究之後。回述於《真相》，1969 年 3 月
> 15-16 日

愛因斯坦的嗜好很少，益智遊戲是其中之一，而且他擁有
來自世界各地最驚人的收藏……我曾給他有名的魯班鎖，
世界上最複雜的益智玩具，他三分鐘就解決。

> 友人愛麗絲・卡勒，引用於《普林斯頓追憶者》（1985），7。
> 見羅伯茲・愛因斯坦的《漢斯・阿爾伯特・愛因斯坦》，38

雖擁有驚人的聰明才智，他仍是個天真而毫不做作的人。

友人埃里西‧卡勒，1954 年。愛因斯坦檔案，38-279

我仍能看見你……你和藹的臉上仍閃耀著喜悅！對我來說，這〔孩童般的快樂〕是一個美好的象徵，代表著你將對這邊的科學生命帶來持久的影響力。

海克‧開墨林‧昂內斯，1920 年 2 月 8 日。*CPAE*, Vol. 9, Doc. 304

你最好謹慎，你最好提防，阿爾伯特說 *E* 等於 *mc* 平方。

取自流行樂團 Landscape 的歌〈愛因斯坦 A-go-go〉

其重要性就好比梵蒂岡從羅馬轉移到新世界；物理學的教宗搬家了，而美國將成為自然科學的新重鎮。

保羅‧朗之萬，談愛因斯坦移居美國。引用於派斯的《雙洲記》，227

任何人只要曾與愛因斯坦相處過，都知道他在各方面皆無人能及：對他人智慧財產的尊重、對自己的謙遜以及對公眾關注的反感。

奧托‧哈恩、瓦爾特‧能斯特、海因里希‧魯本斯三人聯合聲援愛因斯坦，因為當時德國物理學界間反猶太復國主義和反相對主義流行。《每日評論》，1920 年 8 月 26 日

在〔英格蘭〕這裡，所有話題都集中在愛因斯坦身上，如果他現在來訪，我想他會像勝利的將軍般受到熱烈歡迎。現在日漸清楚的是，一個德國人的理論得到一個英國人的觀察證實，提高了兩國之間愈加密切合作的可能性。因此愛因斯坦除了他那啟發性理論的高度科學價值外，也對人類做出了難以估量的貢獻。

> 取自羅伯特‧勞森寫給阿諾德‧柏林納的信中。勞森後來翻譯了《相對論的意義》（1922）的英國版。柏林納後來在給愛因斯坦的信中重述這段話，1919 年 11 月 29 日；在證實廣義相對論的慶祝會上。勞森曾在英國雪菲爾大學任教。愛因斯坦檔案，7-004

猶太人對於自然科學的惡劣影響，最具代表性的例子便是愛因斯坦先生，他的「理論」憑藉拙劣的數學把他的任意點綴混入既存的良好知識中；現在他的理論已經逐漸衰敗，而這正是大自然中畸形創造物的命運。在此過程中，我們也不能忘記那些使「相對論猶太人」得以在德國立足的研究者，即使是有真正成就的研究者也一樣。他們沒有看見 —— 也不願看見 —— 把這個猶太人視為「好德國人」是多大的錯誤，即使在非學術方面也是。

> 德國物理學家，1905 年諾貝爾獎得主菲臘‧萊納，《人民觀察家報》46（1933 年 5 月 13 日）

要描繪猶太物理學的特色，最好且最公正的方法是舉出其稱得上是最顯著的代表人物，也就是純種猶太人阿爾伯特‧愛因斯坦的事蹟。他的相對論原本應要完全轉變物理學，但面對現實時，卻完全站不住腳。相對於亞利安科學家對真理的固執堅持的慾望，猶太人對真理欠缺了解的程度令人震驚。

> 菲臘‧萊納寫於他的著作《德國物理學》（Munich: Lehmann's Verlag，1936）。在二十世紀初期，萊納和愛因斯坦相互尊敬，後來在廣義相對論上發生衝突，萊納的光電效應實驗讓愛因斯坦朝向光量子假說。

隨著阿爾伯特‧愛因斯坦逝去的是一名象徵著人類榮譽之人，他的名字將永不被遺忘。

> 湯瑪斯‧曼的〈論阿爾伯特‧愛因斯坦之死〉，收錄於《自傳》（Frankfurt am Main: Fischer Bücherei，1968）

看他們兩人在一起十分有趣 —— 擁有思想家頭腦的詩人泰戈爾，以及擁有詩人頭腦的思想家愛因斯坦。從觀察者的眼中看來，就像是兩顆行星在聊天。

> 記者狄米特里‧馬里安諾夫（瑪歌‧愛因斯坦的丈夫）寫給《紐約時報》，談論他對於愛因斯坦和印度詩人、音樂家、神祕主義者泰戈爾二人對談的觀察。見泰戈爾的〈告別西方〉（1930-1931），294-295；同上，《人的宗教》（New York: Macmilian，1931），附錄 2，221-225

我丈夫現在在薩爾斯堡，與德國科學家會面，他在那裡會有一場演講；他現在屬於德國最優秀的物理學家的圈子。我對他的成功感到欣喜，這是他應得的。

> 米列娃‧愛因斯坦-馬利奇寫給海蓮娜‧薩維奇，1909年9月3日。收錄於羅伯茲‧愛因斯坦的《漢斯‧阿爾伯特‧愛因斯坦》，95

阿爾伯特現在是非常有名的物理學家，受到物理學界的尊敬……阿爾伯特完全奉獻給物理學，我看他應該沒什麼時間留給家庭。

> 同上，1913年3月12日，96

任何人如果要美國人對有關間諜與破壞的可能訊息加以保密，他本身就是美國的公敵。

> 美國參議員約瑟夫‧麥卡錫，關於愛因斯坦支持拒絕在眾議院非美活動調查委員會聽證會作證。《紐約時報》，1953年6月14日

我們的外派員告訴我們，大眾對相對論的意義完全無知。有很多人似乎以為這本書討論的是兩性關係。

> 英國梅圖恩出版社給愛因斯坦的英譯者羅伯特‧勞森，1920年2月。見 *CPAE*, Vol. 9, Doc. 326

年輕物理學家阿爾伯特・愛因斯坦的數學教育不是非常紮實，我有適當的立場做此評估，因為很久以前他在蘇黎世時是向我學數學的。

> 赫爾曼・閔考斯基，引述於網路 www.gap.dcs.st-and.ac.uk/~history/Quotations/Minkowski.html（我通常不仰賴網路上無確實來源的語錄，但我很喜歡這條，希望它是正確的。）

他穿著他平時穿的毛衣、寬大的褲子和拖鞋。他走近門口時特別引我注意的，是他似乎不是在走路，而是以一種非刻意的舞姿在滑行，令人著迷。然後他就在眼前，明亮而憂傷的眼睛，瀑布般的白髮，臉上帶著問候的微笑以及堅定的握手。

> 人類學家艾胥雷・蒙塔古的〈與愛因斯坦對話〉，《科學文摘》，1985 年 7 月

他是我們時代的偉大科學家，真理的衷心追尋者，絕不向邪惡與不真妥協。

> 印度總理尼赫魯，1955 年

我相信，在物理學的發展方面，我們可以為發現一位如此具原創性的年輕思想家而歡欣……愛因斯坦的「量子假說」可能是有史以來最傑出的想法……如果它是錯的，也將成為史上永久的「美麗的記憶」。

德國物理化學家及 1920 年諾貝獎得主瓦爾特・能斯特，1910 年 3 月 17 日，在寫給亞瑟・舒斯特的信中。*CPAE*, Vol. 3, xxiii, n. 36。翻譯於奈佛的《愛因斯坦》，330

當他把上一份重要工作交給出版者時，也警告他們全世界能了解的人不超過十二個，而出版者接受了這個風險。

《紐約時報》一名記者有關廣義相對論的錯誤報導發表於 1919 年 11 月 10 日，變成著名的愛因斯坦神話。1919 年 12 月 3 日，另一名《紐約時報》記者詢問這段陳述是否真實，結果「博士幽默地笑了」。見弗爾森的《愛因斯坦傳》，447, 451

它對人心放射的光芒，成為愛因斯坦相對論最宏偉的證明；相對論提供了一把鑰匙，可以打開原子中蘊藏的一整座寶庫。

《紐約時報》，1945 年 8 月 7 日，關於原子彈

此人改變我們對世界的想法，只有牛頓和達爾文曾做到同樣的改變。

在愛因斯坦於 1955 年死後刊登於《紐約時報》。引用於卡恩的《愛因斯坦圖像傳記》，120

「為了他對理論物理學的特殊貢獻，特別是他對光電效應定律的發現。」

諾貝爾委員會，1921 年諾貝爾物理學獎的正式引文。注意文

中完全沒有提到當時仍屬爭議的相對論。從 1910 到 1918 年間，除了 1911 和 1915 年以外，愛因斯坦每年都獲得提名。見派斯的《上帝難以捉摸》，505

他走路的方式有種安靜，彷彿生怕驚動真理而將之嚇跑。

日本漫畫家岡本一平對愛因斯坦 1922 年 11 月日本之行的感想。見手稿〈愛因斯坦 1922 年的日本訪問〉，愛因斯坦檔案，36-409

少有人對於我們對有形世界的了解做出如此多貢獻……我們 —— 尤其是對那些對他稍有認識的人 —— 在愛因斯坦身上看到的那些個人特質，是與他非凡工作相互對應的：無私、幽默，與深厚的仁慈。

羅伯特・歐本海默，1939 年 3 月 16 日，愛因斯坦六十歲生日的廣播致詞。轉載於《科學》89（1939），335-336

要驅散神話的雲朵，看見躲藏其後的宏偉山峰，現在並不算太早。一如既往的是，神話固有其可愛之處，但真理更加美麗。

歐本海默談愛因斯坦，1965 年。引用於《洛杉磯時報》社論，1979 年 3 月 14 日，愛因斯坦百歲誕辰紀念。

他幾乎可說是完全無複雜性，完全無世俗性……他身上總有一種強大的純粹，既如赤子，又非常固執。

歐本海默，〈論阿爾伯特・愛因斯坦〉，《紐約書評》，1966
年3月17日

他花了〔生命最後二十五年〕先試圖證明量子理論中有不
一致性。本來沒人能比他更巧妙地想到出乎意料的聰明例
子，但結果那不一致性並不存在；而那解答往往可以在愛
因斯坦自己先前的成果中找到。當事情行不通時⋯⋯愛因
斯坦乾脆說他不喜歡這個理論。

　　同上

他以高尚而猛烈的方式與波耳奮戰，他奮戰的對象是他自
己創造但厭惡的理論；這不是科學史上第一次發生這種
事。

　　同上

甚至在他的人道精神和仁慈善良之上，甚至在他無邊的分
析能力和深度之上，他還有一種令他與眾不同的特質，那
就是他深信自然世界中存在著秩序與和諧，而且有可能被
人類心智所了解。

歐本海默在《普林斯頓小包》週報為愛因斯坦所寫的悼詞，
1955年4月。美國國會圖書館之歐本海默文稿，Box 256。不
過根據施韋伯的《愛因斯坦和歐本海默》，276，「歐本海默
曾做過沒那麼恭維的陳述：愛因斯坦對現代物理學沒有了解也
沒有興趣⋯⋯浪費時間試圖統一重力和電磁學⋯⋯歐本海默抱

怨，雖然〔高等〕研究院支持愛因斯坦二十五年」，他還是把所有文稿留給以色列的希伯來大學。

他回應以最驚人的大笑……那有點像海豹的叫聲，是快樂的笑聲。從此以後，我就會準備有趣的故事，留給我們下次的會面，只為了享受愛因斯坦的笑聲。

> 亞伯拉罕・派斯。引用於傑瑞米・伯恩斯坦的《愛因斯坦》（Penguin，1978），77

他是我所見過最自由的人……不管是與他的前輩或後輩比較，他都更擅長找出不變性原理，並把統計變動拿來運用。

> 派斯，《上帝難以捉摸》，vii

愛因斯坦說的東西沒那麼蠢。

> 物理學家及後來的諾貝爾獎得主沃夫岡・包立在學生時期聽了比他年長二十歲的愛因斯坦演講後所說。引用於埃勒斯的《親愛的赫茲！》，47

我永遠不會忘記他的致詞，他就像個即將退位的國王，將我立為他的繼位者。

> 包立回想愛因斯坦在包立獲得諾貝爾獎後一次晚宴中的演講。愛因斯坦說他的智慧已經用罄，現在該由包立繼續探求統一場論。引用於阿爾民・赫爾曼的〈愛因斯坦與奧地利人〉，《明光》，1995 年 2 月，20-21

一頭亂髮的博士

告訴我們你不是赤化之士。

告訴我們你不會吃

資本主義者，光天化日。

跟我們說那不是真的

你還會大啖他們的子嗣。

說，哦請說，說你不是某某斯基

只是個彎曲空間的革命份子。

> 由受歡迎的報紙專欄作家 H・I・菲利普斯在麥卡錫時期所寫
> 的詩，針對反共產主義者反對美國在二十年前准予愛因斯坦入
> 境美國的玩笑。諾曼・F・史坦利引用於《今日物理》，1995
> 年 11 月，118

長久以來我們一直能感到您親近地提醒我們不要忘記自己
的最高抱負；對於您溫柔而無所不在的感染力，我們格外
感激。

> 普林斯頓大學物理系給愛因斯坦的七十五歲生日祝賀信，署名
> 者包括羅伯特・迪克、尤金・維格納、約翰・惠勒、華倫泰・
> 巴格曼、亞瑟・懷特曼、喬治・雷諾茲、法蘭克・舒梅克、艾
> 立克・羅傑斯、山姆・特瑞曼等人，1954 年 3 月 12 日。愛因
> 斯坦檔案，30-1242

它以大膽之姿超越目前為止純理論自然科學和哲學性認知
理論之所有成就；相形之下，非歐幾里德幾何學就像兒童

的遊戲。

> 馬克士‧普朗克在哥倫比亞大學一次演講中談到愛因斯坦對時
> 間的定義，1909 年春（發表於萊比錫，1910），117ff

即使在政治事務上我們之間有著深刻鴻溝，我仍完全確信，接下來數百年愛因斯坦將被視為我們學院最閃耀的一顆明星。

> 馬克士‧普朗克給海因里希‧馮‧菲克爾，1933 年 3 月 31
> 日，關於愛因斯坦從普魯士科學院辭職一事。引用於克里斯
> 塔‧科斯登和 H‧J‧特雷德的《阿爾伯特‧愛因斯坦在柏林，
> 1913-1933》（Berlin，1979）

你很難把他變成你的敵人，但一旦你從他心中被驅逐出境，對他來說你就完結了。

> 愛因斯坦的醫生亞諾斯‧普萊施，引用於赫內克的《親見愛因
> 斯坦》（Berlin，1976），89

愛因斯坦愛女人，而如果她們愈尋常、愈流汗發臭，他愈喜歡。

> 彼得‧普萊施引述父親亞諾斯‧普萊施所言。見海菲爾德和卡
> 特的《愛因斯坦的私生活》，206

我們必對他特別尊敬的，是他讓自己接受新概念並知道如何從中得出各種結論的能力。

亨利‧龐加萊，1911 年。引述於霍夫曼的《阿爾伯特‧愛因斯坦：創造者及反叛者》，99

愛因斯坦想要的實質世界，是完全客觀且決定論式的，因此他拒斥現代量子理論。這個立場使他成為最後一位偉大的古人，而不是第一位現代人。

物理學家及英國國教牧師約翰‧波金洪恩，引於《科學與神學新聞》（線上版），2005 年 11 月 18 日

大自然和自然律隱藏於暗夜之中。

上帝說：讓牛頓出世吧！於是一切顯於光亮。

好景不常：惡魔嚎叫「啊！

讓愛因斯坦出世吧！」於是恢復過往。

上帝擲他的骰子，讓愛因斯坦絕望：

「讓費曼出世吧！」然後一切清晰如白晝之光。

首兩行是亞歷山大‧波普為牛頓所寫的墓誌銘 XII（見《亞歷山大‧波普全集》），接下來兩行是《新政治家》和《倫敦信使》的文學編輯約翰‧柯林斯‧史奎爾爵士寫於他的〈續‧波普論牛頓〉中，收錄於《詩集》（1926）。第三段則是科學史學家史蒂芬‧布魯西在書評〈費曼的成功：破除量子力學的神祕性〉中所添加，此文評論的是賈格迪什‧梅拉所寫的理查‧費曼傳記《另一種鼓聲》，發表於《美國科學家》83（1995 年 9-10 月號），477。（感謝布魯西教授釐清最後一段的出處。）

自然科學的偉大改造者已經逝去。

《真理報》，莫斯科，在愛因斯坦死後。引用於卡恩的《愛因斯坦圖像傳記》，121

非但我們的子弟兵無法返鄉，這個外國出生的鼓動者還會讓我們攪入另一場歐洲戰爭，以便使共產主義更加擴散到世界各地……美國人差不多該看清愛因斯坦了。依我之見，他違反法律，必須起訴……我呼籲司法部制止愛因斯坦這個人。

美國眾議員約翰・藍金（密西西比州民主黨），《國會紀錄－眾議院》，1945 年 10 月 25 日。副本轉載於卡恩的《愛因斯坦圖像傳記》，101。愛因斯坦先前曾去信眾議院，為「西班牙自由美國委員會」請求資金以支持他們持續抗爭、脫離獨裁者佛朗哥統治下的西班牙，而藍金與其他人認為這是共產主義者策劃的計謀。

我很難要他為了我的鏡頭而整裝打扮，雖然有幾次，在調整他頭髮後面的燈光時，我的確試著偷偷把他的頭髮梳到耳後──雖然其實不是故意的。不過那不聽話的幾撮頭髮總是會再往前彈回來，自有其頑固之處。我放棄他的頭髮，但他的腳仍讓我困擾……愛因斯坦教授幾乎不穿襪子。雖然我試著只拍他從膝蓋或腰部以上的照片，我的視線卻很難從那對裸露的腳踝移開。

普林斯頓大學攝影師艾倫・理查茲，他負責拍攝愛因斯坦正式

的生日肖像。見理查茲的〈追憶〉，收於《我所認識的愛因斯坦》

有一次，有家公司給他一筆金額不小的諮詢費，他把支票拿來當作書籤，然後把書弄丟了。

同上

他把煩心的事簡化，以充分運用時間……這種簡單化的態度也讓他說話直接，帶著率真的和藹與尊重，面對每一個遇到的人，不管是小孩或大人，不管外表。

同上

愛因斯坦做為支持者比做為敵人更危險，他的天才僅限於科學；在其他事務上他是個蠢人……他應該離那些事遠一點！他只適合他那些方程式。

和平主義者羅曼‧羅蘭，在寫給史蒂芬‧褚威格的信中，1933年9月15日。引述於格魯寧的《阿爾伯特‧愛因斯坦的房子》，386-387

科學天才愛因斯坦在他自己的領域之外，是軟弱、猶豫不決且自相矛盾的……他一直改變意見且……他的行徑之改變比起敵人不妥協的固執更為糟糕。

和平主義者羅曼‧羅蘭，1933年9月的日記。引用於內森和諾登的《愛因斯坦論和平》，233

有時你覺得愛因斯坦說話的同時也正在創造他的想法，忘了……他面前有聽眾。然後，當他忽然發現我們也在場，就會對我們說出他那驚人又強烈，但又總是適切的比喻。

> 愛因斯坦過去的學生伊爾莎・羅森塔爾－施奈德，《現實與科學真理》，91

對愛因斯坦，頭髮，和小提琴，
我們獻上最後的致意。
了解他的只有兩位：
他自己……有時還有上帝。

> 傑克・羅塞特所作的頌詞，來自一名印度讀者

在物理學產生大量重要人物和令人眼花撩亂的各種新事實與理論的年代，愛因斯坦在他的建構中，無論是廣度、深度或全面性，仍維持至高的地位。

> 伯特蘭・羅素，約於 1928 年，未發表文章，羅素檔案，加拿大安大略省的麥克馬斯特大學。愛因斯坦檔案，33-154

愛因斯坦無疑是我們這個時代的偉人。他具有非常高度的單純特質，這是科學領域佼佼者的特性 —— 是一種來自一心一意的求知慾，完全無關個人情感的單純性。

> 羅素。發表於《新領袖》，1955 年 5 月 30 日

他除去了牛頓以來每個人都接受的重力的神祕，雖然眾人仍不情願，因為難以理解。

　　羅素。引用於惠特羅的《愛因斯坦其人與成就》，22

在我所知的所有公眾人物中，愛因斯坦得到我最衷心的敬重……愛因斯坦不僅是位偉大的科學家，也是個偉人。在朝著戰爭偏移的世界中，他堅守和平，在瘋狂的世界裡他保持清醒，在盲從的世界中他維持自主。

　　同上，90

有一個學生，名叫愛因斯坦，在貝多芬奏鳴曲慢板的演奏中甚至閃現了深刻的了解。

　　瑞士亞牢州立學校的音樂督察 J・瑞菲爾，評鑑愛因斯坦的期末音樂考試，約於 1896 年 3 月 31 日。*CPAE*, Vol. 1, Doc. 17

看在老天的份上，阿爾伯特，你不會數拍子嗎？

　　1920 年代在柏林的孟德爾頌宅邸進行四重奏排演時，愛因斯坦有幾次弄錯開始演奏的時間，鋼琴家阿圖爾・施納貝爾如此對他說。邁克・利普斯金的追憶，由赫伯・康恩引述於《舊金山紀事報》，1996 年 2 月 3 日

即使沒有寫信給對方，我們仍以心靈溝通；因為我們對這可怕的時代以同樣的方式反應，對人類的未來以同樣的頻率顫抖……我也喜歡我們有相同的名字。

阿爾伯特・史懷哲，在給愛因斯坦的信中，1955 年 2 月 20
日。愛因斯坦檔案，33-236

愛因斯坦

有如小灰鼠的他

伴著黑板和手中的粉筆；

百萬人對他充滿敬畏

因為他們無法了解。

他說：E 等於 mc^2

我會把它證明。

想必你真的會，你這令人驚奇的人，

但這對我們好嗎？

它會延長我們的壽命

加倍我們的食物？

創造方程式

會讓國家之間和平嗎？

我們無疑對你感謝

為你帶來高於我們眼界的真理；

但最終你做了什麼

來安慰人類？

一千個「你們」如何能

與基督一同評價？

詩人羅伯特・瑟維斯，他可能不知道愛因斯坦在人道主義方面的作為。取自《晚期詩集》（New York: Modd, Mead，1965年）。（經 Estate of Robert Service 同意使用，M. William Krasilovsky 提供）

人類心智的強力探照燈，其光線穿透未知的黑暗，忽然間熄滅了。世界喪失了最重要的天才，猶太人喪失了當前世代最傑出的孩子。

以色列總理摩西・夏里特，1955 年。引用於卡恩的《愛因斯坦圖像傳記》，120

在這個可悲的世界中，你是我唯一可從其存在中看到希望的那類人。

蕭伯納，1924 年 12 月 2 日的明信片中。愛因斯坦檔案，33-242

告訴愛因斯坦，我說我對他的敬愛最有力的證據，是這些〔名人的〕肖像之中，他的肖像是我唯一花錢買的。

蕭伯納。阿齊巴德・漢德森回溯於《德罕晨報》，1955 年 8 月 21 日。愛因斯坦檔案，33-257。愛因斯坦回應：「那真是非常典型的蕭伯納，他曾宣布世界上最重要的東西就是金錢。」

托勒密創造了一個宇宙，維持了一千四百年；牛頓也創造了一個宇宙，維持了三百年；愛因斯坦已創造出一個宇

宙，我無法告訴你會維持多久。

> 蕭伯納，在一次於英格蘭宴請愛因斯坦的宴會中。引述於大
> 衛・卡西迪的《愛因斯坦與我們的世界》（Humanities Press，
> 1995），1。也見於美國公共電視節目《新星》的愛因斯坦
> 傳，1979 年

這是他宇宙宗教（cosmical religion）裡的唯一錯誤：他多
放了一個字母「s」。

> 施恩主教。引述於克拉克的《愛因斯坦：生平紀事》，426。
> 雖然施恩似乎不贊同他的宗教觀，愛因斯坦仍尊敬他。見凡托
> 瓦的〈與愛因斯坦的對話〉，1953 年 12 月 13 日，愛因斯坦
> 對施恩表示讚揚。

> （譯注：「宇宙宗教」英文 cosmical religion 去掉字母 s 後變
> 成 comical religion，意思是「滑稽的宗教」。）

讓我真正驚訝的是他的體格，那時他剛乘完風帆回來，除
了一條短褲以外什麼都沒穿，那是個壯碩的身體，充滿肌
肉；身體中段和上臂變得較肥厚，有點兒像個步入中年的
足球員，總之他是個格外強壯的男人。

> C・P・史諾談到他在 1937 年拜訪愛因斯坦。引用於理查德・
> 羅茲的《原子彈祕史》

於我，他是本世紀最傑出的知識份子，無人可比，也可說
是道德經驗最偉大的人格體現，他在許多方面都和其他人
類不同。

C・P・史諾，〈與愛因斯坦的對話〉，引用於法蘭奇的《愛因斯坦——世紀文集》，193

我愛他也深深地尊敬他那根本的善良、智性上的天才及無畏的道德勇氣。相對於多數所謂的知識份子那可悲的不堅定，他不懈地與不公正和邪惡奮鬥。他將活在未來世代的記憶中，不只是以絕世科學天才的身姿，同時也是崇高道德的縮影。

愛因斯坦一生的友人莫里斯・索羅文，寫於他《愛因斯坦給索羅文的書信集》的序言中。引用於亞伯拉罕・派斯的〈哲學家和自然科學家阿爾伯特・愛因斯坦〉，1956 年

高大，健壯，幾乎像是巴爾札克的體格，但有一張白皙的臉，那膚色帶著最為純潔又甜美的東方情調，而那雙深邃、深思熟慮又顯憂鬱的眼眸，則似乎映射著世代猶太人在經歷極度動蕩的苦難與焦慮後，那些靈性上所有的退敗與提升。阿爾伯特・愛因斯坦……帶著厭倦但善意的專注，回答我的問題。

奧爾多・索拉尼，發表於義大利《訊使報》，1921 年 10 月 26日。*CPAE*, Vol. 12, Appendix G

那像是去和上帝喝茶，不是聖經裡那令人恐懼的上帝，而是小孩子在天堂的父親，非常和藹又充滿智慧；然而愛因斯坦本人就像個小孩子。

自由派記者 I・F・史東。引述於布萊恩的《愛因斯坦的一生》，403

他並不是民族主義的立場，而是以普遍的人道主義立場身為猶太復國主義者。他覺得猶太復國主義是唯一能夠解決歐洲猶太問題的方法……他從來不贊同激烈的民族主義，但他覺得一個位於巴勒斯坦的猶太家鄉，對於救助仍留在歐洲的猶太人來說是非常重要的……以色列建國後，他說過，某種程度來說他很慶幸自己人不在那裡，不用涉入那高道德標準的偏離。

恩斯特・史特勞斯。引用於惠特羅的《愛因斯坦其人與成就》，87-88

沒有他我無法形成科學的形象，他的精神充滿於科學中，他形成我思考與展望的一部分。

阿爾伯特・森高吉，諾貝爾生理學或醫學獎得主。引用於卡恩的《愛因斯坦圖像傳記》，122

他那頭蓬亂的白髮、他燃燒的眼神，還有他溫暖的舉止，再次讓我對於這個處理如此抽象的幾何和數學定律的人是如此充滿人性，而印象深刻……他一點都沒有僵化之處——沒有那種知識份子的冷漠超然。在我看來，他像是那種珍視人與人關係的人，而他對我表現出真誠的興趣和了解。

印度詩人、音樂家、藝術家和神祕主義者泰戈爾，在他與愛因斯坦在 1930 年於德國會面之後。引述於《紐約時報》，2001 年 8 月 20 日

在足球這邊不應該叫任何人是天才；天才是像諾曼·愛因斯坦那樣的人。

美式足球主播和前球員喬·泰斯曼。引述於《最笨運動語錄大全》（New York: HarperCollins，1996）

人類思想史中最了不起的成就之一 —— 或說就是那最了不起的成就。

電子發現者湯姆森，指愛因斯坦廣義相對論的研究，1919 年。引用於霍夫曼的《阿爾伯特·愛因斯坦：創造者及反叛者》，132）

本世紀最了不起的思想家、從壓迫逃向自由的移民、政治上的理想主義者，這些將被歷史學家視為二十世紀最顯著的特質，齊集於他一身。而身為對科學與上帝作品之美同時具有信心的哲學家，他也代表著贈與下一世紀的遺產。

《時代》雜誌解釋為何選擇愛因斯坦作為「二十世紀代表人物」，2000 年 1 月 3 日

他帶有的那種男性之美，尤其是在本世紀初，是會引起極大騷動的。

安東尼娜・瓦倫丁，於法文版《愛因斯坦的戲劇》（Paris，1954）和德文版《愛因斯坦的戲劇》（Stuttgart，1955），9

你只要看到愛因斯坦在一艘小帆船上的樣子，就能了解他與單純的戶外生活有著強大連結。穿著涼鞋和舊運動衫，頭髮在風中亂飄，他會⋯⋯隨著小船輕輕搖擺，完全與他操作的風帆合而為一⋯⋯他拉帆時，肌肉如繩索般突出，⋯⋯他可以屬於海神或海盜的時代⋯⋯他什麼都像，就是不像個科學家。

安東尼娜・瓦倫丁，《愛因斯坦的戲劇》（Doubleday，1954），168

他的雙肩依然強健，裸露的頸子壯碩而渾圓；但歲月在他豐滿的雙頰犁出溝渠，唇角往下垂落⋯⋯他高聳的前額皺紋深刻⋯⋯他的頭髮剛硬彎曲一如以往，有著自己的奇妙生命⋯⋯然而，最令人動容的改變，卻在他的眼睛。他燃燒的眼神彷彿灼燒了下方的皮膚⋯⋯但他的力量從眼神中穿透而出，戰勝所有的衰退。

同上，295，多年後再次見到愛因斯坦的印象，就在他七十歲生日之前

〔愛因斯坦〕對女人的作用就像磁鐵對鐵屑的作用一樣，但他也享受女性的陪伴，為所有女性化的事物著迷。

康拉德‧沃克斯曼，愛因斯坦在德國卡普特住所的建築師。引用於格魯寧的《阿爾伯特‧愛因斯坦的房子》，158

在我們渡海期間，愛因斯坦每天都向我解釋他的理論，而當我們抵達時，我完全相信他已經了解他的理論了。

哈伊姆‧魏茲曼，1921 年春，在代表猶太復國主義代表團護送愛因斯坦搭乘「鹿特丹號」到美國之後。引用於吉里胥的《阿爾伯特‧愛因斯坦與瑞士》，82

〔愛因斯坦〕開始有種首席女高音般的頤指氣使，但這位女高音的嗓音正開始衰退。

哈伊姆‧魏茲曼，1933 年，回應愛因斯坦對希伯來大學改革的要求。引用於諾曼‧羅斯的《魏茲曼傳》，297

世界失去了一名傑出的科學家、一個偉大勇敢的心靈和一名人權鬥士；猶太人失去了王冠上最耀眼的寶石。

薇拉‧魏茲曼，前以色列總理遺孀，在愛因斯坦過世之後，1955 年。引用於卡恩的《愛因斯坦圖像傳記》，121

愛因斯坦是個物理學家而非哲學家，但他的問題中天真的直接性則是哲學的。

魏茨澤克。引述於 P‧艾克伯格和 R‧薩梭的《愛因斯坦對物理學、哲學與政治的影響》，159

因此今天，為了他的天賦與正直，無法適當量測他的能力的我們，向獨自航行於陌生海洋上的科學哥倫布致敬。

> 普林斯頓大學教務長安德魯・弗萊明・威斯特，在校長約翰・格里爾・希本授與愛因斯坦榮譽博士學位之前，讀過一段引文之後，1921 年 5 月 9 日。《普林斯頓校友週報》，1921 年 5 月 11 日，713-714。亦見於伊利的《阿爾伯特遇見美國》，166

在全世界各個時代偉大思想家投身研究的所有問題中，沒有其他問題比宇宙的起源更為首要，而對這個問題的貢獻，沒有任何時代的任何人比愛因斯坦發揮了更具啟發性的力量。

> 普林斯頓物理學家約翰・惠勒寫於〈愛因斯坦〉，《美國國家科學院傳記回憶錄》51（1980），97

愛因斯坦與愛丁頓

太陽在草地落下
月亮俯視寧靜
球童也已睡去
但仍可看到
兩位選手徘徊於
守護第十三號果嶺的沙坑。
那是愛因斯坦和愛丁頓

在計算他們的分數；
愛因斯坦的計分卡顯示九十八
愛丁頓的更多。
兩人都落在沙坑進退不得
兩人都站在那裡咒罵出聲。
愛因斯坦説，我討厭看到
這麼多沙；
到底為何他們把沙坑放在這裡
我無法了解。
如果有人可以把地表撫平
我想事情就太美妙了。
如果七名女僕帶著七支拖把
把球道清理乾淨
我確定我可以進洞
低於十七桿。
愛丁頓説，我不相信
你的曲球實在不高明。
然後所有的小白球都跑過來
看這兩人在談什麼話題
他們之中有些又高又瘦
另外一些又矮又肥
還有少數圓滾光滑
但絕大多數既平又扁。

愛丁頓説，時間到了
該談許多事情：
包括立方和時鐘和量尺
還有鐘擺為什麼搖動。
還有空間在垂直方向有多遠
還有時間是不是有雙翼。
我在學校學到蘋果掉落
是因為重力作用
但現在你告訴我
原因只是你的張量 G-mu-nu
我無法教自己想像
這就是真相。
你説重力是一種力
顯然不是一種拉力。
你説空間絕大部分是空的
而時間幾乎是滿的；
而雖然我討厭懷疑你所説
但那聽起來總有點像吹牛。
而空間的向度有四
並不是三。
斜邊的平方
也不是過去的模樣。
你對平面幾何做的好事

也使我哀傷不已。
你說時間嚴重捲起
甚至光線都會彎曲
我想我可以了解
如果這是你的意思
郵差今天送來的信
明天將被寄出。
如果我要去廷布克圖
用光的兩倍速度
然後今天下午四點出發
我會在昨晚回來。
愛因斯坦說，你已經了解了
完全正確無誤。
但如果水星
要繞過太陽
讓它順其自然
不再回到原來的地方
那麼我們開始進行的事情
最好不要開始。
而如果過去還沒結束
未來便出手介入；
那還有什麼事情有幫助
管他是包心菜或是皇后？

請告訴我到底

校長和院長還有什麼作用。

愛因斯坦回答，最短的線

不是直的那條；

它繞著自己彎曲

很像 8 的形狀

而如果你跑得太快

就會到得太晚。

但復活節就是耶誕節

近處就是遠方

而二加二比四還多

到了那邊就是這邊。

愛丁頓說，你或許沒錯

這看來有點兒古怪。

但實在非常非常謝謝你

大費周章來解釋；

希望你能原諒我的眼淚

我的頭開始疼痛；

我想有些症狀開始發生

也就是大腦即將發昏。

> W・H・威廉斯博士，在加州大學柏克萊分校與愛丁頓共用辦公室。他為愛丁頓在 1924 年離開柏克萊前夕的教員俱樂部晚餐準備了這首詩。這首詩當然是模仿路易斯・卡羅《愛麗絲鏡中奇遇》（1872）中的〈海象和木匠〉所作。

對懶於思考、只想把筆記本寫滿然後為了考試而背誦的好
學生來說，他不是個好老師；他不是流暢的演說家。但只
要是想要學習如何建構物理學觀點、小心檢驗所有前提、
注意陷阱和問題、反省自己所思是否站得住腳的人，都會
認為愛因斯坦是第一流的老師。

> 海因里希・桑格，在寫給路德維希・佛雷爾的信中，1911 年
> 10 月 9 日，推薦愛因斯坦擔任蘇黎世聯邦理工學院的職位。
> *CPAE*, Vol. 5, Doc. 291

愛因斯坦早就會被指為神祕主義者而吊死了，原因是他讓
光線在轉角彎曲。

> 海因里希・桑格，1919 年 10 月 17 日，談論俄國的狀況，指
> 的是此前不久廣義相對論得到證實

愛因斯坦的〔小提琴〕演奏的確出色，但不值得享譽全球
的名聲；有很多人演奏得一樣好。

> 一名樂評家，談論 1920 年代初的一次表演，但不知道愛因斯
> 坦的名聲來自物理學，而非音樂。引用於萊瑟的《愛因斯坦：
> 一幅傳記肖像》，202-203

「愛因斯坦教授如獲至寶：公式讓他徹夜不眠」

> 《相對論的意義》一份書評的標題，刊登於《每日鏡報》（紐
> 約），1953 年 3 月 30 日。指的是他去世前兩年發表的附錄，
> 裡面放入廣義相對論方程式大為簡化的推導。（特雷弗・利普
> 斯科姆提供資訊）

奇怪的數學

愛因斯坦說：「我有一條方程式，

有些人可能叫它拉伯雷諷喻式：

P 是童貞，

趨近無窮，

而 U 是常數，代表追求。」

「現在，如果 P 除以 U 再變成倒數，

然後 U 的平方根再拿來加入，

X 次並除以 P，

結果證明，

答案是相對的。」愛因斯坦斷言。

> 作者不詳的滑稽詩，於網路上尋得，2003 年 11 月

條頓人愛因斯坦

愛因斯坦長眠於此，一名進取的條頓人

他，相對來說，消滅了牛頓。

> 為愛因斯坦所做的墓誌銘，作者不詳。艾胥雷・蒙塔古引用
> 於〈與愛因斯坦的對話〉，《科學文摘》，1985 年 7 月。愛
> 因斯坦或許曾對「條頓」形容有意見。

斯坦（兩個版本）

有三個好人都叫斯坦；
一個叫哲特一個叫艾普一個叫愛因。
哲特寫空白詩，
艾普的雕塑更糟，
沒有人了解愛因。

　　　　作者不詳。引用處同上

我不喜歡斯坦家族！
有哲特，有艾普，有愛因。
哲特的文章一文不值，
艾普的雕塑都是垃圾，
完全沒有人能了解愛因。

　　　　美國 1920 年代流行的小詩。收錄於《牛津語錄辭典》
　　　　（1999）的「作者不詳」一節

快女孩

有個姑娘叫聰明
她的速度比光快
今天她出門玩耍
用一種相對方法
回來是昨天晚上。

關於相對論的打油詩，約 1919 年，作者不詳，刊登於《新政治家》，1999 年 8 月 9 日（在該報網站尋得）

最後：

除了阿爾伯特・愛因斯坦以外，所有男生都是笨蛋。

八歲的瑪麗・利普斯科姆寫給六歲的樂蒂・愛珀爾，分別是我前同事特雷弗和佛列德的女兒。在普林斯頓大學出版社的耶誕節聚會中聽到，1999 年 12 月 21 日

關於其他主題

人工流產

到懷孕期間的某個時間點之前，女性應要能擁有選擇人工
流產的權利。

> 給柏林的世界性改革聯盟，1929 年 9 月 6 日。引述於格魯寧的
> 《阿爾伯特·愛因斯坦的房子》，305。愛因斯坦檔案，48-305

成就

一項成就的價值，在於它的達成。

> 給 D·利伯森，1950 年 10 月 28 日。愛因斯坦檔案，60-297

野心

真正有價值的事物不會來自野心或單純的責任感，而是來
自對人類和客觀事物的愛與奉獻。

> 給 F·S·瓦達，一名美國愛達荷州的農夫，請愛因斯坦給自
> 己兒子阿爾伯特·瓦達一些成長過程的建言，1947 年 7 月 30
> 日。引述於杜卡斯和霍夫曼的《愛因斯坦的人性面》，46。愛
> 因斯坦檔案，58-934

藝術與科學

當世界的樣貌不再屬於個人的希望與期待，而我們做為自由的個體來面對世界，加以欣賞、提問並觀察，此時我們便進入藝術和科學的領域。當我們以邏輯的語言來重建自己看到並經驗到的事物時，便是科學；當我們透過某些形式來溝通，而這些形式無法以有意識的心智來了解，卻讓我們直覺地知道這是有意義的東西時，便是藝術。

取自論現代藝術的雜誌《人》。《新藝術雜誌》4（1921 年 2月），19。亦見 *CPAE*, Vol. 7, Doc. 51

占星學

讀者應留意〔克卜勒對〕占星學的評論，那些評論顯示，內在的敵人雖然已被征服且失去殺傷力，卻還沒死透。

取自卡羅拉・鮑姆加特的《約翰尼斯・克卜勒：生平與書信》一書的〈引言〉（New York: Philosophical Library，1951）。亦見本書後面的「被認為是愛因斯坦所說的話」段落，有一條來源駁斥愛因斯坦相信占星術的說法。

生育控制

我相信有些政治和社會運動以及天主教組織的做法，對社會整體是有害甚至危險的，不管在這裡或世界各處都是。

我在這裡只提出在這個時候對生育控制的反對；此時許多
國家的人口過剩已經變成對人類健康的嚴重威脅，也是對
於想在這個星球上達到和平的嚴重阻礙。

給一名布魯克林《碑報》的讀者，這是一份發行於紐約布魯克
林區和皇后區教區的天主教報紙，1954 年，讀者問愛因斯坦
他對這個問題的看法是否得到正確的引述。

生日

我親愛的小甜心⋯⋯首先，由衷慶賀你昨天的生日；今年
我又忘了。

給後來成為妻子的女友米列娃・馬利奇，1901 年 12 月 19 日，
CPAE, Vol. 1, Doc. 130

我的生日帶來一個令人歡喜的機會，來表達我對於美國為
我帶來理想的工作與生活條件的深深感謝。

他六十歲生日時發布的聲明。《科學》89, n.s.（1939），242

有什麼好慶祝的？每年生日都會自動發生。無論如何，生
日是小孩的事。

取自一次訪談，《紐約時報》，1944 年 3 月 12 日

我的生日是一種自然災害，像豪雨般降下一大堆紙片，充
滿奉承，簡直要把人淹死。

給漢斯‧穆薩姆，1954 年 3 月 30 日，愛因斯坦七十五歲生日。愛因斯坦檔案，38-434

書

對這本書，我能説的，都可以在書中找到。

回應《紐約時報》記者請他談論他與利奧波德‧英費爾德合著的《物理學的演化》。引用於埃勒斯的《親愛的赫茲！》65

我正在讀杜斯妥也夫斯基（《卡拉馬助夫兄弟們》），這是我得手過的東西中最美妙的一件。

給海因里希‧桑格，1920 年 3 月 26 日。*CPAE*, Vol. 9, Doc. 361

《卡拉馬助夫兄弟們》讓我充滿歡喜，這是我接觸過的書中最美妙的一本。

給保羅‧艾倫費斯特，1920 年 4 月 7 日。*CPAE*, Vol. 9, Doc. 371

因果關係

用隨興的方式來看事情，永遠只能回答「為什麼」，而無法回答「為了什麼目的？」……然而，如果有人問：「我們是為了什麼目的而要互相幫助，讓彼此的生活更容易，一起演奏美麗的音樂，獲得啟發？」他必須被告知：「如

果你感覺不到理由，沒有人可以解釋給你聽。」缺乏這種基本的感覺，我們什麼都不是，而且最好別活了。

給海德薇·玻恩，1919 年 8 月 31 日。*CPAE*, Vol. 9, Doc. 97

我相信無論我們做什麼或為什麼而活，都有其因果。不過，我們不知道那因果是什麼，是件好事。

取自與印度神祕主義者、詩人暨音樂家泰戈爾在柏林的對談，1930 年 8 月 19 日。發表於《亞洲》31（1931 年 3 月）

聖誕節

聖誕節是和平的節日，每年都在該來時來。然而，我們內在與彼此之間的和平，只能靠持續的努力而達成。這個節日提醒我們，所有人都渴求和平；這個節日每年告誡我們，要時時警惕潛藏於我們每個人心中的和平的敵人，不只在聖誕節期間，一整年都要避免這些敵人造成的傷害。

取自一次國際性電台廣播的聖誕節致詞，1948 年 11 月 28 日。愛因斯坦檔案，28-850

清晰

我一生都與慎選清晰字句及簡明表達為友，浮誇的句子和詞彙讓我起雞皮疙瘩，不管是有關相對論或其他任何事情

的字詞。

引用於《柏林日報》，1920 年 8 月 27 日，1-2。亦見 *CPAE*,
Vol. 7, Doc. 45

階級

區分社會階級的差異是假的，前面的分析顯示這種區分靠
的是脅迫之力。

取自〈我的信仰〉，《世紀論壇》84（1930），193-194

衣服

如果我真的開始注意打理自己，就不再是我了……所以管
他的，如果你覺得我那麼可憎，那就找其他更吸引女性品
味的男朋友吧。我不會改變這點的，這有好處，就是那些
愛打扮的人不會來打擾我的安寧。

給後來的第二任妻子艾爾莎・洛文塔爾，約 1913 年 12 月 2
日。*CPAE*, Vol. 5, Doc. 489

只是這裡比較注重儀容裝扮等事，因此為了不要被這兒的
人類社群排斥，多少讓我有點煩。

給霍爾維茨家，1914 年 5 月 4 日，有關他在柏林的新生活。
CPAE, Vol. 8, Doc. 6

如果他們想見我，我在這裡；如果他們想看的是我的衣服，打開我的衣櫥。

> 對艾爾莎所說，因為她建議愛因斯坦在接待德國總統馮・興登堡派來的代表團前先換衣服，1932 年。引用於布萊恩的《愛因斯坦的一生》，235

我既不喜歡新衣服，也不喜歡新的食物。

> 引述於派斯的《上帝難以捉摸》，16

「為什麼？那裡每個人都認識我」（妻子說去辦公室要穿著得體時）。「為什麼？那裡沒有人認識我」（在被告知要穿著得體，去參加他的第一場大型研討會時）。

> 引述於埃勒斯的《親愛的赫茲！》，87

我已經到了當有人叫我要穿襪子時，我可以不用理會的年紀了。

> 由物理學家鄰居艾倫・申斯頓引述於薩恩的《愛因斯坦在美國的日子》，69

我年輕時發現大拇趾總是會把襪子弄出一個洞，所以我就不再穿襪子了。

> 菲利普・霍爾斯曼回憶，1947 年。引述於法蘭奇的《愛因斯坦 —— 世紀文集》，27

競爭

我不再需要參與誰的腦袋比較大的競賽了。我一直認為參與〔這種競賽〕是種糟糕的苦役，其邪惡的程度不亞於對金錢或權力的追求。

> 給保羅‧艾倫費斯特，1927 年 5 月 5 日，有關學術界升等的競賽。引用於杜卡斯和霍夫曼的《愛因斯坦的人性面》，60。愛因斯坦檔案，10-163

可理解性

這個世界的永恆之謎是它的可理解性……世界是可以理解的，這本身就是個奇蹟。

> 取自〈物理與真實〉，《富蘭克林研究所期刊》，221, no. 3（1936 年 3 月），349-382。轉載於《愛因斯坦自選集：對於這個世界，我這樣想》，292。這句話最常見的改寫方式是「宇宙最難了解的一件事，就是它是可以了解的」。

妥協

偷懶地妥協是一條單行道，既不能迴轉也不能停下來。

> 給約漢娜‧凡托瓦，1948 年 10 月 9 日，是給她的三則格言的其中一則。愛因斯坦檔案，87-347

良知

絕對不要做有違良心的事，即使是國家的要求也一樣。

> 取自與小維吉爾·G·欣肖的對談，由欣肖引述，收錄於席爾普的《阿爾伯特·愛因斯坦：哲人－科學家》（1949），653

良知超越國家法律的權威。

> 前面那段話的另一個版本。取自〈人權〉，在接受芝加哥十誡律師學會頒予的人權貢獻獎時的謝詞。這份訊息在 1953 年 12 月 5 日之前寫成（愛因斯坦檔案，28-1012），之後經翻譯與錄音，在 1954 年 2 月 20 日的典禮上播放。見羅伊和舒爾曼的《愛因斯坦論政治》，497

創造力

如果沒有富創意者的獨立思考和判斷，則社會的提升是無法想像的，就像缺乏社會土壤的滋養，個人難以成長一樣。

> 取自〈社會和個人〉，1932 年。發表於《我的世界觀》（1934），12；轉載於《愛因斯坦自選集：對於這個世界，我這樣想》，14

我在鄉下獨居，注意到寧靜生活的單調如何刺激創造性的心靈。

取自在倫敦皇家亞伯特廳的演講〈科學與文明〉，1933 年 10
月 3 日。於 1934 年以〈歐洲的危險－歐洲的希望〉之標題發
表。引用於《泰晤士報》（倫敦），1933 年 10 月 4 日，14，
不過這段話並沒有出現在原始的演講稿中。愛因斯坦檔案，
28-253

危機

只有透過危險和動盪，國家才能得到更多發展；但願現下
的動盪能帶來更好的世界。

取自在倫敦皇家亞伯特廳的演講〈科學與文明〉，1933 年 10
月 3 日。於 1934 年以〈歐洲的危險－歐洲的希望〉為標題發
表。引用於《泰晤士報》（倫敦），1933 年 10 月 4 日，14。
愛因斯坦檔案，28-253

好奇心

重要的是不要停止問問題，好奇心自有它存在的道理。當
一個人思索永恆、生命、現實世界的奇妙結構之謎時，無
法不產生敬畏之心。如果一個人每天都能試著多了解一點
這種謎題，便已足夠。

取自編輯威廉・米勒的回憶錄，引述於《生活》雜誌，1955
年 5 月 2 日

這株脆弱的小苗〔指好奇心〕要得以立足，除了刺激以外，最重要的是自由。

為〈自傳筆記〉寫於 1946 年，17

死刑

我得到的結論是贊同死刑的廢除，理由：(1) 司法發生錯誤時無可挽回；(2) 對於必須執行這個過程的人來説……帶來道德上的負面影響。

給柏林的一家出版社，1927 年 11 月 3 日。愛因斯坦檔案，46-009。不過，在此前幾個月，《紐約時報》呈現的情況不太一樣：「愛因斯坦教授並不偏向廢除死刑……他看不出為何社會不應排除證明對社會有害的個體。他補充，比起死刑，社會沒有更大的權利來判人終生監禁」；見《紐約時報》，1927 年 3 月 6 日；也在派斯的《愛因斯坦當年寓此》中提到，174

我完全不是贊同懲罰，單純是從救助和保護社會的措施來看的。原則上，我本不反對處死從上述意義看來不值或危險的個體；但我之所以反對，單純因為我不信任人，也就是法庭。對於生命的價值，我更重視品質而非數量。

給瓦倫丁‧布加科夫，他曾任托爾斯泰的祕書；他問愛因斯坦對戰爭及死刑的看法，1931 年 11 月 4 日。愛因斯坦檔案，45-702

醫生

哦，zose surgeons, zey are vizards.

> （譯按：「那些外科醫生，他們是巫師」，以德文腔的英文描述。）

> 鼓勵即將動手術的鄰居艾立克·羅傑斯。拉爾夫·貝爾連恩轉述，他後來和羅傑斯同時任教於普林斯頓（在給我的信中，2006年3月21日）

認識論

當我回想自己教學經驗中遇過的最有能力的學生 —— 我是指那些不只在技巧上，而且在獨立思考上也格外傑出的學生 —— 必須承認，他們全都對認識論很有興趣。沒有人能否認認識論學者建立了〔朝向相對論〕前進的道路；不管直接或間接，至少休姆和馬赫都帶給我很大的幫助。

> 取自〈恩斯特·馬赫〉，《物理學期刊》17（1916），*CPAE*,
> Vol. 6, Doc. 29

缺乏與科學銜接的認識論，會成為空想。缺乏認識論的科學 —— 如果這種情況真的能夠想像 —— 是原始而混亂的。

> 取自〈對批評的回應〉，席爾普的《阿爾伯特·愛因斯坦：哲人－科學家》，684

我們在思考時會採用某些「正確的」概念，但這些概念如果從邏輯的角度來看時，無法藉由感官經驗的材料來評判。

取自〈羅素的知識理論〉，收錄於保羅·席爾普編輯的《羅素的哲學》，287。愛因斯坦檔案，1-139

飛碟與外星人

有各種理由讓人相信火星和其他行星不適人居，但如果智慧生命真的存在，而且假設他們住在宇宙的其他地方，我不認為他們會用無線電與地球聯繫；光線的方向容易控制得多，更有可能優先採用。

取自柏林的一次訪談，討論「神祕的無線電」。《每日郵報》（倫敦）報導，1921 年 1 月 31 日，5。*CPAE*, Vol. 12, Calendar

我沒有理由相信「飛碟」的報導背後有什麼真實性。

給美國康乃狄格州哈特福的一個男孩，1950 年 11 月 15 日。愛因斯坦檔案，59-510。愛因斯坦認為不該讀科幻小說，因為它扭曲科學，並給人自以為了解科學的錯覺。

那些人看到了一些東西，至於到底是什麼，我不知道，也不想知道。

給 L·加德納，1952 年 7 月 23 日。愛因斯坦檔案，59-803

武力

當對於武力的信念在政治中占上風，這種力量會產生自己的生命，並變得比本來想要以它為工具的人更為強大。

> 在紐約卡內基廳接受頒發「一個世界獎」時的致詞，1948 年 4 月 27 日。發表於《愛因斯坦晚年文集》；轉載於《愛因斯坦自選集：對於這個世界，我這樣想》，147

遊戲

我不玩遊戲……沒時間玩；工作過後，我不想再做任何需要動腦的事情。

> 引述於《紐約時報》，1936 年 3 月 28 日，34:2。不過，愛因斯坦確實喜歡玩解謎遊戲，只是那可能是更後來才發展出的興趣。

好的行為

好的行為就像好詩，要了解它的意義或許不難，但並不總是透過理性了解。

> 給莫里斯・索羅文，1947 年 4 月 9 日。發表於《愛因斯坦給索羅文的書信集》，99, 101。愛因斯坦檔案，21-250

筆跡學

可以透過如此詳盡的方法來為筆跡分類，我覺得很有趣。我也欣賞您能夠清楚地把客觀特徵和純粹的直覺區分出來，順帶一提的是，純粹直覺不應由於希特勒的例子而受到如此貶抑。

> 給筆跡學家西亞‧列文森的手寫信，1942 年 9 月 4 日（在 eBay 上出售，2003 年 11 月 5 日）

家

一個人在哪裡定居沒那麼重要，最好是跟隨你的直覺，不要想太多。

> 給馬克斯‧玻恩，1920 年 3 月 3 日。收錄於玻恩的《玻恩－愛因斯坦書信集》，25。*CPAE*, Vol. 9, Doc. 337

同性戀

除了保護兒童以外，不應懲罰同性戀。

> 給世界性改革聯盟，柏林，1929 年 9 月 6 日。引用於格魯寧的《阿爾伯特‧愛因斯坦的房子》，305-306。愛因斯坦檔案，48-304

個體／個體性

在我們匆忙的生命中，真正有價值的不是國家……而是有
創造力和令人印象深刻的個體性，也就是個性 —— 當其他
人則保持著呆板的思想和遲鈍的感覺時，這樣的個體帶來
高貴與超越。

> 取自〈我的信仰〉，《世紀論壇》84（1930），193-194。見
> 羅伊和舒爾曼的《愛因斯坦論政治》，229

每個人都應該做為個體而受尊重，但不用偶像化。

> 同上

只有在社會足夠放鬆，讓個人能力得以自由發展後，人類
社會才能萌生寶貴的成就。

> 取自一篇談論容忍的文章，1934 年 6 月。愛因斯坦檔案，28-
> 280

想像一座森林只由藤蔓組成，是不可能的；森林需要能夠
憑一己之力站立的樹木。

> 給約漢娜・凡托瓦，1948 年 10 月 9 日，這是寄給她的三則格
> 言之一。愛因斯坦檔案，87-347

雖然天性自由且正直的人有可能被摧毀，但這樣的人永遠
不會受奴役或成為盲目的工具。

取自〈論科學家的道德義務〉，為義大利科學促進學會而寫，
1950 年 10 月。愛因斯坦檔案，28-882

為了大眾的利益，個體性的培育是重要的：對於群體的進
展與需求，只有個體可以帶來新想法，避免呆滯與僵化。

取自給本・施曼餐宴的訊息，1952 年 3 月。愛因斯坦檔案，
28-931

聰明才智

聰明才智配上惡劣性格，實在令人厭惡。

給雅各布・勞布，1909 年 5 月 19 日。*CPAE*, Vol. 5, Doc. 161

我們擁有的才智，剛好僅能夠清楚看到：在面對存在之物
時，所謂的聰明才智是如何地不適用。如果每個人都能擁
有這份謙遜，人類的世界便會變得比較可愛。

給比利時伊莉莎白王后，1932 年 9 月 19 日。引用於格魯寧的
《阿爾伯特・愛因斯坦的房子》，305。愛因斯坦檔案，32-353

我們應當心，莫把聰明當做神；聰明的確擁有強壯的肌
肉，但缺乏人格。

取自〈人類存在的目標〉，1943 年 4 月 11 日。發表於《愛因
斯坦晚年文集》，235。愛因斯坦檔案，28-587

直覺

科學的所有偉大成就必定始於直覺所知，換句話說，從公理之中進行推論……直覺是發現這樣的公理的必要條件。

1920 年。莫什科夫斯基引用於《與愛因斯坦對話》，180

我相信直覺和靈感……我有時「感到」自己是對的，但我不「知道」自己是對的。

取自與 G. S. 維雷克的對談〈愛因斯坦的生命觀〉，《星期六晚間郵報》，1929 年 10 月 26 日；轉載於維雷克的《偉大心靈的窺視》，446

發明

發明不是邏輯思考的產物，即使最後的成果和邏輯結構緊緊相繫。

為《瑞士大學報》寫於 1955 年。轉載於吉里胥的《光明之時，黑暗之時》。引用於派斯的《上帝難以捉摸》

知識

知識存在著兩種形式 —— 毫無生氣地保存於書本以及活躍於人類意識中。第二種形式的存在是最重的；第一種形式雖然不可或缺，但地位較低。

為科恩學生紀念基金所寫的〈紀念莫里斯‧拉斐爾‧科恩的獻
詞〉，出於最後一段，1949 年 11 月 15 日。轉載於《愛因斯
坦自選集：對於這個世界，我這樣想》，80

物質主義

人類只有擺脫天生需求之外的物質慾望，才能達成有意義
而和諧的生活；提升整個社會的精神價值才是目標。

在普林斯頓舉辦的希伯來大學美國之友會的一次規劃會議中
所言，1954 年 9 月 19 日。引用於《紐約時報》，1954 年 9 月
20 日。愛因斯坦檔案，37-354

奇蹟

我承認思想會影響身體。

赫爾曼斯引述於《與愛因斯坦的談話》，1943 年 10 月。愛因
斯坦檔案，55-285

「奇蹟」是原則性的例外；因此，當原則性不存在時，其
例外，也就是奇蹟，也無法存在。

大衛‧萊欽斯坦回憶於《知識份子的宗教》（蘇黎世，
1941），21。引用並討論於雅默的《愛因斯坦與宗教》，89

道德

一個人必須要避開可疑的事物,就算那些事物有著聽起來很了不起的名目。

> 給莫里斯・索羅文,1923 年 5 月 20 日,有關愛因斯坦辭去國際聯盟職位一事。發表於《愛因斯坦給索羅文的書信集》,59。愛因斯坦檔案,21-189

道德具有最高的重要性 —— 這是對我們來說,並不是對上帝而言。

> 給 M・謝爾,1927 年 8 月 1 日。引用於杜卡斯和霍夫曼的《愛因斯坦的人性面》,66。愛因斯坦檔案,48-380

科學理論的內容本身並不提供人該如何生活的道德基礎。

> 取自〈科學與上帝:一場對話〉,《世紀論壇》83(1930 年 6月),373

文明人類的命運比過去任何時候都更加取決於自己能夠產生多少道德力量。

> 取自〈學生裁軍會議談話〉,1932 年 2 月 27 日。發表於《我的世界觀》;轉載於《愛因斯坦自選集:對於這個世界,我這樣想》,94,以及《紐約時報》,1932 年 2 月 28 日

道德無關上帝的旨意,純粹是人類事務。

取自〈科學的宗教精神〉。發表於《我的世界觀》（1934），
18；轉載於《愛因斯坦自選集：對於這個世界，我這樣想》，
40

別忘了，徒有知識與技術，無法帶領人類得到快樂和有尊
嚴的生活。把高道德標準和價值的宣明者放在客觀真理的
發現者之上，是人類應該做的。對我來說，佛陀、摩西和
耶穌等人帶給人類的事物，高於所有心智建構的成就。

1937 年 9 月為 UNIDENT「宣教任務」所做的陳述。引用於杜
卡斯和霍夫曼的《愛因斯坦的人性面》，70。愛因斯坦檔案，
28-401

道德並不是固定而僵化的系統……它是持續進行的任務，
永遠指引著我們的判斷、啟發我們的作為。

取自〈道德與情感〉，美國賓夕法尼亞州史瓦斯摩學院的畢業
典禮演說，1938 年 6 月 6 日。引用於《紐約時報》，1938 年
6 月 7 日。愛因斯坦檔案，29-083

人類最重要的努力，是在行動中謀求德性。我們的內在平
衡，甚至存在本身，都有賴於此；只有我們行為中的德性
才能為生命帶來美和尊嚴。

給布魯克林的 C・葛林威牧師，1950 年 11 月 20 日。引用於
杜卡斯和霍夫曼的《愛因斯坦的人性面》，95。愛因斯坦檔
案，28-894，59-871

沒有「道德文化」，人類便不會得到救贖。

取自〈道德文化的必要〉，1951 年 1 月 5 日。愛因斯坦檔案，28-904

神祕主義

現在這個時代的神祕傾向，在所謂的神學和靈性主義中發展得尤其明顯，這在我看來是混亂與虛弱的病徵。由於我們的內在經驗誕生自各種感官印象及其混合物，因此靈魂可以獨立於身體之外的概念，在我看來是空洞而沒有意義的。

給維也納詩人莉莉·哈爾彭－諾伊達，1921 年 5 月 2 日。*CPAE*, Vol. 12, Doc. 41。關於這段話的背景，可參考 Doc. 40, n. 3

我從不認為大自然有個目的或目標，或任何可以理解為擬人化的屬性。我所見的大自然，是一個宏偉的架構，我們的了解必然非常不完美，而這讓思索的人充滿謙卑。這種感覺是真實的宗教感，與神祕主義無關。

給烏戈·奧諾弗里，1954 或 1955 年。引用於杜卡斯和霍夫曼的《愛因斯坦的人性面》，39。愛因斯坦檔案，60-758

大自然

大自然最美的禮物，是讓人在欣賞與試著了解眼前所見時，帶給我們喜悅。

> 格言，1953 年 2 月 23 日。收錄於《獻給李歐・巴克的八十歲生日文集》。愛因斯坦檔案，28-962

抽煙斗

抽煙斗有助於對所有人類事務進行較冷靜客觀的判斷。

> 在接受蒙特婁煙斗俱樂部的終生會員身分時的回應，1950 年 3 月 7 日。引用於《紐約時報》，1950 年 3 月 12 日。愛因斯坦檔案，60-125。據說愛因斯坦非常珍愛他的煙斗，在一次划船意外中落水時，仍牢牢抓著這支煙斗；見埃勒斯的《親愛的赫茲！》，149。亦見本章「婚姻」一節

未來的世代

親愛的未來世代：如果你們沒有變得更公正、更和平、大體上比我們更明智，那麼就讓魔鬼抓走吧！在此恭敬表達虔誠希望，你的阿爾伯特・愛因斯坦。

> 1936 年 5 月 4 日於普林斯頓。給未來世代的留言，寫在羊皮紙上，放在一個氣密的金屬盒裡，置於紐約舒斯特（Schuster）出版社（現為西蒙與舒斯特，Simon & Schuster）建築的基石中。愛因斯坦檔案，51-798

新聞媒體

新聞媒體大多由既得利益所控制，對於輿論有過度影響。

> 取自〈美國印象〉，約 1931 年。在《愛因斯坦自選集：對於這個世界，我這樣想》第 5 頁中的來源引用錯誤。愛因斯坦檔案，28-167

禁酒令

通過無法執行的法律，會強烈破壞人對於政府和法律的尊敬，而這又和這個國家的犯罪節節高升緊密相關，已是公開的祕密。

> 同上

我不喝酒，所以不在乎。

> 愛因斯坦搭乘奧克蘭號抵達聖地牙哥時，在記者會中關於美國禁酒令的發言，1930 年 12 月 30 日。可見於美國公共電視節目《新星》在 1979 年播出的愛因斯坦傳、A&E 電視公司播出、VPI 公司製作的愛因斯坦傳，1991 年。愛因斯坦不喜飲酒，晚年滴酒不沾，或許和他消化系統較弱有關；見弗爾森的《愛因斯坦傳》，81

心理分析

我寧可待在不被分析的黑暗之處。

> 回覆德國心理治療師 H · 弗因德請他參與一項以阿德勒心理學
> 為基礎的研究，1927 年 1 月。引述於杜卡斯和霍夫曼的《愛
> 因斯坦的人性面》，35。愛因斯坦檔案，46-304

我無法在現代思維如此重要的時期做出評判；然而，心理
分析似乎並不完全有益，鑽研潛意識或許並不總是有幫
助。

> 取自與 G. S. 維雷克的訪談〈愛因斯坦的生命觀〉，《星期六
> 晚間郵報》，1929 年 10 月 26 日；轉載於維雷克的《偉大心
> 靈的窺視》，442

要說夢是被壓抑的願望，我不認為不可能，但也沒有全然
信服。

> 引述於凡托瓦的〈與愛因斯坦的對話〉，1953 年 11 月 5 日

公開演講

我剛想到一個關於永恆的新理論。

> 據說是在美國國家科學院為愛因斯坦舉辦的餐宴上冗長的演講
> 中，對同桌的人說的話。丹尼爾 · 葛林柏格引述於〈無形的雕
> 像〉，《華盛頓郵報》，1978 年 12 月 12 日

人力車夫

對於自己參與如此可怕的待人方式，我感到極端羞恥，但無能為力……他們懂得如何懇求和乞求每個觀光客，直到對方投降。

> 取自他的旅行日記，1922 年 10 月 28 日於錫蘭（今斯里蘭卡）可倫坡。愛因斯坦在前往新加坡、香港、上海與日本的途中在此停留。

駕駛風帆

在這裡僻靜的海灣航行真是舒服……我有一個可以在夜裡發光的羅盤，像個專業的航海人一樣。不過我對這門藝術不那麼有天賦，如果我能夠讓自己從卡住的沙岸脫離，就心滿意足了。

> 給比利時伊莉莎白王后，1954 年 3 月 20 日。愛因斯坦檔案，32-385

這是最不費力的運動。

> 由 A. P. 法蘭奇引述於他的《愛因斯坦 —— 世紀文集》，61

雕塑

要能描摹出運動中的人，需要最高的直覺和天賦。

> 康拉德·沃克斯曼引述於格魯寧的《阿爾伯特·愛因斯坦的房子》，240。愛因斯坦的繼女瑪歌是雕塑家，愛因斯坦本人當過幾次雕塑的模特兒。

性教育

關於性教育：沒有祕密！

> 給柏林的世界性改革聯盟，1929 年 9 月 6 日。愛因斯坦檔案，48-304

成功

不要想著成為成功的人，但要想著成為有價值的人。

> 威廉·米勒引述於《生活》雜誌，1955 年 5 月 2 日

思考

語言中的文字，不管是寫的或說的，在我的思考機制中似乎並不扮演任何角色。

> 給雅克·哈達馬，1944 年 6 月 17 日。引用於哈德馬的《數學領域中的發明心理學》附錄二。愛因斯坦檔案，12-056

I vill a little t'ink.（我要想一下。）

> 根據班納許・霍夫曼的說法，這是愛因斯坦需要更多時間思考問題時，用不標準的英文說的句子。引用於法蘭奇的《愛因斯坦──世紀文集》，153；在霍夫曼的《阿爾伯特・愛因斯坦：創造者及反叛者》231 頁提到利奧波德・英費爾德對愛因斯坦也有同樣的描述。本身認識愛因斯坦的傳記作者亞伯拉罕・派斯也告訴我同樣的情形。

〔我不懷疑〕我們的思考絕大部分不以記號（文字）進行，且在此之上有很大程度是無意識的。否則，有時我們對某些經驗怎麼會產生自發的「好奇」呢？這種「好奇」似乎在一個經驗與我們內在的多數固定概念產生衝突時發生……這個思想世界的發展，在某種意義上，是「好奇」的延伸。

> 為「自傳筆記」寫於 1946 年，8-9

真理

對真理的追求，優先於其他追求。

> 給阿弗列多・洛可，1931 年 11 月。愛因斯坦檔案，34-725

追尋真理與知識，是人類最卓越的特性──雖然最大聲鼓吹的往往也是最不追求真理與知識的人。

取自〈人類存在的目標〉，為猶太聯合捐募協會做的廣播，
1943 年 4 月 11 日。愛因斯坦檔案，28-587

真理禁得起經驗的考驗。

菲利浦‧法蘭克的《相對論：一個較豐富的真理》（Boston:
Beacon Press，1950）一書前言的結語。引用於《愛因斯坦晚
年文集》修訂版，115。愛因斯坦檔案，1-160

要說明什麼是真理很難，但有時要辨認什麼不是真理是很
容易的。

給傑瑞米‧麥蓋爾，1953 年 10 月 24 日。愛因斯坦檔案，60-
483

在小事上不謹慎求真的人，在大事上不能信任。

取自一份草稿，預計在以色列獨立建國七週年時進行的電視
演說。寫於 1955 年 4 月，約在愛因斯坦過世前一週。引用於
內森和諾登的《愛因斯坦論和平》，640。愛因斯坦檔案，60-
003

您信中的炫耀用字和誇大語調讓我感到懷疑，真理通常以
謙遜簡樸的外表示人。

給漢斯‧威提格，1920 年 3 月 3 日。愛因斯坦檔案，45-274

素食主義

雖然由於客觀條件，我無法執行嚴格的素食，但原則上我一直是此信念的追隨者。除了因美學和道德上的理由而認同素食主義的目標，我也認為素食生活方式對人類性情的實質影響，會為全體人類會帶來最有益的改變。

> 給赫爾曼・胡特，1930 年 12 月 27 日。應是發表於德文雜誌《素食觀點》，這份雜誌的發行期間為 1882 年到 1935 年；胡特是發行這份雜誌的德國素食協會的副會長。（感謝大衛・霍爾維茨提供資訊。）愛因斯坦檔案，46-756

我吃動物的肉時總是有些良心不安。

> 給馬克斯・卡里爾，1953 年 8 月 3 日。愛因斯坦檔案，60-058

當你買一塊地來種包心菜和蘋果時，第一步要先排乾水分；這就會殺掉本來存在於水中的動植物，之後你必須殺掉那些會吃作物的蟲子和毛蟲等。如果你因為道德理由而要避免殺害任何生命，最後必須殺掉你自己，而這都是為了讓那些沒有高道德原則的生物存活下來。

> 同上。引用於《素食世界》，1957 年 12 月

所以我現在不吃脂肪、肉、魚，但感覺很好；這幾乎讓我覺得人類並不是生來要做肉食動物的。

> 給漢斯・穆薩姆，1954 年 3 月 30 日。愛因斯坦檔案，38-435。愛因斯坦或許不是主動選擇成為素食者的，因為他沒有留

下任何評論顯示這方面的道德議題。他長久以來都有胃部問題，不得不注意飲食。他可能也是基於同樣的理由而避免飲酒。

暴力

暴力或許在某些時候可以快速清除障礙，但從未證實是有建設性的方法。

> 對 J・克魯奇的文章〈歐洲是成功的嗎？〉之評論，1934 年。
> 轉載於《愛因斯坦論人道主義》，49。愛因斯坦檔案，28-282

財富

人不應忘記財富有其義務。

> 給海因里希・桑格，1920 年 3 月 26 日。*CPAE*, Vol. 9, Doc. 361

我絕對相信，無論多龐大的財富都不能幫助人類進展，即使財富操之於想為人類進展而盡力的人手中。偉大純潔的人格典範，才可以引領我們達到高貴的作為與看法。金錢只會引來自私自利，而且總是誘惑其所有者的濫用。有誰可以想像摩西、耶穌或甘地擁有卡內基的錢袋？

> 取自〈論財富〉，1932 年 12 月 9 日，為《彩色週刊》而寫。
> 發表於《我的世界觀》（1934），10-11；轉載於《愛因斯坦
> 自選集：對於這個世界，我這樣想》，12-13

經濟學家必須修正他們對價值的理論。

> 聽說了他的兩份手稿在拍賣會上為了戰爭債券籌款而賣出一千
> 一百五十萬美元時的反應。由歷史學家朱利安・博伊德轉述給
> 桃樂絲・普瑞特，1944 年 2 月 11 日，普林斯頓大學檔案；引
> 用於薩恩的《愛因斯坦在美國的日子》，150

我的餐廳裡只想要一張松木桌子，一條長凳和幾張椅子。

> 記述於馬雅・愛因斯坦為其兄所寫的傳記中，*CPAE*, Vol. 1；
> 也引用於杜卡斯和霍夫曼的《愛因斯坦的人性面》，14

智慧

智慧不是學校教育的產物，而是來自一生對智慧的追求。

> 給 J・迪斯本提爾，1954 年 3 月 24 日。愛因斯坦檔案，59-495

女人

我們男人是可悲又得依賴他人的生物，但與這些女人比較
起來，我們每個都是國王，因為他多多少少靠自己獨立，
而不是永遠等著攀附到某樣外在事物之上；然而，男人也
永遠等著別人過來利用自己，如果沒有發生，男人就一蹶
不振。

給米歇爾・貝索，1917 年 7 月 21 日，有關於愛因斯坦的妻子
米列娃的討論。*CPAE*, Vol. 8, Doc. 239

有創意的女人很少，我不會把自己的女兒送去學物理。我
很高興我妻子不懂科學，我的第一任妻子懂。

由埃絲特・薩拉曼引述，她是愛因斯坦在柏林時的年輕學生，
收錄於《聽眾》雜誌，1968 年 9 月 8 日；亦引用於海菲爾德
和卡特的《愛因斯坦的私生活》，158

和所有領域一樣，科學應為女性提供簡便的道路。然而這
不該以不適當的方法實行，如果要說我對這樣的發展有任
何懷疑的話，我指的是大自然賦予女性的特質中某些限制
較多的部分，在此部分我們不該對女性套用與男性同樣的
期待標準。

1920 年・莫什科夫斯基引於《與愛因斯坦對話》，79

當女人在自己家中時，心心念念都是她的家具……總是在
調整家中擺設。當我和女人一同旅行時，我成了她唯一的
一件家具，她無法不成天繞著我打轉，到處做一點改進。

引用於法蘭克的《愛因斯坦傳》，126。愛因斯坦喜歡說類似
這樣的俏皮話。

工作

工作是賦予生命實質內容的唯一事物。

> 給兒子漢斯·阿爾伯特，1937 年 1 月 4 日。愛因斯坦檔案，
> 75-926

驅使一個人對自己的工作著魔般地認真的，到底是什麼，
實在是個謎。是為了誰？為了自己嗎？無論如何，人總是
很快就要離開這個世界。為了同時代的人？為了後代子
孫？不，這仍是個謎。

> 給藝術家約瑟夫·舒爾，1949 年 12 月 27 日。愛因斯坦檔案，
> 34-207

我也相信，一個人只有在不被賺取溫飽所束縛時，才能從
精神事物獲得最單純的喜悅。

> 給 L·曼納斯，1954 年 3 月 19 日。愛因斯坦檔案，60-401

青春

一個人只有在年輕時才會出現真正新穎的想法；人生過一
段時間後，人會變得更有經驗、較有名望 —— 同時也更愚
蠢。

> 給海因里希·桑格，1917 年 12 月 6 日。*CPAE*, Vol. 8, Doc. 403

讀著你的信時，我會想起自己年輕的時候。一個人往往認為全世界是與自己敵對的，他把自己的力量與所有其他事物比較，時而沮喪，時而自信，他覺得生命是永恆的，而且自己的所做所想是如此重要。

給兒子愛德華，1926 年。愛因斯坦檔案，75-645

哦，年輕人：你知道你不是第一個渴求著生命充滿美與自由的世代嗎？你知道你所有的祖先都有和你同樣的感受──並成為煩擾與憎恨的受害者嗎？你是否知道，只有在你達成對人、動物、植物、星辰的愛與了解並因此世間的愉悅都成為你的愉悅、所有的痛苦也成為你的痛苦時，你熱切的願望才能實現嗎？

寫在 I・斯特恩的簽名冊，德國卡普特，1932 年。引用於杜卡斯和霍夫曼的《愛因斯坦的人性面》，129

索引

人名

0-5 畫

J・李　J. Lee　374

T・李　T. Lee　297

于爾根・奈佛　Jürgen Neffe　26

大衛・卡西迪　David Cassidy　454

大衛・克拉威爾　David Clewell　415, 419

大衛・希爾伯特　David Hilbert　99, 148, 343

大衛・波姆　David Bohm　326

大衛・班古里昂　David Ben Gurion　410

大衛・萊欽斯坦　David Reichinstein　487

大衛・霍爾維茨　David Hurwitz　498

大衛・霍蘭德　David Holland　378

大衛・羅伊　David Rowe　26

小野義正　Yoshimasa A. Ono　357

小維吉爾・G・欣肖　Virgil G. Hinshaw, Jr.　477

山姆・特瑞曼　Sam Treiman　445

山謬爾・J・伍爾夫　Samuel J. Woolf　295

山謬爾・貝爾金　Samuel Belkin　410

丹・海利　Dan Haley　283

丹尼斯・哈梅爾　Denis Hamel　405

丹尼爾・肯尼菲克　Daniel Kennefick　347

丹尼爾・葛林柏格　Daniel Greenberg　493

內森・羅森　Nathan Rosen　368

厄文・普朗克　Erwin Planck　101, 283

厄普頓・辛克萊　Upton Sinclair　114

尤金・維格納　Eugene Wigner　445

巴哈　Bach　208

巴赫拉查　A. Bacharach　119

比利時伊莉莎白王后　Queen Elisabeth of Belgium　62, 64-65, 131, 135-137, 257, 297, 304, 384, 485, 494

牛頓　Isaac Newton　94, 96-97, 111, 182, 347, 353, 356, 360, 375-376, 401, 428, 441, 447, 451, 453, 466

王一亭　Wang Yiting　180

以色列・高德斯坦　Israel
　Goldstein　428

加德納　L. Gardner　481

卡恩　William Cahn　289, 410,
　412, 420-421, 422, 428, 441,
　448, 453, 456, 459

卡特　Carter　394, 446, 501

卡勒　Kaller　149, 213, 264, 435-
　436

卡爾・吉里胥　Carl Seelig　38,
　48, 57, 67, 72, 279, 290, 298,
　336, 384, 414

卡羅拉・鮑姆加特　Carola
　Baumgardt　92, 470

古德　I. J. Good　338

史坦利・馬瑞　Stanley Murray
　36

史東　I. F. Stone　456

史蒂芬・布魯西　Stephen Brush
　447

史蒂芬・費爾德曼　Steven
　Feldman　404

史蒂芬・褚威格　Stefan Zweig
　449

史蒂芬・霍金　Stephen Hawking
　24, 148, 429

史蒂芬・懷斯　Stephen Wise
　106, 144, 246, 366

史達林　Joseph Stalin　122, 253,
　401

史賓塞・R・沃特　Spencer R.
　Weart　327

史諾　C. P. Snow　385, 454-455

史濟拉　L. Szilard　225-226

尼古拉・特斯拉　Nikola Tesla
　103

尼可洛・圖奇　Niccolo Tucci
　256

尼柯生　A. Nickerson　325

尼爾斯・波耳　Niels Bohr　83-
　84, 360, 371, 411-412, 443

布拉姆斯　Brahms　299-300

布倫・阿特列　Bulent Atalay
　358

布萊恩　Denis Brian　309, 311,
　456, 475

布魯諾・威納瓦　Bruno Winawer
　316

布羅克曼　John Brockman　279

弗因德　H. Freund　493

弗利茲・史特拉斯曼　Fritz
　Strassmann　239

弗里茲・哈柏　Fritz Haber　59,
　89, 153, 181, 205

弗里德里希・迪倫馬特
　Friedrich Dürrenmatt　421

弗里德里希・赫內克　Friedrich
　Herneck　361

弗里德里希・羅森　Friedrich

Rosen　46

弗里德曼　H. Friedmann　310

弗拉基米爾·瓦利卡　Vladimir
Vari ak　52

弗烈德·傑榮　Fred Jerome　26,
28

弗萊施　S. Flesch　326

弗爾森　Albrecht Fölsing　40,
55, 95, 185, 205, 332, 336, 360,
413-414, 423, 432, 441, 492

弗德烈克·芮因斯　Frederick
Reines　427

弗羅辛漢　Mrs. Frothingham
129

瓦希克　Vassik　87

瓦倫丁·布加科夫　Valentine
Bulgakov　191, 270, 479

瓦達　F. S. Wada　469

瓦爾特·拉特瑙　Walther
Rathenau　101

瓦爾特·能斯特　Walther Nernst
147-148, 436, 441

甘地　Mahatma Gandhi　33, 110,
119-120, 121, 216-217, 218,
252, 254, 499

皮埃爾·外斯　Pierre Weiss
420

石原純　Jun Ishiwara　357

6-10 畫

伊莉莎白·納伊　Elisabeth Ney
76

伊達·霍爾維茨　Ida Hurwitz
275

伊爾莎　Ilse　33, 55, 57, 59-60,
63, 67, 70, 103, 111, 350, 374,
450

伊爾莎·羅森塔爾－施奈德
Ilse Rosenthal-Schneider　63,
95, 103, 111, 327, 350, 374, 450

伍德羅·威爾遜　Woodrow
Wilson　108

伏爾泰　Voltaire　113

休·艾弗雷特三世　Hugh Everett
III　80

休姆　Hume　480

列瑟　Lieserl　31, 47, 67-68

列寧　Vladimir Ilyich Lenin　105

如恩斯　D. Runes　114

安朵·卡利歐斯　Andor Carius
200

安那托爾·佛朗士　Anatole
France　283

安東尼娜·瓦倫丁　Antonina
Vallentin　383, 458

安娜·麥爾－施密德　Anna
Meyer-Schmid　62

安德魯·弗萊明·威斯特
Andrew Fleming West　460

508

托斯卡尼尼　Arturo Toscanini
117-118

托爾斯泰　Leo Tolstoy　116,
121, 241, 479

朱利安·博伊德　Julian Boyd
500

朱利葉斯·馬克斯　Julius Marx
142

朱迪斯·梅伊　Judith May　419

朱爾·伊薩克　Jules Isaac　239

米列娃　Mileva Mari　3, 21-23,
31-32, 34, 37, 47-58, 60, 67-71,
146, 273, 292, 439, 471, 501

米芬妮·威廉斯　Myfanwy
Williams　80

米娜·穆薩姆　Minna Muehsam
172

米特莎　Mitsa　56

米歇爾·貝索　Michele Besso
55-56, 59, 66, 69, 72, 89-90,
113, 128, 139, 151, 159, 185,
250, 253, 273, 337, 361, 411,
501

米歇爾·澤德克　Mishael Zedek
206

米歇摩爾　Peter Michelmore
386

艾卡納　Yehuda Elkana　36, 277,
364, 410

艾立克·古特金　Eric Gutkind
325

艾立克·葛金　Eric Gutkind
176

艾立克·羅傑斯　Eric Rogers
445, 480

艾克伯格　P. Aichelburg　459

艾利·毛爾　Eli Maor　159

艾芙琳　Evelyn　21, 141

艾芙琳·華格納　Evelyn Wagner
141

艾胥雷·蒙塔古　Ashley
Montagu　219, 398, 440, 466

艾倫·E·邁爾斯　Alan E.
Mayers　175

艾倫·申斯頓　Allen Shenstone
475

艾倫·理查茲　Alan Richards
37, 448

艾森豪　Dwight D. Eisenhower
105, 109, 238, 425

艾琳·弗洛德　Irene Freuder
45

艾爾莎　Elsa Einstein　23, 32-
33, 34, 40, 51-52, 54-55, 57-58,
59-60, 67, 86, 89, 273, 275, 341,
352, 422-423, 433, 474-475

艾爾瑪·林海姆　Irma Lindheim
164

艾德加·莫勒　Edgar Mowrer
206

艾德加‧麥爾 Edgar Meyer 306

艾德莉安那‧恩利克斯 Adriana Enriques 282

西亞‧列文森 Thea Lewinson 483

亨利‧巴布斯 Henri Barbusse 245, 315

亨利‧柯林 Henry Kollin 387

亨利‧洛里‧芬奇 Henry LeRoy Finch 426

亨利‧魯索 Henry Russo 39, 291

亨利‧龐加萊 Henri Poincaré 362, 447

亨特利‧帕特森 Huntley Paterson 362

伯科維茨 M. Berkowitz 324

伯恩哈德‧愛因斯坦 Bernhard Einstein 71, 299

伯特蘭‧羅素 Bertrand Russell 34, 112, 231, 239, 366, 450

伯納德‧科恩 I. Bernard Cohen 88, 420

伯納德‧海斯 Bernard Hayes 424

伽利略 Galileo Galilei 88-89, 96, 353, 372, 376, 428, 430

佐兒卡‧馬利奇 Zorka Mari 47

佛洛伊德 Sigmund Freud 26, 108, 118-119, 192, 210, 219, 224, 367, 427

佛朗哥 France 116, 448

克卜勒 Johannes Kepler 88, 92, 111, 470

克里夫頓‧法迪曼 Clifton Fadiman 194

克里斯塔‧科斯登 Christa Kirsten 446

克拉克 Ronald W. Clark 223, 360, 363, 412, 454

克勞斯 Klaus 71

克魯奇 J. Krutch 499

克羅齊 Benedetto Croce 321

別第 R. Bedi 383

利伯森 D. Liberson 469

利奧波德‧英費爾德 Leopold Infeld 339, 368, 433-434, 472, 496

坎塔 Kantha 148, 274

希比爾‧布林諾夫 Sybille Blinoff 44

希特勒 Adolf Hitler 66, 101, 106-107, 134, 142, 144-145, 146, 177, 198, 202, 205, 238-239, 246, 255, 405, 431, 483

希默 E. Zschimmer 355

李奧‧羅斯坦 Leo Rosten 113

李歐‧巴克 Leo Baeck 202,

491

杜維亞・夏利特　Tuvia Shalit
159

杜魯門　Harry Truman　262

沃夫岡・包立　Wolfgang Pauli
52, 444

沃特・弗里德里希　Walter
Friedrich　427

沃特・哈定　Walter Harding
121

沃特・達倫巴赫　Walter
Dällenbach　342, 346

沃爾　A. Woehr　169, 205, 272,
302-303, 355, 385

沃爾特・費邊　Walter Fabian
205

狄巴克・喬布拉　Deepak Chopra
402

狄托　Tito　253

狄米特里・馬里安諾夫　Dmitri
Marianoff　115, 438

貝內特・瑟夫　Bennett Cerf
423

貝多芬　Beethoven　299, 303,
386, 451

貝蒂　Betty　40, 77

貝蒂・紐曼　Betty Neumann　40

里奧・西拉德　Leo Szilard　115,
238, 327

里奧波德・卡斯珀　Leopold

Casper　110

亞伯拉罕・弗萊克斯納
Abraham Flexner　88

亞伯拉罕・派斯　Abraham Pais
108, 279-280, 355, 377, 444,
455, 496

亞倫・班奈　Alan Bennett　399

亞倫・維納　Aaron Wiener
391-392, 393

亞瑟・柯恩　Arthur Cohen　77

亞瑟・舒斯特　Arthur Schuster
441

亞瑟・愛丁頓爵士　Sir Arthur
Eddington　32

亞瑟・懷特曼　Arthur Wightman
445

亞歷山大・波普　Alexander
Pope　447

亞諾斯・普萊施　János Plesch
394, 446

亞蘭　A. Aram　217

卓別林　Charlie Chaplin　117,
414

叔本華　Schopenhauer　118,
313, 345

孟德爾頌　Mendelssohn　113,
299, 451

孟德爾頌　P. de Mendelsohn（可
能為 Mendelsshon）　113, 299,
451

岡本一平　Ippei Okamoto　274,
442

帕布羅・卡薩爾斯　Pablo Casals
116, 414

帕爾梅里　F. Parmelee　214

帕維爾・米海洛夫　Pavel
Mikhailev　123

帕維爾・蘇朵普拉托夫　Pavel
Sudoplatov　123

彼得・巴克　Peter Bucky　303,
394, 396

彼得・伯格曼　Peter Bergmann
355

彼得・普萊施　Peter Plesch
446

所羅門・羅森布魯姆　Solomon
Rosenbloom　154, 156

拉札列夫　P. P. Lazarev　150

拉爾夫・貝爾連恩　Ralph
Baierlein　333, 480

拉蒙特　C. Lamont　255

林肯・巴涅特　Lincoln Barnett
329, 378-379

林賽　E. Lindsay　254

法蘭西斯・韋恩　Francis Wheen
435

法蘭克・沃爾　Frank Wall　272

法蘭克・金敦　Frank Kingdon
134

法蘭克・舒梅克　Frank
Shoemaker　445

法蘭克・戴森爵士　Sir Frank
Dyson　422

法蘭奇　Anthony P. French　101,
243, 297, 384-385, 414, 421,
455, 475, 494, 496

法蘭茲・拉許　Franz Rusch
180

波波維奇　Popovi　41, 47

波茲曼　Boltzmann　339

舍勒・麥爾　E. Schaerer-Meyer
278

芙里達・巴克　Frieda Bucky
73, 103

芙里達・克內希特　Frieda
Knecht　71

芙里達・克內希特　Frieda
Knecht　71

芬納・布羅克威　Fenner
Brockway　210

芭芭拉・伍爾夫　Barbara Wolff
30, 80, 279, 299, 328, 392, 399

芭芭拉・威爾森　Barbara Wilson
80

阿巴・埃班　Abba Eban　37,
175, 410, 422

阿弗列多・洛可　Alfredo Rocco
496

阿弗列德・列夫　Alfred Lief
211

512

阿弗列德·克爾　Alfred Kerr
　144, 309

阿弗列德·維爾納　Alfred
　Werner　147, 173, 235

阿弗列德·赫爾曼　Alfred
　Hellman　169

阿弗烈德·克萊納　Alfred
　Kleiner　340

阿弗烈德·斯特恩　Alfred Stern
　373

阿弗雷德·諾貝爾　Alfred Nobel
　98

阿妮塔·埃勒斯　Anita Ehlers
　28

阿茲里爾·卡萊巴赫　Azriel
　Carlebach　176

阿登　Adn　73

阿瑟·康普頓　Arthur Compton
　420

阿道夫·克奈瑟　Adolf Kneser
　204

阿圖爾·施納貝爾　Artur
　Schnabel　451

阿爾巴　D. Albaugh　325

阿爾民·赫爾曼　Armin
　Hermann　444

阿爾托寧　V. A. Aaltonen　324

阿爾伯特·史懷哲　Albert
　Schweitzer　452

阿爾伯特·瓦達　Albert Wada
　469

阿爾伯特·森高吉　Albert Szent-
　Gyorgy　456

阿爾伯特·邁克生　Albert
　Michelson　95, 336

阿爾傑農·布萊克　Algernon
　Black　194, 248, 318, 370, 411

阿爾諾德·索末菲　Arnold
　Sommerfeld　140, 147, 339,
　341, 343, 353

阿齊巴德·漢德森　Archibald
　Henderson　359, 453

阿德里安·福克　Adriaan Fokker
　141, 294

阿德萊·史蒂文森　Adlai
　Stevenson　109

阿諾德·柏林納　Arnold Berliner
　437

雨果·伯格曼　Hugo Bergmann
　151, 160

保羅·內森　Paul Nathan　179

保羅·艾布斯坦　Paul Epstein
　150

保羅·艾倫費斯特　Paul
　Ehrenfest　40, 59, 83-84, 86-
　87, 133, 150, 155, 159, 164, 188,
　204, 266, 285, 332, 350, 359-
　360, 422, 472, 476

保羅·哈欽森　Paul Hutchinson
　207

保羅・朗之萬　Paul Langevin
　85, 90-91, 277, 358, 436

保羅・普拉特　Paul Plaut　301

保羅・愛因斯坦　Paul Einstein
　299

保羅・羅布森　Paul Robeson
　260, 262

哈伊姆・切諾維茨　Chaim
　Tchernowitz　111, 328

哈伊姆・魏茲曼　Chaim
　Weizmann　33, 37, 128, 155,
　161, 422, 459

哈利・沃爾夫　Harry Woolf
　355, 385

哈利・凱斯勒伯爵　Count Harry
　Kessler　309

哈羅德・達茲　Harold Dodds
　137, 421

威利・黑爾帕赫　Willy Hellpach
　160

威廉・布希　Wilhelm Busch
　390

威廉・弗勞恩格拉斯　William
　Frauenglass　254

威廉・米勒　William Miller
　478, 495

威廉・福爾斯特　Wilhelm
　Foerster　219

威廉・維因　Wilhelm Wien　139

威廉斯　W. H. Williams　80, 296,
　464

威爾斯　H. G. Wells　162

室伏高信　Koshin Murobuse
　184

施韋伯　S. S. Schweber　172,
　238, 369, 443

施恩主教　Bishop Fulton J. Sheen
　122, 454

查波　A. Chapple　326

查爾斯・阿德勒　Charles Adler
　171

柯尼莉亞・伍爾夫　Cornelia
　Wolff　391

柯恩　H. Cohen　77, 183

洛倫・葛蘭姆　Loren Graham
　364

派翠克・勒溫　Patrick Lewin
　30

派翠克・麥克雷　Patrick McCray
　78

紀堯姆　Edouard Guillaume　344

約斯特・溫特勒　Jost Winteler
　139

約瑟夫・伊利　József Illy　357

約瑟夫・艾辛格　Josef Eisinger
　396

約瑟夫・麥卡錫　Joseph
　McCarthy　439

約瑟夫・舒爾　Joseph Scharl
　502

約瑟夫·德根哈特 Joseph Degenhart 421

約漢娜·凡托瓦 Johanna Fantova 26, 238, 297, 396, 476, 484

約翰·克蘭斯頓 John Cranston 381

約翰·波金洪恩 John Polkinghorne 447

約翰·柯林斯·史奎爾爵士 Sir John Collings Squire 447

約翰·格里爾·希本 John Grier Hibben 460

約翰·惠勒 John Wheeler 104, 279, 445, 460

約翰·惠勒 John Wheeler 104, 279, 445, 460

約翰·斯塔切爾 John Stachel 21, 328

約翰·摩爾 John Moore 218

約翰·藍金 John Rankin 448

約翰內斯·斯塔克 Johannes Stark 340

約翰農·特爾斯基 Johanon Twersky 102

美蒂亞 Medea 56

胡大年 Danian Hu 180, 415

胡伯圖斯 Hubertus zu Löwenstein 320

若瑟·路夫 Joseph Routh 27

英格莉·格內利希 Ingrid Gnerlich 30

迪克·艾蒙斯 Dick Emmons 78

迪斯本提爾 J. Dispentiere 500

倫茨 F. Lentz 291

哥德爾 Kurt Gödel 416

埃內斯塔·馬蘭哥尼 Ernesta Marangoni 183

埃米·諾特 Emmy Noether 98-99

埃米爾·史塔肯斯坦 Emil Starkenstein 157

埃米爾·希爾布 Emil Hilb 394

埃里西·卡勒 Erich Kahler 149, 436

埃絲特·薩拉曼 Esther Salaman 309, 501

埃瑟爾·米查諾斯基 Ethel Michanowski 392-393

席爾普 P. A. Schilpp (Paul Arthur Schilpp) 214, 377, 477, 480-481

庫特·布魯門菲德 Kurt Blumenfeld 411

庫爾特·布魯門菲德 Kurt Blumenfeld 178

庫爾特·辛格 Kurt Singer 300

庫爾特·連茨 Kurt Lenz 205

庫爾特·馮·施萊謝爾 Kurt von Schleicher 106

恩格斯 Friedrich Engels 105, 395

恩斯特·L·佛洛伊德 Ernst L. Freud 427

恩斯特·戈登 Ernest Gordon 428

恩斯特·史特勞斯 Ernst G. Straus 38, 101, 107, 258, 271, 297, 327, 456

恩斯特·海克爾 Ernst Haeckel 307

恩斯特·馬赫 Ernst Mach 94, 480

恩斯特·瓊斯 Ernest Jones 426

恩斯特·羅姆 Ernst Röhm 106

格林兄弟 Grimm Brothers 148

格哈德·內爾豪斯 Gerhard Nellhaus 216

格哈德·范克豪瑟 Gerhard Fankhauser 278

格特魯德·韋斯·西拉德 Gertrud Weiss Szilard 327

格特魯德·華紹爾 Gertrud Warschauer 64, 87, 135, 278

格魯寧 Michael Grüning 112, 117, 271, 274, 299, 305, 449, 459, 469, 483, 485, 495

桃樂絲·普瑞特 Dorothy Pratt 500

桑木彧雄 Ayao Kuwaki 184

泰戈爾 Rabindranath Tagore 115, 302, 312, 438, 457, 473

海尼施 K. Haenisch 141

海因里希·桑格 Heinrich Zangger 40-41, 52, 54, 56, 59-60, 61-62, 68-69, 70, 85, 90, 93, 100, 104, 107, 140-141, 188-189, 204, 265, 340, 342-343, 346, 368, 465, 472, 499, 502

海因里希·馮·菲克爾 Heinrich von Ficker 446

海因里希·魯本斯 Heinrich Rubens 436

海克·卡莫林·歐尼斯 Heike Kamerlingh Onnes 109, 276

海克·卡莫林·歐尼斯 Heike Kamerlingh Onnes 109, 276

海克·開墨林·昂內斯 Heike Kamerlingh Onnes 436

海倫·杜卡斯 Helen Dukas 19, 21, 23, 26, 33, 38, 44, 279, 328, 386, 421

海菲爾德 Highfield 394, 446, 501

海德薇·費雪 Hedwig Fischer 113

海蓮娜·薩維奇 Helene Savi

41, 56, 439

烏戈・奧諾弗里　Ugo Onofri
490

烏里爾・戈爾尼　Uriel Gorney
206

特奧多爾・豪斯　Theodor Heuss
147

特雷弗・利普斯科姆　Trevor
Lipscombe　413, 431, 465

特雷德　H.-J. Treder　446

班哲明・范恩　Benjamin Fine
199, 286, 289

班納許・霍夫曼　Banesh
Hoffmann　22, 385, 431-432,
496

納馮　Yitzak Navon　410

茱莉亞・尼格利　Julia Niggli
41

茲維・盧瑞爾　Zvi Lurie　177

馬丁・布伯　Martin Buber　177

馬丁・克萊因　Martin Klein
422

馬文・盧布希　Marvin Ruebush
291

馬加比　Maccabee　167

馬加拉納　Marvin Magalaner
322

馬克士威　Maxwell　335, 337,
353, 363, 376

馬克斯・卡里爾　Max Kariel

498

馬克斯・布洛德　Max Brod　45,
413

馬克斯・弗洛季格　Max
Flückiger　414

馬克斯・艾丁格　Max Eitingon
427

馬克斯・玻恩　Max Born　39-
40, 45-46, 63, 84, 91, 100, 143,
182, 189, 196, 203, 242, 259,
279, 290, 292, 346, 360, 372,
377, 386, 412-413, 483

馬克斯・范勞厄　Max von Laue
91, 147

馬克斯・韋伯　Max Weber　29

馬克斯・普朗克　Max Planck
40, 100, 143, 147, 188, 332, 340

馬克斯・魏德邁　Max
Wertheimer　329, 334

馬雅・愛因斯坦　Maja Einstein
424, 500

馬塞爾・格羅斯曼　Marcel
Grossmann　341, 351

馬爾康　Marquand　137

11-15 畫

勒鮑　G. Lebau　46

基恩・丹南　Gene Dannen　327

密爾頓・詹姆斯　Milton James
234, 252, 264, 378

寇克斯　A. J. Kox　128

康乃爾・蘭佐斯　Cornel Lanczos
199, 272, 371

康拉德・沃克斯曼　Konrad
Wachsmann　117, 274, 305,
459, 495

康拉德・貝爾科維奇　Konrad
Bercovici　223

康拉德・哈比希特　Conrad
Habicht　337-338

康拉德・漢尼許　Konrad
Haenisch　348

康德　Immanuel Kant　110-111,
302, 319, 399

悉尼・胡克　Sidney Hook　253

曼納斯　L. Manners　201, 502

曼菲德・克萊恩斯　Manfred
Clynes　386

梭羅　Thoreau　121

理查・J・路易斯　Richard J.
Lewis　43, 226

理查・史特勞斯　Richard Strauss
148, 299

理查・史特勞斯　Richard Strauss
148, 299

理查・許瓦茲　Richard Schwartz
425

理查德・羅茲　Richard Rhodes
454

莉迪亞・B・休斯　Lydia B.
Hewes　253

莉莉・佛德斯　Lili Foldes　303

莉莉・哈爾彭－諾伊達　Lili
Halpern-Neuda　308, 490

莉澤・邁特納　Lise Meitner　95

莎拉・勒納　Sara Lerner　30

莫什科夫斯基　Alexander
Moszkowski　96, 281-282, 307,
329, 351, 426, 486, 501

莫札特　Mozart　113, 299-300,
303-304, 328, 408

莫里斯・拉斐爾・科恩　Morris
Raphael Cohen　487

莫里斯・索羅文　Maurice
Solovine　91, 129, 152-153,
158, 185, 324, 359, 379, 381-
382, 386, 455, 482, 488

莫里塞特　A. Morrisett　216

莫妮卡・艾布斯坦　Monique
Epstein　81

莫泊桑　Guy de Maupassant
403

雪莉・厄文　Shelley Erwin　283

雪莉・弗瑞許　Shelley Frisch
26

麥可・布蘭德　Michael Brand
400

麥可・艾姆林　Michael Amrine
229

麥可・法拉第　Michael Faraday

87, 147

傑米・薩恩　Jamie Sayen　304,
425

傑克・羅塞特　Jack Rossetter
450

傑克森　M. Jackson　404

傑拉德・唐納休　Gerald
Donahue　166, 192

傑洛姆・法蘭克　Jerome Frank
169

傑瑞米・史坦葛倫　Jeremy
Stangroom　409

傑瑞米・伯恩斯坦　Jeremy
Bernstein　411, 444

傑瑞米・麥蓋爾　Jeremiah
McGuire　497

凱倫・哈耶索德　Jeren Hajessod
165

凱倫・維德　Karen Verde　30

凱薩・科赫　Caesar Koch　71

勞侖茲　H. A. Lorentz　93, 189,
204, 242-243, 265, 298, 332,
342-343, 347

喬・泰斯曼　Joe Theismann
457

喬治・尼可萊　Georg Nicolai
60, 219

喬治・布拉齊樂　George
Braziller　333

喬治・伽莫夫　George Gamow

427

喬治・肯楠　George Kennan
107

喬治・許萊伯　Georges Schreiber
62, 330

喬治・馮・艾科　Georg Count
von Arco　307

喬治・雷諾茲　George Reynolds
445

喬治・賽爾德斯　George Seldes
148

喬飛　A. F. Joffe　435

富蘭克林・D・羅斯福　Franklin
D. Roosevelt　26, 34, 88, 102-
103, 217, 225-226, 230, 236,
238, 421, 425

惠特克・錢伯斯　Whittaker
Chambers　414

惠特羅　Whitrow (G. J. Whitrow)
384, 424, 431, 451, 456

提特　Tete　73

斯威澤　J. S. Switzer　382

斯特恩　Fritz Stern　57, 278,
373, 385, 503

斯特恩　I. Stern　57, 278, 373,
385, 503

斯賓諾莎　Baruch Spinoza　94,
114-115, 395

湯姆・吉爾布　Tom Gilb　358

湯姆森　Joseph John Thomson

457

湯瑪斯·巴克　Thomas Bucky
413

湯瑪斯·曼　Thomas Mann　438

湯瑪斯·愛因斯坦　Thomas
Einstein　22

湯瑪斯·愛迪生　Thomas Edison
282

舒伯特　Schubert　299, 301

舒曼　Schumann　299

華倫泰·巴格曼　Valentine
Bargmann　355, 445

華特·艾薩克森　Walter Isaacson
27

華特·懷特　Walter White　263,
445

菲力克斯·阿諾德　Felix Arnold
256

菲利浦·伯恩斯坦　Philip
Bernstein　212

菲利浦·法蘭克　Philipp Frank
76, 196, 291, 303, 334, 352, 379,
382, 421, 426, 497

菲利浦·法蘭克　Philipp Frank
76, 196, 291, 303, 334, 352, 379,
382, 421, 426, 497

菲利普·霍爾斯曼　Philippe
Halsmann　42, 233, 421, 475

菲利普斯　H. I. Phillips　445

菲莉絲·萊特　Phyllis Wright

79, 367

菲臘·萊納　Philipp Lenard　91,
437-438

萊巴赫　W. Lebach　64, 114,
117, 131, 176

萊辛　Lessing　302, 384

萊恩　Dennis P. Ryan　309, 311,
328, 386, 456, 475

萊納斯·鮑林　Linus Pauling
238

萊斯特納　K. R. Leistner　105

萊瑟　Anton Reiser　465

費米　E. Fermi　225

費利克斯·克萊因　Felix Klein
98

費倫齊　S. Ferenczi　426

賀拉斯　Horace　405

雅各布·埃赫特　Jakob Ehrat
297

雅各布·勞布　Jakob Laub　340,
485

雅克·哈達馬　Jacques
Hadamard　221, 235, 495

雅默　Max Jammer　306, 320-
321, 327, 487

馮·興登堡　von Hingenburg
475

塞西爾·卡卡莫　Cécile
Caccamo　403

奧古斯都·霍格伯格　Auguste

Hochberger 189

奧列爾・斯託多拉 Aurel Stodola 140

奧托・內森 Otto Nathan 19-20, 21, 145, 253-254, 274

奧托・哈恩 Otto Hahn 147, 239, 436

奧托・斯特恩 Otto Stern 385

奧托・福斯特・德巴塔利亞 Otto Forst de Battaglia 362

奧西克・莫賽斯 Osik Moses 30

奧斯沃德・維布倫 Oswald Veblen 354

奧爾多・索拉尼 Aldo Sorani 220, 243, 356, 455

愛德華・哈特曼 Eduard Hartmann 307

愛德華・席亞 Edward Shea 257

愛德華・莫雷 Edward Morley 95

愛德華・莫賽斯 Edward Moses 270

愛德華・愛因斯坦 Eduard Einstein 75-76

愛德華・維騰 Edward Study 346

愛蓮娜・羅斯福 Eleanor Roosevelt 236

愛麗絲・卡勒 Alice Kahler 435

瑞吉斯 Regis 373

瑞菲爾 J. Ryffel 451

葛林威 C. Greenway 489

葛雷絲・A・利邦德 Grace A. Reband 400

詹姆士・墨菲 James Murphy 312, 362

詹姆斯・法蘭克 James Franck 328, 385

詹姆斯・查德威克 James Chadwick 239

賈瓦哈拉爾・尼赫魯 Jawaharlal Nehru 109

賈格迪什・梅拉 Jagdesh Mehra 447

路易・德布羅意 Prince Louis de Broglie 358, 420

路易斯・卡羅 Lewis Carroll 464

路易斯・布倫戴斯 Louis Brandeis 123

路易斯・沃爾西 Louis Wolsey 169

路易斯・查萬 Louis Chavan 414

路德維希・佛雷爾 Ludwig Forrer 465

路德維希・霍普 Ludwig Hopf

40

雷蒙·斯文　Raymond Swing
214, 227, 231, 250, 374

雷蒙德·班納森　Raymond
Benenson　375

歌德　Johann Wolfgang von
Goethe　110, 177, 190, 219,
241, 302, 307

漢斯　Hans Albert Einstein　21,
31-32, 40, 47, 67-68, 69-70, 71-
72, 73-74, 75-76, 123, 135, 159,
171-172, 179, 198, 227, 277,
292, 296, 300, 351, 382, 423-
424, 435, 439, 472, 497-498, 502

漢斯·威提格　Hans Wittig　497

漢斯·穆薩姆　Hans Muehsam
40, 135, 171-172, 198, 296, 382,
472, 498

漢斯·賴辛巴赫　Hans
Reichenbach　351

瑪格麗特·哥納　Margrit
Goehner　326

瑪格麗塔·柯涅庫瓦　Margarita
Konenkova　123-124

瑪歌　Margot　33, 38, 59, 66-67,
70, 72-73, 124, 178, 271, 279,
304, 425, 438, 495

瑪麗·利普斯科姆　Mary
Lipscombe　468

瑪麗·居禮　Marie Curie　84-

85, 86, 420

瑪麗·溫特勒　Marie Winteler
272

瑪麗安·安德森　Marian
Anderson　260

碧翠絲·弗勒利希　Beatrice
Frohlich　324

福爾克斯　R. Fowlkes　226

福樓拜　Gustave Flaubert　403

維雷克　G. S. Viereck　114, 118,
130, 160, 190, 211, 244, 259,
276, 295, 301, 311, 329-330,
486, 493

維爾納·海森堡　Werner
Heisenberg　104

蓋里森　Peter L. Galison　238

赫伯·康恩　Herb Caen　451

赫伯特·S·高德斯坦　Herbert
S. Goldstein　310

赫伯特·丁格　Herbert Dingle
338

赫伯特·福克斯　H. Herbert Fox
218

赫伯特·賽謬爾　Herbert Samuel
41

赫曼·伯恩斯坦　Herman
Bernstein　186

赫蒂·玻恩　Hedi Born (Hedwig
Born)　39-40, 100, 203, 279,
412

赫爾曼・外爾　Hermann Weyl　104, 372

赫爾曼・布洛赫　Hermann Broch　373

赫爾曼・安序茲－坎普伏　Hermann Anschütz-Kaempfe　183

赫爾曼・胡特　Hermann Huth　402, 498

赫爾曼・斯特雷克　Hermann Struck　423

赫爾曼・閔考斯基　Hermann Minkowski　440

赫爾曼・霍普菲德　Herman Hupfeld　433

赫爾曼斯　W. Hermanns　321, 487

赫爾德　Held　196

墨基爾　Burton Malkiel　404

德拜　Peter Debye　360

德瑞克・伯克　Derel Bok　403

摩西・夏里特　Moishe Sharrett　453

摩里茲・石里克　Moritz Schlick　96

樂蒂・愛珀爾　Lottie Appel　468

歐內斯特・布洛赫　Ernst Bloch　303

歐本海默　J. Robert Oppenheimer　99, 123-124, 214, 369, 372-373, 442-443

歐托・尤利烏斯伯格　Otto Juliusburger　63, 146, 198, 368, 375

歐金妮・安德曼　Eugenie Anderman　200

緬恩・哈科皮揚　Mane Hakopyan　283

魯文・亞隆　Reuven Yaron　21

魯道夫・戈德施密特　Rudolf Goldschmidt　391

魯道夫・拉登堡　Rudolf Ladenburg　278

魯道夫・林得曼　Rudolf Lindemann　281

黎曼　Riemann　343

16-20 畫

穆梭斯基　Modest Mussorgsky　304

穆斯　P. Moos　63, 235

穆斯特　A. J. Muste　235

穆德　E. Mulder　201

蕭伯納　George Bernard Shaw　113, 162, 453-454

諾瓦利斯　Novalis　114, 306

諾曼・F・史坦利　Norman F. Stanley　445

諾曼・托馬斯　Norman Thomas

256

諾曼・羅斯　Norman Rose　459

諾登　Norden　27, 36, 102, 106, 119, 121, 134, 145, 186, 193, 205, 207, 209, 211-214, 218, 222, 224-225, 227, 229-230, 234, 239, 246-247, 252, 264, 278, 288-289, 304, 326, 366, 377, 449, 497

霍查佛　E. Holzapfel　381

霍頓　Gerald Holton　36, 238, 277, 330, 355, 364, 410

霍爾丹爵士　Lord Richard B. S. Haldane　107, 181, 428

鮑里斯・施瓦茨　Boris Schwarz　277

戴頓・C・米勒　Dayton C. Miller　354

戴維・利連薩爾　David Lilienthal　171

篠原正瑛　Seiei Shinohara　217-218, 238

薇拉・魏茲曼　Vera Weizmann　422, 459

謝爾　M. Schayer　106, 124, 310, 488

謝爾蓋・柯涅庫瓦　Sergei Konenkova　124

邁克・利普斯金　Mike Lipskin　451

黛安娜・布赫瓦德　Diana Buchwald　30

薩克斯・寇名思　Saxe Commins　272

薩梭　R. Sexl　459

藍道爾・托馬斯・戴維森　Randall Thomas Davidson　356

魏茨澤克　C. F. von Weizaecker　459

羅西卡・史威默　Rosika Schwimmer　208

羅伯特・M・巴特利特　Robert M. Bartlett　213

羅伯特・伯克斯　Robert Berks　44

羅伯特・哈欽森　Robert Hutchins　227

羅伯特・迪克　Robert Dicke　445

羅伯特・桑頓　Robert Thornton　372

羅伯特・海勒　Robert Heller　140

羅伯特・馬可斯　Robert Marcus　323

羅伯特・勞森　Robert Lawson　437, 439

羅伯特・舒爾曼　Robert Schulmann　21, 26, 30

羅伯特・瑟維斯　Robert Service

453

羅伯特・襄客蘭德　Robert Shankland　95

羅伯茲・愛因斯坦　Elizabeth Roboz Einstein　71, 123, 435, 439

羅曼・羅蘭　Romain Rolland 112, 115, 140, 219, 449

羅傑・泰勒　Rodger Taylor　26

羅斯柴爾德爵士　Lord Rothschild　162

羅森克蘭茲　Rosenkranz　36

羅爾・瓦倫堡　Raoul Wallenberg 122

羅賓・雷米　Robin Remy　278

羅賓遜　Robinson　88, 420

麗塔・梅・布朗　Rita Mae Brown　399

寶拉　Paula　57

寶琳・愛因斯坦　Pauline Einstein　347

寶琳・溫特勒　Pauline Winteler 43, 330

蘇利文　J.W.N. Sullivan　312, 362

21 畫以上

露絲・伊瑞葛來　Luce Irigaray 435

露絲・南達・安申　Ruth Nanda Anshen　249

讓・佩蘭　Jean Perrin　90, 242

書籍與文獻

《1904-1922 年來登大學物理實驗室紀錄》　*Het natuurkundig laboratorium der Rijksuniversiteit te Leiden in de jaren 1904-1922* 357

《1921-1922 年諾貝爾獎》　*Les Prix Nobel en 1921-1922*　359

《1927 年史密森尼年度報告》 *Smithsonian Annual Report for 1927*　97

《S. 費雪與他的出版社》　*The S. Fischer Verlag*　113

1-5 畫

〈一場蘇格拉底式對話〉　A Socratic Dialogue　362

《丁克》　*The Dink*　285

《人》　*Menschen*　88, 164, 200, 380, 420, 470

《人民觀察家報》　*Völkischer Beobachter*　437

《人的宗教》　*The Religion of Man*　438

〈人類存在的目標〉　The Goal of Human Existence　196, 485, 497

〈人權〉 Human Rights 201,
237, 255, 477

《上帝難以捉摸》 Subtle Is The
Lord 40, 279, 310, 355, 442,
444, 475, 486

《大西洋月刊》 Atlantic Monthly
214, 227, 231, 250, 374

《大都會日記》 The Diary of a
Cosmopolitan 309

《不老的身心》 Ageless Body,
Timeless Mind 402

〈什麼是相對論？〉 What Is the
Theory of Relativity? 96, 347,
350

《今日物理》 Physics Today
337, 347, 357, 445

〈反猶太主義和年輕學子〉
Anti-Semitism and Academic
Youth 157

《反對愛因斯坦的 100 個作者》
100 Authors against Einstein
148

《天文台》 Observatory 422

《巴勒斯坦》 Falastin 161,
167, 422

〈文化衰敗的症狀〉 Symptoms
of Cultural Decay 237

《文學文摘》 Literary Digest
366

《牛津字典幽默語錄》 Oxford
Dictionary of Humorous
Quotations 331, 399

《牛津語錄辭典》 Oxford
Dictionary of Quotations 467

《且尼錄》 Cheyney Record
234, 251-252, 264, 378

《世紀論壇》 Forum and Century
27, 42-43, 162, 203, 209, 245,
295, 312, 315, 362, 474, 484,
488

《以色列週報》 Israelitisches
Wochenblatt 152

〈加倍努力〉 Redoubling Efforts
162

《另一種鼓聲》 The Beat of a
Different Drum 447

《史蒂文生版古典與當代語錄》
Stevenson' Book of Quotations:
Classical and Modern 131

《四十年的歲月》 Forty Years
On 399

《民族與神廟》週報 Nation and
Athenaeum 282

《甘地爺爺：生平與事蹟》
Gandhiji: His Life and Work
120

〈生命的意義〉 The Meaning of
Life 318

《生活》雜誌 Life 379, 478,
495

《生產性的思考》 *Productive Thinking* 329, 334

6-10 畫

〈任務〉 Mission 158, 163

《光明之時，黑暗之時》 *Helle Zeit, dunkle Zeit* 38, 62, 107, 258, 327, 384, 486

《光學原理》 *Opticks* 97

《全景透視》雜誌 Survey Graphic 112, 116, 120-121, 136, 144, 213, 247, 318

〈同化與反猶太主義〉 Assimilation and Anti-Semitism 151

〈回應 M · 亞伯拉罕的評論〉 Reply to Comment by M. Abraham 341

〈在社會主義國家還有個人自由的空間嗎？〉 Is There Room for Individual Freedom in a Socialist State? 197, 249

《在阿爾伯特的陰影中》 *In Albert's Shadow* 41, 47

〈在捍衛言論自由集會上的講話〉 At a Gathering for Freedom of Opinion 287

〈在愛因斯坦的百年紀念，他的精神留存於普林斯頓〉 On His Centennial, the Spirit of Einstein Abides in Princeton 329

《宇宙宗教》 *Cosmic Religion* 113, 142, 191, 211

《宇宙的建構者》 *Builders of the Universe* 364

《宇宙學，核熔合及其他》 *Cosmology, Fusion and Other Matters* 24, 427

《有一點不可思議》 *Some Strangeness in the Proportion* 355, 385

《有關猶太復國主義的戰爭》 *The War about Zionism* 411

〈百分之二〉 Two Percent 208

《自由的意義》 *Freedom: Its Meaning* 195, 249

《自由猶太教》期刊 Liberal Judaism 147, 173, 235

〈自由評論〉 A Critic at Large 411

《自然科學》 *Die Naturwissenschaften* 361

《自傳》 *Autobiographisches* 438

〈自傳筆記〉 Autobiographical Notes 84, 98, 111, 288, 322, 330, 335, 375, 387, 479

〈艾薩克 · 牛頓〉 Isaac Newton 97

《西維斯特 · 博拉德的罪行》

The Crime of Sylvestre Bonnard
283

《伽利略：關於托勒密和哥白尼
兩大世界體系的對話》
*Galileo Galilei: Dialogue
concerning the Two Chief World
System*　88

〈何謂不可知論者〉　What Is an
Agnostic　113

《佛里歐幽默趣聞集》　*The Folio
Book of Humorous Anecdotes*
423

《佛洛伊德書信集》　*Letters of
Sigmund Freud*　427

《佛洛依德全集》　*The Collected
Papers of Sigmund Freud*　426

〈你必須請求寬恕〉　You Have
to Ask Forgiveness　73

〈告別西方〉　Farewell to the
West　438

〈我如何成為猶太復國主義者〉
How I Became a Zionist　181

〈我如何成為錫安主義者〉
How I Become a Zionist　155

《我所認識的愛因斯坦》
Einstein as I Knew Him　37,
290, 428, 449

〈我的日本印象〉　My
Impressions of Japan　300

《我的世界觀》　*Mein Weltbild*
78, 94, 122, 164-165, 189, 192,
212, 222, 224-225, 245, 283-
284, 296, 316-317, 318, 365,
477, 488-489, 499

《我的世界觀》　*The World as I
See It*　78, 94, 122, 164-165,
189, 192, 212, 222, 224-225,
245, 283-284, 296, 316-317,
318, 365, 477, 488-489, 499

〈我的朋友，阿爾伯特・愛因斯
坦〉　My Friend, Albert Einstein
207, 257, 432

〈我的信仰〉　What I Believe
42-43, 203, 209, 245, 295, 315,
474, 484

〈我的信條〉　My Credo　295

〈我是美國人〉　I Am an
American　108, 133, 248

《我相信》　*I Believe*　194

《我們的重生》　*Renasterea
Noastra*　316

《我眼中的愛因斯坦》　*My
Einstein*　279

《我這一代的物理學》　*Physik im
Wandel meiner Zeit*　279, 386

〈我對戰爭的看法〉　My Opinion
on the War　219, 241, 307

《改造》　*Kaizo*　121, 185, 217-
218, 300, 308

《每日快報》　*Daily Express*

330

《每日評論》 *Tägliche Rundschau* 436

《每日郵報》 *Daily Mail* 481

《每日鏡報》 *Daily Mirror* 465

《每月評論》 *Monthly Review* 199, 288

《沒有神的宗教》 *Religion without God* 122

《私底下的愛因斯坦》 *The Private Albert Einstein* 303

《肖像畫與自畫像》 *Portraits and Self-Portraits* 62, 330

《良心的奢侈》 *Luxus des Gewissens* 412

《見證：猶太人》 *VU/Temoignages: Les Juifs* 164

《里奧‧西拉德：對於事實，他的版本》 *Leo Szilard: His Version of the Facts* 327

《亞洲》 *Asia* 302, 473

《亞歷山大‧波普全集》 *The Works of Alexander Pope* 447

《佳麗雜誌》 *Pageant* 135, 197, 260

〈命運十年〉 Ten Fateful Years 194

〈和平〉 Peace 98, 211, 225, 285

〈和平之書〉 Livre d'or de la paix 207

〈和平主義評注〉 Notes on Pacifism 211

《和平運動》 *Die Friedensbewegung* 205-206

〈宗教與科學〉 Religion and Science 313

〈宗教與科學能不能和平共處？〉 Religion and Science: Irreconcilable? 323

《岡哨》 *The Sentinel* 111, 328

《帕沙第納星報》 *Pasadena Star News* 78, 282

《帕沙第納紀事報》 *Pasadena Chronicle* 78, 283

《明光》 *Plus Lucis* 444

《法蘭西哲學學會會刊》 *Bulletin Société Française de Philosophie* 111

《波蘭猶太人學會會刊》 *Bulletin of the Society of Polish Jews* 146

《爭議的人生》 *Streitbares Leben* 413

《物理》 *Physis* 183, 337, 347, 357, 445

《物理年鑑》 *Annalen der Physik* 32, 333, 338, 358

《物理評論》 *Physical Review* 368, 379

〈物理與真實〉 Physics and Reality　367, 476

《物理學年鑑》 Annalen der Physik　333, 358

《物理學的演化》 The Evolution of Physics　89, 368, 472

〈物理學的歸納與演繹〉 Induction and Deduction in Physics　348

《物理學期刊》 Physikalische Zeitschrift　94, 340, 480

《知識份子的宗教》 Die Religion des Gebildeten　487

〈社會和個人〉 Society and Personality　202, 224, 477

〈空間、以太以及場論的物理學〉 The Problem of Space, Ether and the Field in Physics　366

《芝加哥日報》 Chicago Daily News　206

《芝加哥使者與稽查員報》 Chicago Herald and Examiner　154

《芝加哥論壇報》 Chicago Daily Tribune　354

《金玉集》 The Great Quotations　148

《阿爾伯特・愛因斯坦：哲人－科學家》 Albert Einstein: Philosopher-Scientist　377, 477, 480

《阿爾伯特・愛因斯坦：創造者及反叛者》 Albert Einstein: Creator and Rebel　38, 115, 142, 298, 322, 355, 371, 373, 387, 412, 420, 431, 447, 457, 496

《阿爾伯特・愛因斯坦在伯恩》 Albert Einstein in Bern　271, 414

《阿爾伯特・愛因斯坦在柏林，1913-1933》 Albert Einstein in Berlin, 1913-1933　446

《阿爾伯特・愛因斯坦的房子》 Ein Haus für Albert Einstein　112, 117, 271, 274, 299, 305, 449, 459, 469, 483, 485, 495

阿爾伯特・愛因斯坦將我抱在臂彎裡 Albert Einstein Held Me in His Arms　415, 418

〈阿爾伯特・愛因斯坦與布倫戴斯大學的成立〉 Albert Einstein and the Founding of Brandeis University　172

《阿爾伯特・愛因斯坦與瑞士》 Albert Einstein und die Schweiz　328, 459

《阿爾伯特遇見美國》 Albert Meets America　154, 243, 281,

530

293, 353-354, 460

《青年》 *Youth* 296

《青年論壇》 *Jugendtribüne*
209

《前進報》 *Vorwärts* 156

《建構》雜誌 *Aufbau* 102,
197

《思想》 *La Pensée* 91, 277

《思想》 *La Pensée* 91, 277

〈政治宣言〉 Political Manifesto
142

《政策》 *Politiken* 207

《政體》 *Polity* 213

《星期六晚間郵報》 *Saturday
Evening Post* 114, 118, 130,
160, 190, 244, 259, 276, 295,
301, 311, 329, 486, 493

《柏林日報》 *Berliner Tageblatt*
92, 179, 265, 313, 348, 474

《柯里爾》雜誌 Collier's 168,
194

《洛杉磯時報》 *Los Angeles
Times* 442

〈為什麼他們仇恨猶太人？〉
Why Do They Hate the Jews?
168, 194

〈為什麼要社會主義？〉 Why
Socialism? 199, 288

《為什麼要戰爭？》 *Why War?*
26, 192, 224, 427

〈為何我仍是黑人〉 Why I
Remain a Negro 263

《玻恩－愛因斯坦書信集》
Born-Einstein Letters 39-40,
45-46, 61, 63, 91, 100, 143, 182,
196, 203, 259, 275, 290, 292,
346, 360, 372, 412-413, 425, 483

〈相對性原理和由此得出的結
論〉 The Principle of Relativity
and the Conclusions Drawn from
It 339

《相對論：一個較豐富的真理》
Relativity: A Richer Truth 382,
497

《相對論：狹義與廣義相對論》
*Relativity: The Special and the
General Theory* 344

《相對論入門》 *The Universe
and Dr. Einstein* 378

〈相對論的基本概念〉 The
Principal Ideas of the Theory of
Relativity 344

《相對論的意義》 *The Meaning
of Relativity* 381, 383, 437, 465

《相對論拾零》 *Sidelights on
Relativity* 352

〈研究的原理〉 Principles of
Research 345

〈研究的動機〉 Motives for
Research 188, 344

〈研究的動機〉 Motives for
　Research　188, 344

《研究與進展》 Forschungen
　und Fortschritte　361

〈科學、哲學與宗教〉 Science,
　Philosophy, and Religion　318,
　321, 370, 403

《科學》 Science　133, 248, 259,
　361, 369, 442, 471

《科學人》 Scientific American
　88, 380, 420

《科學文摘》 Science Digest
　220, 398, 440, 466

〈科學主題是否受到性別化？〉
　Is the Subject of Science Sexed?
　435

《科學何去何從》 Where is
　Science Going?　362

〈科學的共通語言〉 The
　Common Language of Science
　371

〈科學的宗教精神〉 The
　Religious Spirit of Science
　317, 489

《科學的進步》 Advancement of
　Science（全名為 Advancement
　of Science and It's Burdens）
　330, 355, 371

〈科學家普朗克〉 Max Planck as
　Scientist　100

《科學短文集》 Essays in
　Science　366

〈科學與上帝：一場對話〉
　Science and God: A Dialogue
　162, 312, 362, 488

〈科學與文明〉 Science and
　Civilization　246, 284, 478

〈科學與幸福〉 Science and
　Happiness　362

〈科學與社會〉 Science and
　Society　259, 367

《科學與神學新聞》 Science and
　Theology News　447

〈科學與獨裁〉 Science and
　Dictatorship　362

〈紀念莫里斯・拉斐爾・科恩
　的獻詞〉 Message in Honor of
　Morris Raphael Cohen　487

《約翰尼斯・克卜勒：生平與書
　信》 Johannes Kepler: Life and
　Letters　92, 470

《美國外交政策的實相》
　Realities of American Foreign
　Policy　107

〈美國印象〉 Impressions of the
　U. S. A.　132, 258, 492

〈美國印象〉 Impressions of the
　U.S.A.　132, 258, 492

《美國物理期刊》 American
　Journal of Physics　274

532

《美國的宗教》 *Religions in America* 113

《美國科學家》 *American Scientist* 447

《美國國家科學院傳記回憶錄》 *Biographical Memoirs of the National Academy of Science* 460

〈美國與 1932 年裁軍會議〉 America and the Disarmament Conference of 1932 209, 224

《美國學者》 *American Scholar* 231

《胡言亂語如何征服世界：現代妄想簡史》 *How Mumbo-Jumbo Conquered the World: A Short History of Modern Delusions* 435

〈致和平之友的三封信〉 Three Letters to Friends of Peace 212

〈致義大利科學促進學會的賀信〉 Message to the Italian Society for the Advancement of Science 380

〈致蘇聯科學家的公開信〉 A Reply to the Soviet Scientists 198, 215, 250

〈軍武心態〉 The Military Mentality 231

〈重力場方程式〉 Field Equations of Gravitation 343

《倫敦信使》 *The London Mercury* 447

《原子科學家公報》 *Bulletin of the Atomic Scientists* 198, 215, 237, 250

《原子彈祕史》 *The Making of the Atom Bomb* 454

〈哲學家和自然科學家阿爾伯特・愛因斯坦〉 Albert Einstein as Philosopher and Natural Scientist 455

旅行日記 Travel Diary 142, 157, 180, 494

《時代》雜誌 Time 233, 414, 457

《時間簡史》 *A Brief History of Time* 148, 429

《書信集》 *Epistles* 39-40, 45-46, 61, 63, 91, 100, 129, 143, 152, 182, 185, 196, 203, 259, 275, 290, 292, 324, 346, 359-360, 372, 379, 381-382, 386, 405, 412-413, 425, 427, 455, 482-483, 488

《校園》 *The Campus* 281

《泰晤士報》 *The Times* 96, 266, 347, 428, 478

《海巴夏：女性主義哲學期刊》 *Hypatia: A Journal of Feminist*

Philosophy 435

〈海象和木匠〉 The Walrus and the Carpenter 464

《狹義相對論：愛因斯坦的系統和閔考斯基的「世界」》 *The Special Theory of Relativity: Einstein's System and Minkowski's "World"* 159

〈狹義相對論手稿〉 Manuscript on the Special Theory of Relativity 333

〈真正的問題在於人心〉 The Real Problem Is in the Hearts of Men 229

《真相》 *Die Wahrheit* 207, 435

《真相》 *Die Wahrheit* 207, 435

《真理報》 *Pravda* 448

〈祝賀索爾夫博士〉 Congratulations to Dr. Solf 284

《紐約之聲》 *New York Call* 293

《紐約先驅報》 *New York Herald Tribune* 166

《紐約客》雜誌 New Yorker 256, 411

《紐約時報》 *New York Times* 43, 99, 102, 112, 120, 124, 128-129, 131, 136, 153-154, 162, 166, 175-176, 177, 186, 190, 199, 210, 213-214, 215, 222, 226, 234, 237, 257, 263, 286, 289, 295-296, 310, 317, 325, 353-354, 363, 369, 411, 423, 425, 438-439, 441, 457, 471-472, 479, 482, 487-488, 489, 491

《紐約時報雜誌》 *New York Times Magazine* 27, 115, 211, 229, 312-313

《紐約書評》 *New York Review of Books* 42, 443

《紐約晚報》 *New York Evening Post* 220, 243

《素食世界》 *Vegetarische Universum* 498

《素食觀點》 *Vegetarische Warte* 498

《訊使報》 *Il Messagero* 220, 243, 356, 455

〈記憶中的保羅・艾倫費斯特〉 Paul Ehrenfest in Memoriam 87, 285

〈追求和平〉 The Road to Peace 211

《追尋》 *Quest (Quest: An Autobiography)* 39, 433

追憶 Reminiscences 36-37, 309, 428, 435, 449, 451

〈馬克士威對物理真實觀念演化的影響〉 Maxwell's Influence on the Evolution of the Idea of

Physical Reality 363

〈馬克思與莫里茨〉 Max und
Moritz 390

《馬里夫報》 *Maariv* 176

《高塔》 *The Tower* 39, 291

11-15 畫

《偉大心靈的窺視》 *Glimpses of
the Great* 114, 118, 130, 160-
161, 190, 244, 259, 276, 295,
301, 311, 329-330, 486, 493

《國家雜誌》 *The Nation* 224,
246

《國會紀錄－眾議院》
Congressional Record-House
448

〈培養獨立思考的教育〉
Education for Independent
Thought 199, 286, 289

《基督徒記錄週報》 *Christian
Register* 323

《基督教世紀》 *Christian
Century* 207

《彩色週刊》 *(Die) Bunte Woche*
144, 499

《彩色週刊》 *Die Bunte Woche*
144, 499

〈從 1919 年日蝕測試相對論〉
Testing Relativity from the 1919
Eclipse 347

《情書》 *The Love Letters* 48-
49, 50-51, 60, 67, 273

〈教育和世界和平〉 Education
and World Peace 285

《晚期詩集》 *Later Collected
Verse* 453

《曼徹斯特衛報》 *Manchester
Guardian* 97, 280

《曼徹斯特衛報週刊》
Manchester Guardian Weekly
97

《猝死》 *Sudden Death* 399

《現代物理評論》 *Reviews of
Modern Physics* 379

《現實與科學真理》 *Reality and
Scientific Truth* 95, 103, 111,
327, 350, 374, 450

〈理論物理的根本〉 The
Fundamentals of Theoretical
Physics 369

〈理論物理學的方法〉 On the
Method of Theoretical Physics
364

〈終結愛因斯坦支持占星家的騙
局〉 The End of the Einstein-
Astrologer-Supporter Hoax
405

統一場論 A Unified Field Theory
359, 361, 377, 381, 383, 444

《麥克米倫商業與經濟語錄》

Macmillan Book of Business and Economics Quotes　404

〈善與惡〉　Good and Evil　365

《喬治亞評論》　*The Georgia Review*　419

《富蘭克林研究所期刊》　*Journal of the Franklin Institute*　367-368, 476

〈幾何與經驗〉　Geometry and Experience　352

《普林斯頓大學圖書館紀事》　*Princeton University Library Chronicle*　396

《普林斯頓小包》　*Princeton Packet*　443

《普林斯頓先鋒報》　*Princeton Herald*　150

《普林斯頓旁觀者報》　*Princeton Spectator*　404

《普林斯頓校友週報》　*Princeton Alumni Weekly*　460

《普林斯頓追憶者》　*Princeton Recollector*　435

《普林斯頓歌曲集》　*Carmina Princetonia*　413

《最笨運動語錄大全》　*The Book of Truly Stupid Sports Quotes*　457

〈朝向遠岸〉　*Towards the Further Shore*　320

〈無形的雕像〉　Statue without Stature　493

〈猶太人在巴勒斯坦的任務〉　The Jewish Mission in Palestine　163

〈猶太人的前瞻者〉　Jewish Visionaries　213

〈猶太人的理想〉　Jewish Ideals　164

《猶太季刊》　*The Jewish Quarterly*　73, 103

〈猶太社群〉　The Jewish Community　162

《猶太旁觀者》　*Jewish Spectator*　183

《猶太問題經驗：四分之一世紀的德國錫安主義》　*Erlebte Judenfrage: ein Vierteljahrhundert deutscher Zionismus*　178

《猶太筆記》　*Cahiers Juifs*　165

《猶太評論》　*La Revue Juive*　158

《猶太評論報》　*Judische Rundschau*　155, 158, 162, 181

〈猶太觀點」是否存在？〉　Is There a Jewish Point of View?　163, 296

《畫報評論》　*Pictorial Review*　223

《給二十一世紀的愛因斯坦》

536

Einstein for the Twenty-first Century 238

〈給我歸化之國的訊息〉 Message to My Adopted Country 135, 197, 260

〈給德國的訊息〉 Message for Germany 134

〈裁軍問題〉 The Question of Disarmament 212

〈費曼的成功：破除量子力學的神祕性〉 Feynman's Success: Demystifying Quantum Mechanics 447

《週六文學評論》 *Saturday Review of Literature* 263

《進步主義教育》 *Progressive Education* 285

〈量子力學與現實〉 Quantum Mechanics and Reality 379

《量子理論的一課》 *The Lesson of Quantum Theory* 422

〈傳記速寫〉 Biographical Sketch 60

《微觀物理學的新觀點》 *Nouvelles perspectives en microphysique* 360

《愛因斯坦：一個人的肖像》 *Einstein: Profile of the Man* 386

《愛因斯坦：一場演講》 *Albert Einstein: Ein Vortrag* 421

《愛因斯坦：一幅傳記肖像》 *Albert Einstein: A Biographical Portrait* 465

《愛因斯坦：生平紀事》 *Einstein: The Life and Times* 223, 360, 412, 454

《愛因斯坦：百年相對論》 *Einstein: A Hundred Years of Relativity* 88, 420

《愛因斯坦：歷史與文化的觀點》 *Albert Einstein: Historical and Cultural Perspectives* 36, 277, 364, 410

《愛因斯坦》 *Einstein* 26, 62, 70, 146, 191, 227, 294, 361, 391-394, 396, 434-435, 441

〈愛因斯坦1922年的日本訪問〉 Einstein's 1922 Visit to Japan 442

《愛因斯坦——世紀文集》 *Einstein: A Centenary Volume* 101, 243, 297, 384-385, 421, 455, 475, 494, 496

《愛因斯坦——他的人生 他的宇宙》 *Einstein* 27

《愛因斯坦全集》 *The Collected Papers of Albert Einstein (Collected Papers)* 27-28, 333

《愛因斯坦在中國》 *China and*

Albert Einstein　180, 415

《愛因斯坦在美國的日子》
Einstein in America　66, 122,
137, 146, 178, 271-272, 274,
304, 386, 425, 431, 475, 500

《愛因斯坦自選集：對於這個
世界，我這樣想》*Ideas and
Opinions*　10, 27, 45, 93, 132,
157, 162-163, 164-165, 168,
189-190, 192, 199, 202, 211-
212, 215, 222, 224-225, 233,
236, 250, 285-286, 289, 296,
308, 313, 316-317, 318-319,
323, 345, 363-364, 365-366,
367, 369, 371, 380, 476-477,
482, 487-488, 489, 492, 499

《愛因斯坦肖像》*Einstein: A
Portrait*　276, 301

〈愛因斯坦其人〉 Albert
Einstein, the Man　271

《愛因斯坦其人與成就》
*Einstein (Einstein, the man and
his achievement)*　384, 424,
431, 451, 456

《愛因斯坦和歐本海默》
Einstein and Oppenheimer
369, 443

〈愛因斯坦和錫安主義〉
Einstein and Zionism　157

《愛因斯坦的一生》 *Einstein, a

Life*　308, 311, 475

《愛因斯坦的人性面》 *Albert
Einstein, the Human Side*　22,
106, 145, 171, 244, 247, 272,
276, 301, 303, 308, 310, 316,
325-326, 381, 383, 391, 396,
469, 476, 488-489, 490, 493,
500, 503

〈愛因斯坦的生命觀〉 What
Life Means to Einstein　114,
118, 130, 160, 190, 244, 259,
276, 295, 301, 311, 329, 486,
493

《愛因斯坦的私生活》 *The
Private Lives*　394, 446, 501

《愛因斯坦的奇蹟年》 *Einstein's
Miraculous Year*　332-333, 336-
337

〈愛因斯坦的科學哲學〉
Einstein's Philosophy of Science
379

〈愛因斯坦的統計理論〉
Einstein's Statistical Theories
377

〈愛因斯坦的猶太認同〉
Einstein's Jewish Identity　150,
164

《愛因斯坦的經典謎題》
Einstein's Riddle　409

《愛因斯坦的德國圈》 *Einstein's

538

German World 57, 278

《愛因斯坦的辦公室給了誰？》
Who Got Einstein's Office? 373

《愛因斯坦的戲劇》 *The Drama
of Albert Einstein* 383, 458

〈愛因斯坦重新發現猶太教〉
Einstein Rediscovers Judaism
150

《愛因斯坦剪貼簿》 *Einstein
Scrapbook* 36

《愛因斯坦從 B 到 Z》 *Einstein
from B to Z* 377

《愛因斯坦晚年文集》 *Out of
My Later Years* 62, 87, 97, 193,
215, 233, 259, 285, 287, 330,
399, 482, 485, 497

〈愛因斯坦最後的訪談〉
Einstein's Last Interview 88

《愛因斯坦給索羅文的書信集》
Letters to Solovine 91, 129,
152, 185, 324, 359, 379, 381-
382, 386, 455, 482, 488

《愛因斯坦傳》 *Albert Einstein*
40, 55, 76, 95, 138, 161, 185,
196, 205, 210, 282, 299, 332,
334, 336, 339, 352, 355-356,
360, 371-372, 413-414, 423,
426, 432, 441, 492, 501

《愛因斯坦傳》 *Einstein: His
Life and Times* 40, 55, 76, 95,
138, 161, 185, 196, 205, 210,
282, 299, 332, 334, 336, 339,
352, 355-356, 360, 371-372,
413-414, 423, 426, 432, 441,
492, 501

《愛因斯坦傳》德文版 Albert
Einstein: Sein Leben und Seine
Zeit 360, 372

〈愛因斯坦新理論的意義〉
The Meaning of Einstein's New
Theory 379

《愛因斯坦當年寓此》 *Einstein
Lived Here* 120, 144, 215, 317,
321, 371, 423, 479

《愛因斯坦圖像傳記》 *Einstein:
A Pictorial Biography* 289,
410, 412, 420-422, 428, 440,
448, 452, 456, 459

《愛因斯坦對物理學、哲學與政
治的影響》 *Albert Einstein*
459

《愛因斯坦與人文學科》
Einstein and the Humanities
328

《愛因斯坦與我們的世界》
Einstein and Our World 454

《愛因斯坦與宗教》 *Einstein
and Religion* 306, 320-321,
327, 487

〈愛因斯坦與核子武器〉

Einstein and Nuclear Weapons 238

〈愛因斯坦與奧地利人〉 Einstein und die Österreicher 444

《愛因斯坦語錄》 The Quotable Einstein 7, 25, 211, 279

《愛因斯坦論人道主義》 Einstein on Humanism 120, 259, 367, 499

《愛因斯坦論以色列和錫安主義》 Einstein on Israel and Zionism 26, 150, 168-169, 170, 287, 411

《愛因斯坦論和平》 Einstein on Peace 27-28, 36, 102, 106, 119, 121, 134, 145, 186, 205, 207, 209, 211-212, 213-214, 218, 222, 224-225, 227, 229-230, 234, 239, 246-247, 252, 264, 278, 288-289, 304, 326, 366, 377, 449, 497

《愛因斯坦論政治：關於民族主義、錫安主義、戰爭、和平與原子彈的公開與未公開想法》 Einstein on Politics: His Private and Public Thoughts on Nationalism, Zionism, War, Peace, and the Bomb 26

〈愛因斯坦論原子彈〉 Einstein on the Atomic Bomb 227, 231, 250, 374

〈愛因斯坦論教育〉 Einstein on Education 282

《愛因斯坦論種族和種族主義》 Einstein on Race and Racism 26, 135, 197, 234, 260, 262-263

《愛因斯坦辭典》 An Einstein Dictionary 148, 274

《愛西斯》 Isis 425

《愛麗絲鏡中奇遇》 Through the Looking-Glass and What Alice Found There 464

《新巴勒斯坦》 New Palestine 167, 422

《新巴勒斯坦》 The New Palestine 167, 422

《新世界》 The New World 210

《新自由報》 Neue Freie Presse 356

《新政治家》 The New Statesman 447, 468

《新商人》雜誌 Der Jungkaufmann 200

《新鹿特丹潮流報》 Nieuwe Rotterdamsche Courant 128

《新評論》雜誌 Neue Rundschau 102

《新聞記者》 The Reporter 36

《新聞週刊》 Newsweek 230

540

《新領袖》 *The New Leader* 450

《新藝術雜誌》 *Zeitschrift neuer Kunst* 470

新蘇黎世報 Neue Zürcher Zeitung 244

《瑞士大學報》 *Schweizerische Hochschulzeitung* 384, 486

《當代猶太紀錄》 *Contemporary Jewish Record* 373

《碑報》 *Tablet* 471

《試著阻止我》 *Try and Stop Me* 423

《詩集》 *Poems* 447, 453

《詹姆士・克拉克・馬克士威紀念文集》 *James Clerk Maxwell: A Commemorative Volume* 363

〈道德文化的必要〉 The Need for Ethical Culture 490

〈道德的衰落〉 Moral Decay 193

〈道德與情感〉 Morals and Emotions 247, 287, 489

《雷克拉姆世界報》 *Reclams Universum* 301

《實踐理性批判》 *The Critique of Practical Reason* 399

〈對批評的回應〉 Reply to Criticisms 480

《對抗戰爭的戰鬥》 *The Fight against War* 211

〈對和平主義的重新審視〉 A Re-examination of Pacifism 213

〈對金屬超導性的理論評論〉 Theoretische Bemerkungen zur Supraleitung der Metalle 357

〈對猶太復國運動的責任〉 Our Debt to Zionism 167

《歌德的家園，1914–1916》 *The Land of Goethe 1914/1916* 307

《漢斯・阿爾伯特・愛因斯坦》 *Hans Albert Einstein* 71, 123, 435, 439

《福斯日報》 *Vossische Zeitung* 128, 342

《與米歇爾・貝索的通訊，1903-1955 年》 *Correspondance avec Michéle Besso 1903-1955* 113

《與愛因斯坦一起生活》 *Leben mit Einstein* 434

〈與愛因斯坦共事〉 Working with Einstein 355

〈與愛因斯坦的對話〉 Conversations with Einstein 38, 64-65, 84, 88, 99, 104-105, 108-109, 113, 122, 137, 176-177, 178, 220, 240, 255-256,

257, 270, 274, 289-290, 304,
383, 398, 454-455, 466, 493

〈與愛因斯坦的談話〉　A Talk
with Einstein　309, 321

《與愛因斯坦對話》
Conversations with Einstein
96, 281-282, 307, 329, 351, 426,
486, 501

《審理獨裁》　*Dictatorship on Its
Trial*　362

〈廣義相對論起源〉　The
Origins of the General Theory of
Relativity　32

〈廣義重力理論〉　On the
Generalized Theory of
Gravitation　380

《影響》　*Impact*　216, 380, 459

《德罕晨報》　*Durham Morning
Herald*　359, 453

〈德國人與猶太人〉　Deutsche
und Juden　165

《德國物理學》　*German Physics*
438

〈德國科學的困境〉　The Plight
of German Science　356

《數學與蒙娜麗莎》　*Math and
the Mona Lisa*　358

《數學領域中的發明心理學》
*An Essay on the Psychology of
Invention in the Mathematical*

Field　495

〈歐洲的危險 —— 歐洲的希望〉
Europe's Danger–Europe's Hope
246, 284, 478

〈歐洲是成功的嗎？〉　Was
Europe a Success?　246, 499

《練習曲》　*The Etude*　303

〈論自由〉　On Freedom　195

〈論自由和科學〉　On Freedom
and Science　195

〈論知識份子對國際和解的貢
獻〉　On the Contribution of
Intellectuals to International
Reconciliation　243

〈論阿爾伯特・愛因斯坦〉　On
Albert Einstein　443

〈論阿爾伯特・愛因斯坦之死〉
On the Death of Albert Einstein
438

〈論科學家的道德義務〉　On the
Moral Obligation of the Scientist
485

〈論美國的政治自由〉　On
Political Freedom in the U.S.A.
260

〈論重力波〉　On Gravitation
Waves　368

《論狹義與廣義相對論》　*On the
Special and the General Theory
of Relativity*　344

〈論財富〉 On Wealth 499

〈論國際主義〉 On Internationalism 243

〈論教育〉 On Education 192, 282, 286, 399

〈論運動物體的電動力學〉 On the Electrodynamics of Moving Bodies 333, 336-337, 338

〈論學術自由〉 On Academic Freedom 283

16-20 畫

〈學生裁軍會議談話〉 Address to the Student Disarmament Meeting 488

《學校與社會》 School and Society 192, 286

〈導師與共鳴板〉 Mentor and Sounding Board 279

〈積極的和平主義〉 Active Pacifism 221

《親見愛因斯坦》 Einstein privat 427, 446

《親愛的愛因斯坦教授》 Dear Professor Einstein 76-77, 78-79, 80-81, 82, 323

《親愛的赫茲！》 Liebes Hertz! 28, 271, 305, 386, 444, 472, 475, 491

〈遺失的 90% 人類大腦〉 Missing: 90% of the Human Brain 400

〈邁克生百歲冥誕紀念〉 In Memory of Albert A. Michelson on His 100th Birthday 95

《簡述廣義相對論的起源》 The Origins of the Theory of Relativity 365

《舊金山紀事報》 San Francisco Chronicle 451

《雙洲記》 A Tale of Two Continents 108, 377, 436

《魏茲曼傳》 Chaim Weizmann 459

《懷疑探索者》 Skeptical Inquirer 405

〈羅素的知識理論〉 Russell's Theory of Knowledge 481

《羅素的哲學》 The Philosophy of Bertrand Russell 481

《識見與洞見》 Sight and Insight 233

〈關於世界經濟危機的想法〉 Thoughts on the World Economic Crisis 245

〈關於光的產生和轉化的一個啟發性觀點〉 On a Heuristic Point of View Concerning the Production and Transformation of Light 336

《獻給李歐‧巴克的八十歲生日
　文集》 *Essays Presented to Leo
　Baeck on the Occasion of His
　Eightieth Birthday* 202, 491
《繼續觀測！》 *Keep Watching
　the Skies!* 78
〈贏了戰爭，卻輸掉和平〉 The
　War Is Won but the Peace Is Not
　98
〈續‧波普論牛頓〉
　Continuation of Pope on Newton
　447
《蘭登書屋韋氏語錄大典》
　*Random House Webster's
　Quotationary* 403
《辯證法》 *Dialectica* 379

21 畫以上
《聽眾》雜誌 *Listener* 309,
　501
《讀者文摘》 *Reader's Digest*
　364, 400, 432

貓頭鷹書房 68
愛因斯坦終極語錄（普林斯頓大學授權繁體中文版首次問世）

作　　　者	艾莉絲・卡拉普利斯	
譯　　　者	姚若潔	
責任副主編	王正緯	
協 力 編 輯	王詠萱	
專 業 校 對	林欣瑋	
版 面 構 成	張靜怡	
封 面 設 計	兒日	
行 銷 統 籌	張瑞芳	
行 銷 專 員	段人涵	
出 版 協 力	劉衿妤	
總 編 輯	謝宜英	
出 版 者	貓頭鷹出版	

發 行 人　涂玉雲
發　　　行　英屬蓋曼群島商家庭傳媒股份有限公司城邦分公司
　　　　　　104 台北市中山區民生東路二段 141 號 11 樓
　　　　　　畫撥帳號：19863813；戶名：書虫股份有限公司
城邦讀書花園：www.cite.com.tw　購書服務信箱：service@readingclub.com.tw
購書服務專線：02-2500-7718~9（周一至周五上午 09:30-12:00；下午 13:30-17:00）
24 小時傳真專線：02-2500-1990~1
香港發行所　城邦（香港）出版集團／電話：852-2877-8606／傳真：852-2578-9337
馬新發行所　城邦（馬新）出版集團／電話：603-9056-3833／傳真：603-9057-6622
印 製 廠　中原造像股份有限公司
初　　　版　2022 年 6 月
定　　　價　新台幣 660 元／港幣 220 元（紙本書）
　　　　　　新台幣 462 元（電子書）
I S B N　978-986-262-552-1（紙本平裝）
　　　　　　978-986-262-555-2（電子書 EPUB）

有著作權・侵害必究
缺頁或破損請寄回更換

讀者意見信箱　owl@cph.com.tw
投稿信箱　owl.book@gmail.com
貓頭鷹臉書　facebook.com/owlpublishing

【大量採購，請洽專線】(02) 2500-1919

城邦讀書花園
www.cite.com.tw

國家圖書館出版品預行編目資料

愛因斯坦終極語錄／艾莉絲・卡拉普利斯著；姚
　若潔譯 . -- 初版 . -- 臺北市：貓頭鷹出版：英屬
　蓋曼群島商家庭傳媒股份有限公司城邦分公司
　發行 , 2022.06
　　面；　公分 . --（貓頭鷹書房；68）
　譯自：The Ultimate Quotable Einstein
　ISBN 978-986-262-552-1（平裝）

1. CST：愛因斯坦（Einstein, Albert, 1879-1955）
2. CST：學術思想　3. CST：格言

192.8　　　　　　　　　　　　　　　　111005872

本書採用品質穩定的紙張與無毒環保油墨印刷，以利讀者閱讀與典藏。